Das große Orakel-Buch

für Liebe, Glück, Gesundheit, Geld

JUDI HALL

Mosaik

Originaltitel: What's My Future?
Originalverlag: Carroll & Brown, London

Lektorat, Satz und dtp:
Redaktionsbüro Kramer, Weißenfeld/München
Übersetzung:
Rita Penney, Portoferraio, Elba, Italien
Umschlaggestaltung:
Heinz Kraxenberger, München
Umschlagfotos:
Mark Preston und Heinz Kraxenberger
Druck und Bindung:
Graphicom
Printed in Italy
ISBN 3-576-11602-8

ÜBER DIE AUTORIN

JUDI HALL arbeitet seit 25 Jahren als karmische Beraterin. Ihre Spezialität ist das Lesen und Deuten vergangener Leben. Sie hat Klienten aus allen Berufen und Bereichen: aus dem House of Lords in Großbritannien, aus dem Europäischen Parlament, Popstars, Universitätsprofessoren, Wissenschaftler und Mystiker. Sie ist seit früher Kindheit medial veranlagt und kennt sich in allen Wahrsagemethoden sehr gut aus.

Judi Hall hat im englischsprachigen Raum schon viele Bücher über Vergangenheitsdeutung, Astrologie, Karma und Wiedergeburt und Handlesen veröffentlicht.

INHALT

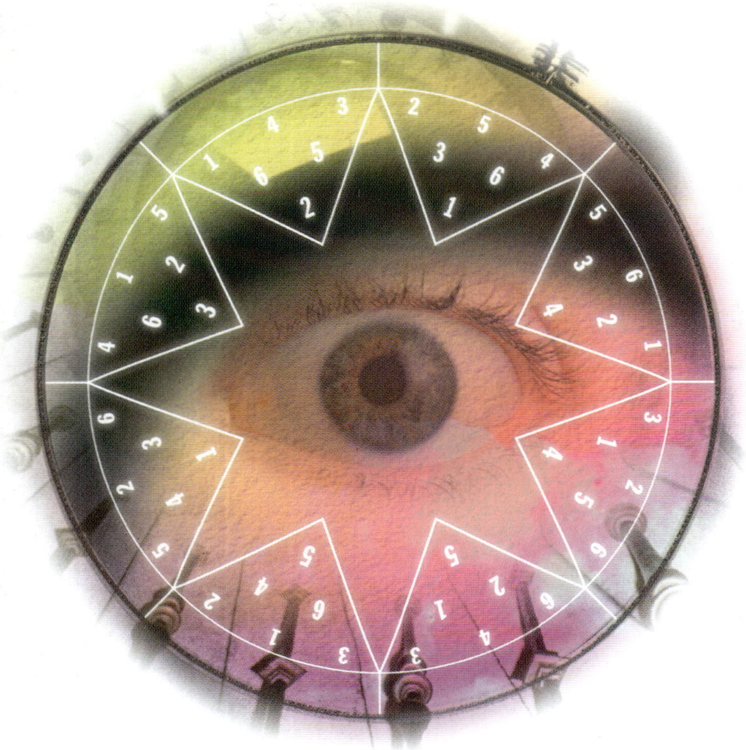

Einleitung

Denn in die Zukunft eingetaucht bin ich,
so weit das menschliche Auge blickt,
Habe die Vision der Welt gesehen und alle Wunder,
die sie schickt.
Argonauten mit magischen Segeln, die Himmel voller Verkehr,
Piloten des Zwielichts, mit wertvollen Waren und mehr.
Hörte die Himmel voller Rufen
und ein grässlicher Regen hernieder kam,
Von den Luftschiffen der Länder,
die das Blau des Himmels sich machten untertan.
Alfred Lord Tannyson 1808–1892

Dieses Buch ist eine praktische und handliche Einführung in die jahrtausendalte und immer wieder faszinierende Welt der Wahrsagerei. Sie werden bewährte Methoden finden, mit denen Sie in die Zukunft schauen können, sowie Zyklen, die unser Leben beeinflussen. Einige Orakel, die ihre Wurzeln in antiken Kulturen hatten und vergessen wurden, während das Zwanzigste Jahrhundert in das Technologische Zeitalter hastete, sind eigens für dieses Buch wieder neu belebt worden. Für die vorgestellten Methoden brauchen Sie keine teure Ausrüstung, alle Orakel können mit einfachen Mitteln wie Münzen, Spielkarten oder Dominosteinen durchgeführt werden.

In alten Kulturen glaubte man, dass alle Vorhersagen und Prophezeiungen von den Göttern kamen. Tausende von Jahren war die Wahrsagerei eine religiöse Angelegenheit, die nur von wenigen ausgeführt werden konnte. Heute kann jedermann in die Zukunft blicken, auch wenn Sie sich vielleicht fragen, warum Sie überhaupt einen Blick in die Zukunft werfen sollten und ob das nicht verbotenes Wissen ist? Von Anbeginn der Welt war die Menschheit neugierig darauf zu erfahren, was kommen würde. Schon unter den frühesten archäologischen Funden waren Knochen,

Würfel und andere Werkzeuge, mit denen man in die Zukunft schauen konnte. In einigen Kulturen entwickelte sich die Kunst zu schreiben, so dass sich Priester, die Astronomie studierten, den Lauf der Sterne und deren Einflüsse auf die Erde und die Menschen abbilden konnten. Seher wurden immer sehr respektiert und berieten Regierungen, Könige und Prinzen. Da eine falsche Vorhersage mit dem Tod bestraft werden konnte, wurden die Techniken immer präziser. Wer wusste, was die Zukunft brachte, konnte sie kontrollieren. Die Zukunft durch richtiges Handeln selbst zu schaffen, verlieh noch mehr Macht.

Der Mensch ist entweder Opfer der Vorsehung oder Meister seines Schicksals.
H. Spencer Lewis

Genau darum befragen Menschen auch heute noch die Orakel. Egal, ob Statistiker versuchen das Wirtschaftswachstum vorherzusagen, ein Modeeinkäufer den nächsten Trend, oder eine junge Frau das Gesicht des Zukünftigen – jeder möchte sein Schicksal lenken und verbessern, indem er weiß, was auf ihn zukommt.

Sie werden sich vielleicht fragen, ob es wirklich möglich ist, in die Zukunft zu schauen. Wird das, was das Orakel voraussagt, auch wirklich eintreffen? Die Zukunft ist schließlich noch nicht eingetreten, sie ist ein Potenzial und nicht Gewissheit, sie ist beweglich und veränderbar. In der Vergangenheit haben schon viele Menschen in die Zukunft geschaut, und sie versichern uns, dass das, was man sieht, auch wirklich eintrifft.

Schicksal oder Chance?

Die Wahrsagerei wird mit bestimmten Instrumenten durchgeführt, sie ist keine Magie und kein Hokuspokus. Ein weiser Teil Ihrer selbst, der alles sieht und alles weiß, wird über die Wahrsagerei mit der göttlichen Führung verbunden. Dieser weise Teil ist meist verborgen, aber Sie können lernen, Zugang zu ihm zu bekommen und sich so durch das tägliche Leben führen zu lassen. Er war über alle Zeiten hinweg die Quelle für Visionen und Inspirationen und wird das Intuitive Selbst genannt.

Das Intuitive Selbst ist nicht an Zeit oder Ort gebunden, es kann sich spontan durch die Zukunft bewegen, was beispielsweise in Träumen oder Visionen geschieht.

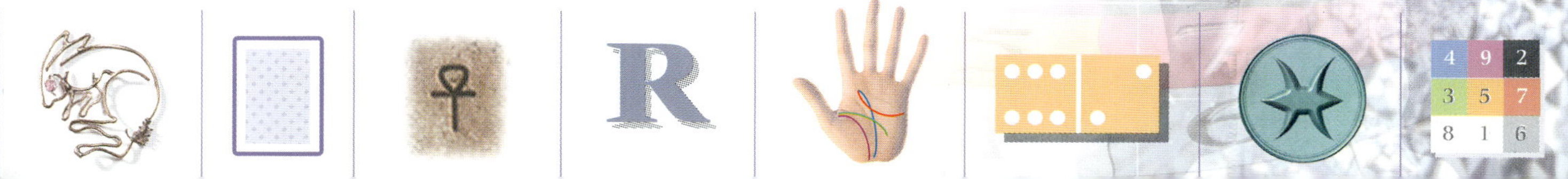

Es kann in einen Spiegel oder eine Kerzenflamme schauen und sehen, was kommt. Es kann eine Hand führen, die ein Buch genau an der Seite aufschlägt, auf der der gesuchte Rat steht. Es kann den Wurf von Karten und Münzen beeinflussen und so seine Botschaft an uns weitergeben.

Hinter dem bewussten Geist gibt es mindestens noch zwei Dimensionen: das Unterbewusste und das Kollektive Unbewusste. Der unterbewusste Geist gehört zu Ihnen, aber Sie kennen ihn vielleicht nicht. Er sitzt da, wo eine Intuition oder ein Verdacht hochkommt, wo vergessene Geschehnisse lauern, wo ihre tiefsten Beweggründe liegen und alte Verhaltensmuster festsitzen. Während Ihr bewusster Geist Sie etwas sagen lässt, kann Ihr Unterbewusstsein etwas völlig anderes machen. Orakel haben Zugang zu diesem Unterbewusstsein und können den Inhalt zutage fördern.

Das Kollektive Unbewusste ist so etwas wie ein Gruppengeist. Es enthält alles, was einmal geschehen ist, eine Art psychisches Netz, das alle Menschen miteinander verbindet – in der Vergangenheit, der Gegenwart und der Zukunft. Wenn das Orakel Zugriff nimmt zum Kollektiven Unbewussten, dann erfolgt die Antwort über Archetypen und Symbole (wie beispielsweise im **I Ging**), über Volksrituale und Aberglauben. Sie stimmen sich sozusagen auf die ganze Menschheit ein, um Ihre Antwort zu finden. Wie das Unterbewusstsein ist auch das Kollektive Unbewusste nicht an Zeit oder Ort gebunden – wie könnte es das auch, wenn seine Wurzeln überall sind? Es kann Fragen beantworten, die sich an die Zukunft richten, oder es kann bis in die Wurzeln der Menschheit zurückgehen, um Einsicht und Erleuchtung zu erhalten.

Die beste Möglichkeit, die Zukunft vorherzusagen, ist sie zu erschaffen.
Dr. D.G. Rollinson-Gilbert

Es sieht aus, als würden die Instrumente der Wahrsagerei nur den Zufall wiedergeben. Einige Menschen gehen davon aus, dass alles vom Zufall abhängt, andere glauben, dass die Zukunft vorbestimmt ist, andere wiederum stellen sich vor, dass die Zukunft zwar in groben Zügen existiert, aber dass man in der Gegenwart darauf Einfluss nehmen kann. Lassen Sie sich überraschen, probieren Sie es aus.

Die Sichtweise, dass alles Schicksal oder Zufall ist, gibt keinerlei Kontrolle über das Leben. Man fühlt sich als Opfer einer bösen Kraft oder ist abhängig vom guten Willen einer launischen Fee. Der Glaube, dass Sie das Schicksal durch richtiges Verhalten bestimmen können, gibt Ihnen dagegen das Steuer in die Hand.

Die Orakel helfen dann, die richtige Wahl zu treffen. Wenn Sie zum Beispiel davon ausgehen, dass alles vorbestimmt ist, wird durch die Namensgebung bei der Geburt für alle Zeiten festgelegt, wer Sie sind. Was aber, wenn Sie den Namen verändern? Bleibt das Schicksal das gleiche? In **Ihre persönlichen Interessen (Kapitel 1)** werden Sie sehen, dass das nicht so sein muss. Es ist möglich, dass Ihr Schicksal in groben Zügen dargelegt ist, aber durch Ihr Verhalten können Sie darauf Einfluss nehmen. Wenn Ihr Geburtsname also nicht so günstig ist, haben Sie die freie Wahl, Ihren Namen und dadurch Ihre Zukunft zu verändern.

Wahrsagerei und der richtige Zeitpunkt

Oft stellen die Menschen Fragen nach dem „Wann". „Wann werde ich einen Partner finden?" oder „Wann werde ich mein Glück machen?" Einige Wahrsage-Methoden helfen, den richtigen Zeitpunkt zu finden. Auch durch die Überprüfung der Lebenszyklen können Sie erkennen, ob die richtige Zeit für eine bestimmte Aktivität gekommen ist. Es ist unsinnig, ein neues Unternehmen zu beginnen, wenn man sich in einer Phase der Zurückgezogenheit befindet, andererseits könnte man eine große Chance vertun, wenn man nicht im richtigen Moment handelt.

Die Zukunft ist veränderbar, und die Wahrsagerei hat ihre eigene Zeitgebung. Es kann auch sein, dass das Ergebnis anscheinend nicht der Frage entspricht, die Sie gestellt haben. Orakel sind bekannt für ihre Rätselhaftigkeit. Sie geben selten ein Nein oder Ja und können je nach vorgefasster Meinung des Fragestellers falsch interpretiert werden. Auch auf Umwegen kann etwas geschehen. Das Orakel scheint vielleicht zu sagen, dass etwas in der kommenden Woche passieren soll und nichts scheint danach geschehen zu sein – bis Sie es im Nachhinein überprüfen. Ja, es ist tatsächlich etwas passiert, aber nicht so, wie Sie es erwartet haben. Vergessen Sie nicht, dass die Orakel Ihnen nicht die Arbeit abnehmen. Sie müssen eventuell etwas in die Wege leiten, anstatt sich nach hinten zu lehnen und auf das große Ereignis zu warten. Eine gute Folgefrage nach dem Wann ist: „Muss ich etwas tun, damit dies eintrifft?“ oder „Gibt es Hindernisse?“. Manchmal muss auch die Interpretation überprüft werden, das geht leicht mit einem Pendel.

Ursache und Wirkung

Viel von dem, was als mystische oder magische Vorhersage erscheint, beruht in Wirklichkeit auf Ursache und Wirkung. Etwas, was in der Vergangenheit in Gang gesetzt wurde, hat eine Auswirkung auf die Gegenwart oder Zukunft. Die Orakel zeigen Ihnen nur die Verbindungen auf. Diese Verbindungen sind offensichtlich, wenn Ursache und Wirkung nahe beieinander liegen. Ein Beispiel dafür ist, wenn Sie Ihrem Partner untreu sind und daraufhin von ihm verlassen werden. Nicht ganz so offensichtlich ist die Unsicherheit, die in einem Menschen hervorgerufen wird, dessen Partner auf jeder Party ausgiebig flirtet, es aber nicht ernst meint. Dieser Mensch weiß das vielleicht aber nicht, innere Zweifel und Ängste werden in ihm geweckt. Er kann besitzergreifend werden oder anfangen zu klammern, sich abwenden oder mit Liebesentzug, Gleichgültigkeit oder Kälte reagieren und sich letztendlich wundern, wenn der Partner die Gesellschaft eines anderen Menschen vorzieht. Jeder Wirkung liegt eine Ursache zugrunde. Was es so schwierig macht, die Ursache herauszufinden, ist die Tatsache, dass so vieles unterhalb der Bewusstseinsebene stattfindet – das Unterbewusstsein reagiert. Und genau hier können die Instrumente der Wahrsagerei helfen und die Ursachen aufzeigen. Entsprechende Korrekturen können dann die Auswirkungen verändern.

Wenn die Lippen schweigen,
hat das Herz hundert Zungen.
Jalal al-din Rumi

Zum Gebrauch dieses Buches

Seit ewigen Zeiten und durch alle Kulturen hindurch sind die Fragen an die Orakel die gleichen geblieben. Die Sorgen um die Zukunft verändern sich nicht. Die ägyptischen Pharaonen und Bürger stellten dem **Ägyptischen Tafel-Orakel** die gleichen Fragen, die die Kaiser und Bauern der chinesischen Dynastie dem **I Ging** stellten. Aus diesem Grund funktionieren die antiken Orakel auch heute noch. Die Fragesteller aus antiken Zeiten teilen ihren Wunsch nach Vorhersagen mit den Suchenden von heute. Alle wollen wissen, was die Zukunft bringt und stellen die zeitlosen Fragen wie „Werde ich Erfolg haben?“, „Werde ich geliebt werden?“, „Wann werde ich heiraten?“, „Was wird aus meinen Kindern?“.

Mit Hilfe dieses Buches können Sie solche spezifischen Fragen stellen, aber auch Fragen zu Partnerschaft, Arbeit, Reise oder Gesundheit oder ganz allgemeine Fragen. Irgendwann möchten Sie aber vielleicht auch Genaueres über das Orakel selbst wissen, um gegebenenfalls andere Fragen stellen zu können. Informationen dazu finden Sie auf den Themenseiten zum Orakel selbst.

Es gibt aber auch Fragen, vor allem bezüglich des Zeitpunkts, die mit den Lebenszyklen besser beantwortet werden. Wenn Sie sich mit diesem Teil vertraut machen, lernen Sie auch, sich auf den inneren Rhythmus des Lebens einzustellen und sich nicht gegen den natürlichen Fluss der Dinge zu stemmen. „Mit dem Fluss gehen“, macht das Leben leichter und harmonischer – und es kann schnell und aufregend sein, wenn Sie zum Beispiel in einer günstigen Zeit schnell zu Erfolg kommen.

Fragestellung

Zur Vorbereitung der Frage sollten Sie ganz offen sein und sich an einen ruhigen Ort setzen, denn es ist nicht so leicht, die richtige Frage zu stellen. Es ist wichtig, konkret und unzweideutig zu fragen. Die Frage, ob die Zeit günstig ist, um ein Lotterielos zu

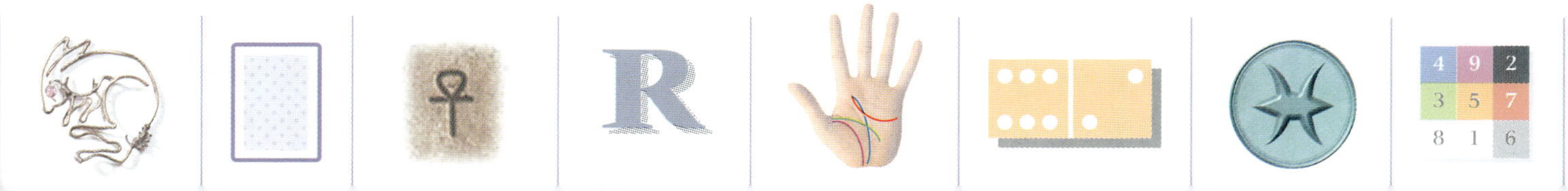

kaufen, könnte mit einem „Ja" beantwortet werden, aber das heißt nicht, dass Sie dann auch gewinnen. Es könnte auch einfach die richtige Zeit sein, etwas zu spenden oder eine Lektion über zu optimistisches Spekulieren zu lernen. Eine bessere Frage wäre also: „Werde ich gewinnen, wenn ich jetzt ein Lotterielos kaufe?"

Wenn Sie die Frage gestellt haben, überlegen Sie, zu welcher Kategorie sie passt – **Ihre persönlichen Interessen (Kapitel 1)**, **Liebe und Romantik (Kapitel 2)**; **Familie und Heim (Kapitel 3)**; **Geld, Ausbildung und Beruf (Kapitel 4)** oder **Freizeit und Gesundheit (Kapitel 5)**.

Und dann schauen Sie unter den Fragen nach, die im Inhaltsverzeichnis aufgeführt werden. Sie entsprechen den am häufigsten gestellten Fragen in der Wahrsagerei, vielleicht finden Sie dort Ihre Frage oder eine, die sehr ähnlich ist. Falls nicht, schlagen Sie die Seite mit der ähnlichsten Frage auf, und sehen Sie nach, ob Sie dort Ihre Frage finden. Zu der Frage „Ist es vorbei?" gehört nämlich auch „Wird er/sie zurückkommen?", „Soll ich die Affäre abbrechen?" und „Kann es eine Versöhnung geben?". Suchen Sie die Frage heraus, die am ähnlichsten ist.

Zu jeder Frage wurden ein oder mehrere Orakel ausgewählt, die eine Antwort geben können. Einige Orakel scheinen rein nach dem Zufall zu arbeiten, andere sind wissenschaftlich untermauert. Wenn Sie wählen können, nehmen Sie das Orakel, das Ihnen am besten entspricht. Wenn Sie beispielsweise rationaler veranlagt sind, ziehen Sie sicher ein wissenschaftlicheres System vor – oder wollen sogar alle ausprobieren. Bevor Sie beginnen, sollten Sie sich einen Moment lang auf Ihre Frage konzentrieren. Sie sollten sich der Frage bewusst sein und davon ausgehen, dass sie ganz klar und richtig beantwortet wird.

Sie können aber auch das Buch durchblättern und sehen, welche Methode Sie am meisten anzieht. Manche Menschen sind visuell veranlagt, andere intellektuell, andere wiederum kinästhetisch (tastsinnorientiert). Vielleicht ist bei Ihnen der Tastsinn am besten ausgebil-

[Ein Orakel] spricht zu denjenigen, die von einer inneren Stimme unwiderstehlich gerufen werden, in die Tiefe der Dinge vorzudringen und bleibt unverständlich für diejenigen, die sich an der äußeren Bedeutung der Worte festhalten.

O. Wirth

det, und Sie lieben es, **Würfel** in der Hand zu halten, oder Sie gehen gerne mit Holz oder Steinen um, wie im Fall der **Runen**. Wenn Sie visuell veranlagt sind, werden Sie sicher von den **Spielkarten** oder der **Geomantie** angesprochen. Wenn Sie intellektuell veranlagt sind, brauchen Sie eine Herausforderung. Hier können **Numerologie** und **Astrologie** stimulieren und informieren, während **Fatimas Hand** fast alle anspricht.

Ein Symbol kann von unzähligen Standpunkten aus untersucht werden, und jeder Sucher hat das Recht, im Symbol eine neue Bedeutung zu entdecken, die mit der Logik seiner eigenen Auffassung übereinstimmt.

O. Wirth

Die Frageseiten enthalten im Grunde genommen genügend Informationen, aber in einigen Fällen werden Sie auch auf die Themenseiten des jeweiligen Orakels oder auf die Astrologischen Tabellen im hinteren Teil des Buches verwiesen. Einige Antworten sind vielleicht nicht ausreichend. Wenn Sie beim Würfeln eine Zahl erhalten, die nicht besprochen wird, können Sie beispielsweise auf der jeweiligen Themenseite die richtige Antwort finden. Eine unzureichende Antwort könnte bedeuten, dass Sie die Frage später stellen sollen, oder dass Sie während der Sitzung schon zu viele Fragen gestellt haben. Vergessen Sie nicht, dass das Orakel auch darauf hinweisen könnte, dass Sie am falschen Platz suchen oder die falsche Frage gestellt haben. Es passiert sehr leicht, dass man sich von einer vorgefassten Meinung oder von einem starken Wunsch leiten lässt.

„Eine Frau befragte ein Orakel, kurz bevor sie eine Reise von Australien nach England antrat. Ihre Frage war, ob sie Australien, wo sie 25 Jahre gelebt hatte, verlassen und wieder nach England zurückkehren sollte. Das Orakel sagte, dass sie einen alten Freund treffen würde, der unglücklich verheiratet sei. Mit diesem würde sie eine Beziehung beginnen, und das sei der Mann fürs Leben. Da der Mann in England wohnte, würde sie nach England zurückkehren. Sie zog daraus sofort den Schluss, dass es sich um einen Ex-Freund handeln müsse, den sie erst seit kurzem wieder kontaktiert hatte und für den sie immer noch viel übrig hatte – der aber glücklich verheiratet war. Auf ihrer Reise besuchte sie dann ein Ehepaar, das sie seit fünfzehn Jahren kannte und das an dem Ort lebte, an dem sie sich niederlassen wollte. Sie stellte fest, dass das Paar sich getrennt hatte und der Mann jetzt allein dort lebte. Sie verliebten sich sofort ineinander. Einige Wochen später besuchte er sie in Australien. Vor der Rückreise fragte er sie, ob sie ihn heiraten und mit ihm nach England kommen und in seinem neuen Haus leben wolle, das er genau an den Ort gebaut hatte, an den sie ursprünglich ziehen wollte. Hätte sie an ihrem ehemaligen Freund festgehalten, wäre ihr vielleicht die tatsächliche Gelegenheit einer glücklichen Beziehung entgangen."

> *Wir sind alle Propheten, nicht so sehr aus freier Wahl, als aus reiner Notwendigkeit.*
> **Richard Lewinsohn**

Wenn Sie mit allen Orakeln hier im Buch vertraut sind und sich von einem ganz besonders angezogen fühlen, können sie damit auch Fragen beantworten, bei denen dieses Orakel im Buch nicht verwendet wurde. Es hätte den Rahmen dieses Buches gesprengt, zu jeder Fragestellung alle Orakel aufzuführen. Die westliche **Astrologie** und das **36-Quadrat-Orakel** könnten neben den Orakeln, die angegeben sind, zum Beispiel auf die Frage „Soll ich mein Glück versuchen?" auch günstige Momente betonen – und außerdem anzeigen, wann Sie Gefahr laufen würden, zu viel zu spielen.

Interpretation der Antwort

Und schließlich ein Wort zur Interpretation. Haben Sie keine Angst vor eigenen, instinktiven Gefühlen bei einem Zeichen oder Symbol. Orakel waren immer offen für persönliche Interpretationen – das ist Teil ihres Geheimnisses. Wenn Sie also nach der Antwort des Orakels spontan denken: „Das bedeutet sicher das und das", dann liegen Sie wahrscheinlich richtig – solange nicht das Wunschdenken stärker ist als die Intuition. Auf ein Orakel zu hören, bedeutet vor allem, sich auf die eigene, innere Führung einzustimmen. Sie sollten also auch bereit sein, das anzunehmen und es nicht verwerfen, nur weil sie die Interpretation im Buch nicht finden können.

Es ist nicht gut, wenn alle Wünsche erfüllt werden:
Durch Krankheit lernt man den Wert der Gesundheit schätzen,
Durch das Böse den Wert des Guten,
Durch Hunger das Sattsein,
Durch Anstrengung den Wert der Ruhe.
Heraklit

Andererseits ist es wichtig, offen zu bleiben. Wenn Sie sofort mit „Oh, das kann aber nicht stimmen" reagieren, dann nehmen Sie sich selbst die Möglichkeit, sich führen zu lassen und sich zu verändern. Vielleicht müssen Sie die Frage noch besser ausarbeiten, um Genaueres zu erfahren, oder Sie müssen sich für neue Möglichkeiten öffnen.

Es wurde schon erwähnt, dass die Orakel Antworten geben können, die zweideutig oder unklar sind. Einige Antworten sind vielleicht sehr eng gefasst, andere offener. Auf die Frage: „Welchen Beruf soll ich wählen?", könnte für Sie als Löwe vielleicht die Antwort kommen „Ingenieur für Solaranlagen" oder „Präsident". Das Erste ist sehr spezifisch, das Zweite extrem allgemein – „Präsident von was?" würden Sie sich sicher fragen. Die Antwort ist tatsächlich von „irgendetwas"! Denn der Löwe wird mit sehr vielen unterschiedlichen Dingen assoziiert, die alle eigene Möglichkeiten bergen. Es ist ein Feuerzeichen mit starker Verbindung zur Sonne (deshalb Solaranlagen) und ist ein Zeichen, mit den Qualitäten des Regierens, der Macht und dem Bedürfnis, etwas Besonderes zu sein (deshalb der Ehrgeiz, Präsident zu werden).

Auch andere Orakel können diese Kombination von spezifischen und allgemeinen Antworten hervorbringen, könnten damit aber darauf hinweisen, dass etwas Anderes benötigt wird. Wenn Sie zum Beispiel das **Rad des Schicksals** konsultieren und fragen, ob Sie spekulieren sollen, könnte es Erfolg in einem Unternehmen anzeigen, eine sehr weit gefasste Antwort. Andererseits könnte es die Antwort geben: „Nicht spekulieren". Diese Antwort muss nun nicht unbedingt „Nein" heißen, sondern könnte andeuten, dass Sie sich sehr lange darauf vorbereiten und vorher noch spezifischere Fragen stellen müssen. Oft braucht man den gesunden Menschenverstand und die Intuition, um die Antwort ganz zu verstehen. Wenn Sie Zweifel haben, hören Sie aber lieber auf Ihr Herz als auf den Verstand. Denn das ist der Ort, an dem die wahre Bedeutung des Orakels gehört werden kann.

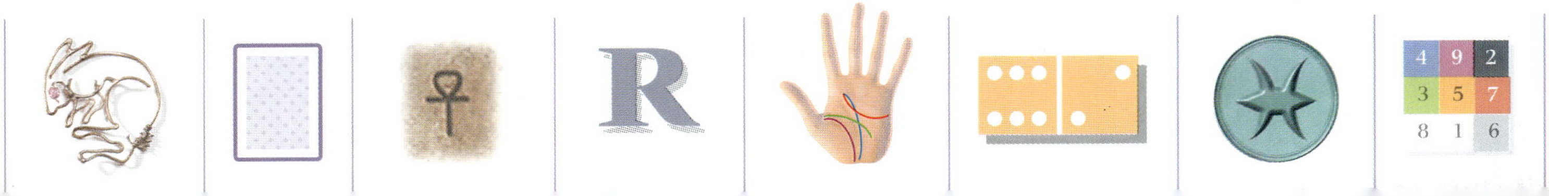

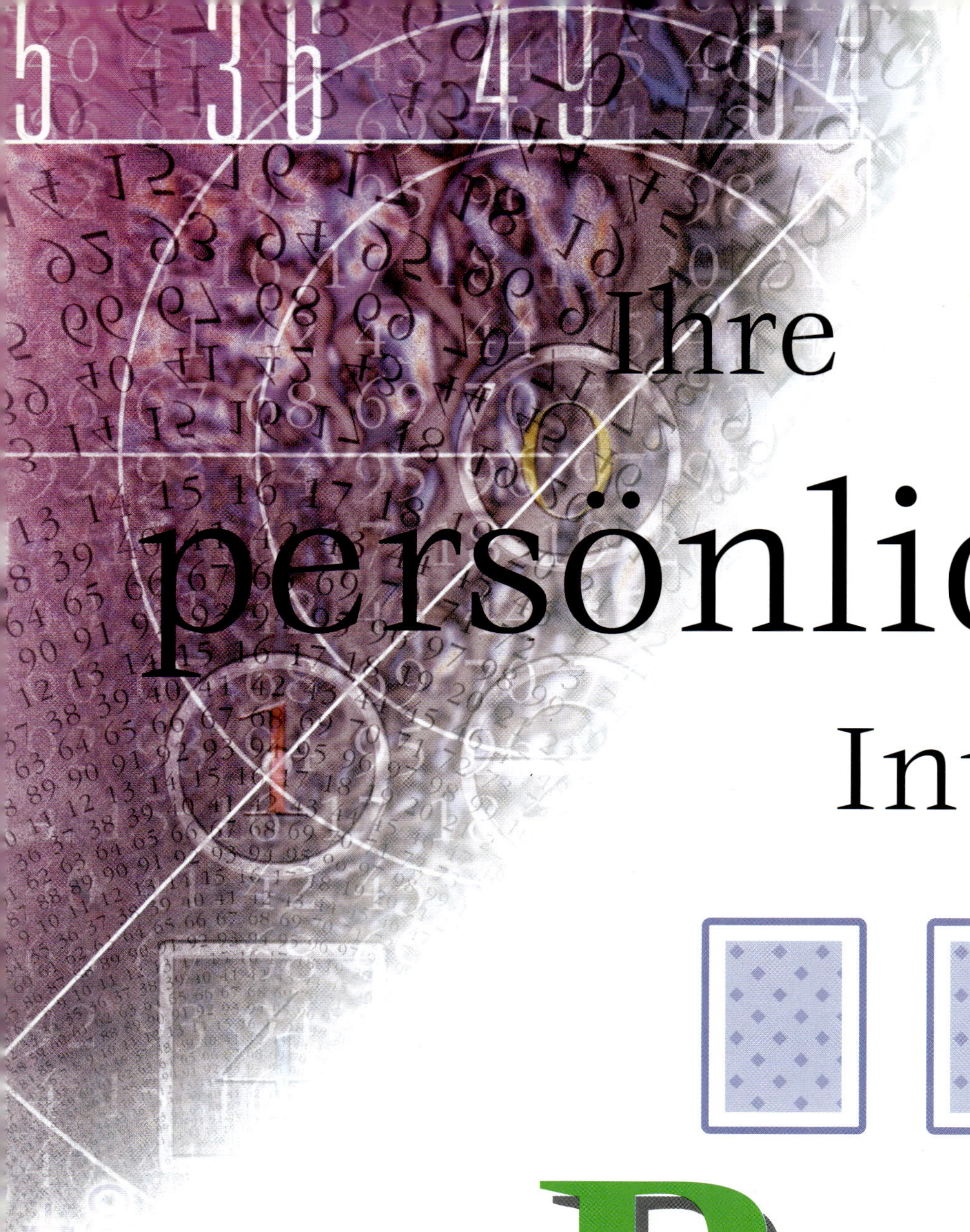

Ihre persönlichen Interessen

Die allerwichtigste Frage ist sicher „Wer bin ich?". Viele Menschen kennen sich selbst nicht richtig. Sie wissen weder, wer sie sind, noch wer sie sein könnten, noch was ihrem Leben Erfüllung geben könnte. Ohne dieses grundlegende Wissen wird das Leben flach und sinnentleert. Man hat das Gefühl, das irgendetwas fehlt. Man findet keine Freude mehr am Leben. Die Zukunft liegt düster vor einem. Es mangelt an Selbstvertrauen und Selbstachtung – die Eigenschaften, die uns helfen, eine schöne Zukunft zu gestalten. Wenn Sie sich selbst und Ihre Fähigkeiten richtig kennen, stehen Ihnen alle Möglichkeiten offen.

Viele der antiken Systeme wie Astrologie – östliche und westliche –, die Japanische Neun-Sterne-Astrologie und die Numerologie wurden entwickelt, um sich selbst und die eigenen Fähigkeiten besser zu verstehen. Sie sind die Schlüssel für die Zukunft.

Der eigene Name hatte schon immer eine wichtige, magische Bedeutung und falls Ihnen nicht gefallen sollte, was Fatimas Hand oder das Buchstaben-Orakel aufgrund Ihres Namens vorhersagen, können Sie immer noch einen anderen Namen wählen und dadurch einen anderen, glücklicheren Weg einschlagen.

Wer bin ich?

Welches sind meine Stärken und meine Schwächen?

Wo liegen meine Talente?

Wie sehen andere mich?

Ihr Name und Ihr Geburtsdatum haben eine große Bedeutung. Die Buchstaben in Ihrem Namen können viel über Ihren eigentlichen Charakter aussagen, und Ihr Geburtsdatum hat eine einzigartige Schwingung. Man kann den Namen verändern, aber es ist unmöglich, das Geburtsdatum zu verändern. Das Buchstaben-Orakel gibt Einblick in Ihren Namen. Aus Ihrem Geburtsdatum wird in der Numerologie die Lebenszahl berechnet. Die Schwingung dieser Lebenszahl ist konstant. Sie bestimmt Ihr ganzes Leben und untermauert Ihre Entwicklung. Die Eigenschaften dieser Zahl werden Sie immer mit sich tragen, um sie den Umständen entsprechend auszudrücken. Ihre Persönliche Zahl wird hingegen aus Ihrem vollen Geburtsnamen berechnet und kann sich verändern. Sie können tatsächlich eine neue Schwingung schaffen, indem Sie einen anderen Namen wählen. Die Eigenschaften Ihrer Persönlichen Zahl können sich positiv oder negativ auswirken, aber es gibt immer das Potenzial, diese Energien konstruktiv zu nutzen. Die Wahl liegt bei Ihnen.

Numerologie

In diesem System werden die Buchstaben Ihres Namens und Ihr Geburtsdatum verwendet, um das Schicksal zu erkunden. Ihre Lebenszahl wird aus dem Geburtsdatum entwickelt und zeigt Ihr grundlegendes Wesen und die Qualitäten, die Sie verkörpern. Ihre Persönliche Zahl gestaltet sich aus Ihrem vollen Geburtsnamen und weist auf Ihre Lebenseinstellung und auf die Persönlichkeit, die Sie darstellen, hin. Einige Zahlen – 1 und 5 – sind aktiv, nach außen gehend und positiv. Andere – 2 und 7 – sind passiv, empfänglich und nach innen gewandt. Wenn Sie eine positive Lebenseinstellung haben, wird die Numerologie das widerspiegeln.

Es ist sicher verwirrend, falls sich die Charaktereigenschaften der Lebenszahl sehr von denen der Persönlichen Zahl unterscheiden, aber das Verständnis beider Zahlen hilft Ihnen, unentdeckte Qualitäten zu entwickeln und in bisher unerkannte Talente zu investieren. Auf den Seiten 22–25 finden Sie alles, was Sie brauchen, um Ihre Zahlen zu errechnen und zu interpretieren.

Buchstaben-Orakel

Dies ist eine andere Möglichkeit, sich selbst über den Namen kennen zu lernen. Es kann sein, dass sich einige der Angaben widersprechen, aber das könnte auf versteckte oder störende Aspekte hinweisen und hilft Ihnen, sich selbst wirklich zu erkennen und Ihre Fähigkeiten maximal zu nutzen. Sie können aber auch einzelne Lebensphasen widerspiegeln. An dem Beispiel Judith, Judy und Judi sehen wir, wie sie den Beruf der Schriftstellerin voraussagen oder auch behindern.

J steht für Intuition, Redegewandtheit und Einfallsreichtum – genau das, was eine Schriftstellerin braucht – während

U vor Übertreibungen warnt, aber auf kreativen Erfolg hinweist.

D steht auch für Erfolg und

I sagt, dass ein Talent belohnt wird.

T zeigt große Fantasie – und Freude am Schicksalsträchtigen.

H hingegen warnt vor der Literatur, deshalb ist Judith nicht günstig für eine Schriftstellerin. Das

Y von Judy bringt nichts, was ein Schriftsteller braucht, deshalb ist Judi am besten. Um herauszufinden, worauf Ihr Name hinweist, schlagen Sie die nächsten Seiten auf.

Was steckt im Namen?

Viele Menschen nutzen das Buchstaben-Orakel, um Ihre Zukunft durch einen Buchstaben mehr oder weniger zu verbessern – wie das Schreiben von Judy mit einem i als Judi. Oder Sie nutzen die Numerologie und addieren ein oder zwei Anfangsbuchstaben zu Ihrem Namen. Diese Initialen stehen nicht unbedingt für etwas; sie haben einen reinen Zählwert. Wenn Sie beim Berechnen Ihrer Namenszahl feststellen, dass sie nicht zu Ihrem Lebensziel passt oder Ihnen bisher kein Glück gebracht hat, können Sie einige Initialen dazunehmen und so die Schwingung des Namens verändern. Diese neue Schreibweise sollte auf Ihren Schecks, Visitenkarten, Briefköpfen etc. auftauchen, um sicherzustellen, dass sich das Schicksal wendet. Beide Orakel können auch angewendet werden, um einen ganz neuen Namen zu finden, falls sich jemand vom Namen des Ex-Mannes lösen möchte oder nach einem Künstlernamen sucht. Prüfen Sie den Zahlenwert des Namens, bevor Sie ihn annehmen. (Beispielsweise ist der Name Robins für jemand, der etwas bewirken möchte, günstiger als Robbins. Robins ist eine 5 – also aktiv, nach außen gerichtet und einfallsreich, während Robbins einer 7 entspricht – reflektierend, passiv und in sich gekehrt.

Buchstaben-Orakel

Der Ursprung dieses antiken Wahrsagesystems ist unbekannt. Sie müssen nur die Bedeutung der Buchstaben Ihres Vornamens nachschlagen. Die Buchstaben beziehen sich auf den Namen, unter dem Sie bekannt sind. Da dieser sich oft vom Geburtsnamen unterscheidet, ist es interessant, beide Namen zu untersuchen. Vielleicht erkennen Sie Lebensbereiche, die unwichtig geworden sind und andere, die durch die Namensänderung in den Vordergrund getreten sind. Sie erfahren auch, was in Zukunft passiert und wie Sie Ihr Schicksal verändern können.

Methode

Gewöhnlich beschränkt man sich auf einen Namen. Wenn Sie beruflich zum Beispiel oft Vor- und Nachnamen verwenden, können Sie hier herausfinden, wie unterschiedlich die Namen wirken.

Schauen Sie die Interpretationen durch, und machen Sie sich Notizen.

Seien Sie ehrlich. Stimmen die Angaben? Kontrollieren Sie zusammen mit einem Freund oder Partner – falls Sie sich trauen.

Anschließend können Sie ausprobieren, ob eine andere Schreibweise Ihres Namens bessere Schwingungen verursachen könnte. Oder Sie suchen Buchstaben mit besonderen Qualitäten aus und stellen sie zu einem neuen Namen zusammen. Vielleicht entdecken Sie, dass Ihr Geburtsname das reflektiert, was Ihre Eltern mit Ihnen vorhatten und nicht das, was Sie von Ihrem Leben erwarten. In diesem Fall sollten Sie sich wirklich einen neuen Namen suchen!

A

Vitalität und Enthusiasmus inspirieren andere. Anfällig für Krankheiten, der gesunde Menschenverstand siegt. Gereiztheit verursacht finanzielle und häusliche Probleme. Schüchternheit überwinden durch Engagement in neue Aktivitäten. Unvorhergesehene Umstände können Umzug an entfernten Ort bewirken. Weite Reisen, lässt sich vielleicht in der Ferne nieder. Leidet unter eigener Unbeständigkeit. Erreicht Ziele durch Fleiß und Können.

B

Mangelnde Fähigkeit, mit Menschen durchdacht und ehrlich umzugehen. Von Natur aus anpassungsfähig, kann mit Problemen umgehen, wenn Extreme vermieden werden. Vor dem Handeln denken, Details beachten, sonst platzen die Pläne. Wichtig: Dinge vorantreiben, die glücklich machen. Großzügigkeit kann künstlerisches Talent behindern. Starrsinn kontrollieren, führt sonst zu Entmutigung.

C

Sehr gute Menschenkenntnis. Lange, entkräftende Diskussionen vermeiden. Vernachlässigung von Details, aber gesunder Menschenverstand siegt. Intelligenz, die glänzend hervortritt und wichtige Positionen verschafft. Impulsivität durch Überlegung kontrollieren.

D

Ausgezeichnete Einschätzung von Situationen. Nicht entmutigen lassen, der Erfolg ist nahe. Schroffheit und Eindringlichkeit bringen Verderben. Minderwertigkeitskomplex überwinden, geduldiges Bemühen wird belohnt. Vollkommen ohne Angst, trotzdem körperliche Auseinandersetzungen vermeiden.

E

Schüchternheit verschwindet mit der Reife. Heimlichtuerei und Egoismus verleihen Macht. Verlust der Unterstützung, solange Sucht nach Geld und Macht nicht nachlässt. Angeborene Intelligenz und Diplomatie lässt Ziele verwirklichen. Vielseitigkeit bringt Ehre, nicht leichtsinnig werden. Anwendung und Entwicklung der Fantasie bringt Erfolg, Irrationalität vermeiden. Wenn Sie wüssten, was die Leute von Ihnen denken, wären Sie überrascht.

F

Hochmut kommt vor dem Fall. Vorsicht vor Aberglauben. Gerechtigkeitssinn bringt lange Freundschaften. Arbeitet gut nach Anleitung und gut im Team. Einbildung, vor allem über künstlerische Fähigkeiten vermeiden. Sorgfältig eingesetztes Talent und Intelligenz bringen Erfolg.

G

Krankhaftigkeit wirkt störend auf andere. Nötige Einsamkeit genießen, frische Luft tut gut. Gleichgültigkeit schmerzt Sie selbst am meisten. Realistisch bleiben. Sorgfältiger Umgang mit Geld erfüllt Wünsche. Ausschweifungen schaden. Der Verstand bringt Sie durch die härtesten Zeiten.

H

Glück liegt im Verfolgen von Idealen. Musik und Kunst wirken leistungsfördernd, Literatur und Theater vermeiden. Kritik kann schmerzen. Vielseitige Talente; auf eines konzentrieren, um Erfolg zu haben. Stellung wird nicht durch Prahlerei gestärkt.

I

Anstrengung wird belohnt durch schönes Familienleben. Das andere Geschlecht kann lästig werden. Talent ist höchstes Gut und Inspiration. Unbeständigkeit verursacht Qualen. Mitgefühl und Verständnis werden belohnt. Klugheit wird durch körperliche Begierden gestört. Sinnlichkeit nicht mit der Liebe für die Familie verwechseln. Den Idealen folgen.

J

Intuition hilft, verlassen Sie sich darauf. Redegewandtheit drückt begabten Geist aus. Vorsicht, Geschäftspläne sind gefährlich. Gut vermarkteter Einfallsreichtum bringt Ruhm und gute Positionen. Energien darauf lenken, anderen zu helfen.

K

Liebe zum Zuhause stärkt Selbstsicherheit. Starker Wille nach Unabhängigkeit darf nicht ins Extrem führen. Lust nach Macht zügeln, kann sonst überhand nehmen. Instinkt für einen guten Geschäftsführer, Einmischung kann Position schwächen. Diskretion und Genügsamkeit sind wichtige Faktoren im Leben.

L

Ernst und Besonnenheit fördern das Talent. Geheimnisse der Magie und Mystik sind für Sie da, wenn Sie wollen. Sexuelle Gelüste kontrollieren, um unangenehme Situationen zu vermeiden. Vermeiden Sie einen Wunderglauben, er bringt nichts. Für Erfolg und Glück müssen Sie Hass und Eifersucht überwinden. Spirituelle Studien helfen. Tätigkeiten an frischer Luft sind gewinnträchtig.

M

Physisches Wohlergehen und Reichtum sind wichtig. Genusssucht und schlechte Gewohnheiten sind Ihr Ruin. Respekt vor Religion bringt inneren Frieden. Alles vermeiden, was Stabilität beeinträchtigt.

Wenn Sie Ihre finanzielle Situation nicht unter Kontrolle halten, werden Sie darunter leiden.

N

Unentschiedenheit ist der größte Feind, nur Sie können sie überwinden. Überwinden der unbewussten Ängste durch eigene Entwicklung und versteckte Talente. Impulsive Natur kann Schwierigkeiten hervorrufen. Überwinden von Unberechenbarkeit und Gereiztheit wird Freunde und Glück bringen. Eingebildete Probleme könnten überhand nehmen, im Hier und Jetzt bleiben.

O

Beharrlichkeit und Ehrlichkeit bringen großes Glück. Durch Verstand und nicht durch Herz geleitet nach dem eigenen Weg suchen. Selbstsucht vereitelt Pläne, solange Ansprüche nicht geändert werden. Sitzende Gewohnheiten sind schlecht, aktiv bleiben. Unglück als Konsequenz des eigenen Leichtsinns. Fantasie und Illusionen ruinieren das Liebesleben. Hingabe wird belohnt. Ständiges Flirten bringt Enttäuschung und Unglück. Idealist in der Liebe, lässt sich Zeit bei der Partnerwahl.

P

Künstlerische Fähigkeiten führen zum Erfolg. Praktische Fähigkeiten werden finanziell sehr belohnt. Attraktivität verlangt gesunden Menschenverstand. Literatur, Musik und Kunst geben Ihnen, was Sie am meisten wünschen. Große Zukunft durch Konzentration auf stärkstes Talent.

Q

Handlungen sollten wissenschaftlich und vernünftig entschieden werden. Klugheit bringt Sie weit in Industrie oder Handel. Suchen Sie jemand, der Ihre Ideen verkauft. Liebe zur Menschheit führt zum richtigen Beruf. Risikoreiches Handeln kann ernsthafte Schwierigkeiten verursachen. Das Beste in allem sehen, aber zu viel Optimismus vermeiden.

R

Überzeugungskraft bringt herausragende Stellung. Ausweichende Natur macht Sie früher oder später zum Intriganten. Durch Geschäfte Geld verdienen. Karriere machen in einem Beruf. Plandenken und Rhetorik sind hilfreich in der Politik. Erfinden Sie etwas, machen Sie es durchführbar. Zu viel Energie in zu vielen Projekten führt zum Versagen. Abenteuergeist bringt Veränderungen.

S

Großes Talent, aber nicht überschätzen. Verfolgen des größten Talents bringt Glück. Sie sind begabt und machen andere fröhlich. Bezaubernde Personalität, die anderen und sich selbst Wohlstand verschafft. Unglaubliche Karriere und hohes Alter durch Furchtlosigkeit und Gewandtheit. Nicht von unrealistischen Zielen träumen, praktisch bleiben und an der Karriere arbeiten. Große Visionen, übersehen Sie nicht, was Sie schon erreicht haben. Originalität, Energie und Talente nicht leichtsinnig verschwenden. Verschafft sich Gehör, ist unorganisiert und geizig, sucht Rat bei jedem Geschäft.

T

Große Fantasie ist Ihr größtes Talent. Nutzen Sie sie richtig, um zu Reichtum und Ehre zu gelangen. Ruhelos, nervenschwach und gereizt, sucht Gesellschaft. Umgebungswechsel hilft oft. Fantasie und Freude am Unheimlichen hilft bei neuen Bestrebungen. Etwas Sachliches studieren, vorzugsweise Geschichte. Impulsiv, langweilt sich schnell. Intensives Studium befriedigt nicht, metaphysische Interessen schon eher. Guter Imitator, muss andere unterhalten.

U

Großer Stolz auf bemerkenswerte Errungenschaften. Familie und Heim sind Stolz und Freude, widmen Sie ihr Aufmerksamkeit. Prahlerei mit dem Erfolg bringt Enttäuschung. Vulgarität vermeiden, sie passt nicht zu Ihrem Leben. Mangel an Respekt ist hinderlich. Fördern Sie jemand anderen, Sie werden sehen, wie das Leben sich ändert. Altruismus bringt unerwartetes Glück und finanzielle Belohnung. Den Idealen folgen, das gibt Anerkennung. Vorsicht vor Geltungsbedürfnis, könnte zum Untergang führen. Ehrlichkeit bringt Ehre und Würde. Intoleranz und Fanatismus könnten ruinieren.

Gewandtheit und Kreativität finden Platz in begeisterten Unternehmungen. Übertreibungen vermeiden, an der Wahrheit festhalten. Praktisch bleiben, um Familie, Beruf und soziales Leben zu stabilisieren. Perfektionist, der die unmöglichen Extreme sucht.

V

Unorthodoxe Ansichten, die oft korrekt sind, lieber für sich behalten. Liebe zum Land könnte Reichtum in Immobilien bringen. Musik und Poesie zeigen in sich gekehrtes, melancholisches Wesen. Mathematische Fähigkeiten trotz Zweifel auf eine andere Wissenschaft anwenden. Überwinden Sie Ungeselligkeit, führen Sie ein glückliches Leben. Eher praktisch als gelehrt, gute Arbeit in Aussicht. Metaphysik vermeiden, Familienwerten folgen.

W

Trägheit überwinden, Talent bringt Geld, das Sie so schätzen. Scharfer Verstand, macht Vermögen mit Geschäften. Exzellente Geschäftsqualitäten, muss sich auf dem Laufenden halten. Impulsivität vermeiden, aber der Originalität freien Lauf lassen. Mitfühlendes Wesen in einem sozialen Beruf nutzen. Versteckte Liebe zur Wissenschaft, Fähigkeit, innovativ zu forschen.

X

Sehr gute Begabung, begleitet von gesundem Menschenverstand. Handel mit künstlerischen Fähigkeiten kombinieren, um Erfüllung zu finden. Im Beruf anstrengen, bis eine Nische für künstlerische Fähigkeiten gefunden ist. Schreiben zum Hobby machen, bis es sich lohnt. Den Kopf aus den Wolken nehmen, anstrengen, fantastische Karriere. Liebt Öffentlichkeit und Aufregung, genießt den Auftritt.

Y

Aggressivität in den Verkauf lenken, um Erfolg zu haben. Kämpfernatur; ausnutzen, um Wünsche zu erfüllen. Mut, zu den Entscheidungen zu stehen, unabhängig vom Widerspruch. Nicht nach Schwierigkeiten suchen. Streit ist keine Lösung. Rat suchen, bevor es schwierig wird. Liebäugeln mit dem Militär, Schwierigkeit, zwischen Heimat und Ferne zu wählen.

Z

Idealist, aber berechnend. Wie weit Sie gehen können? Das müssen Sie allein entscheiden. Stolz lässt keine Kompromisse zu. Fähigkeit, Situationen gut einzuschätzen, bringt Erfolg. Wenig Respekt anderen gegenüber, weiß, dass das eigene Können die anderen in den Schatten stellt. Eitelkeit auf Heim und nähere Umgebung übertragen, damit kein Schaden entsteht. Prahlerei vermeiden, das Unerwartete tun, an Idealen festhalten, um Ziele zu erreichen.

Numerologie

Zahlen können Ihr Schicksal, Ihre Fähigkeiten, Ihre Persönlichkeit und Ihr inneres Selbst ausleuchten. Diese Wahrsage-Methode wird zurückgeführt bis zur antiken Chaldea und der hebräischen Kabbalah, die sich daraus entwickelte. Auch der griechische Mathematiker Phytagoras lehrte, dass die Zahl die Essenz aller Dinge sei und die versteckte Ordnung der scheinbar zufälligen Natur des Universums offenbare. Phytagoras glaubte, dass damit die geistigen und seelischen Geheimnisse erschlossen werden können. Seine mystische Schule hatte einen enormen Einfluss auf andere griechische Denker wie Plato und Aristoteles und über die italienische Renaissance auch auf die moderne Zivilisation. Heute gibt es verschiedene Numerologie-Systeme, die sich geringfügig voneinander unterscheiden, die Grundlage ist aber die gleiche: Jede Zahl hat eine einzigartige Schwingung, und alle Zahlen offenbaren ein gezieltes Muster.

1	2	3	4	5	6	7	8	9
A	B	C	D	E	F	G	H	I
J	K	L	M	N	O	P	Q	R
S	T	U	V	W	X	Y	Z	

Lebenszahl

Aus dem Geburtsdatum entsteht die wichtigste Zahl, die Lebenszahl, die sich nicht verändert. Sie hat während des ganzen Lebens einen dominierenden Einfluss. Sie steht für das Lebensziel und für das, was man lernen muss. Die Eigenschaften, die sie repräsentiert, können sich im Lauf des Lebens gering verändern, bleiben aber immer Teil des inneren Wesens.

Methode

Erstellen Sie die Quersumme Ihres Geburtsdatums, indem Sie die einzelnen Zahlen addieren, bis nur noch eine einzelne Ziffer übrig bleibt. (Achtung, 11 und 22 sind Meisterzahlen, die eigens interpretiert werden.)

Beispiel. Wenn Sie am 25. November 1943 geboren wurden, ist Ihre Lebenszahl 8.

2	5	1	1	1	9	4	3	= 26 = 2 + 6 = 8

Die Zahlen

1 Kühn, dominant, mächtig, wegbereitend, fantasievoll.

2 Passiv, empfänglich, intuitiv, versöhnlich, emotional.

3 Kreativ, aktiv, gewandt, unabhängig, idealistisch.

4 Logisch, praktisch, verlässlich, erdnah.

5 Aktiv, freiheitsliebend, einfallsreich, neugierig.

6 Bemutternd, interessiert, kreativ, idealistisch, mitfühlend.

7 Nachdenklich, beobachtend, analytisch, einfallsreich, besinnlich.

8 Herrisch, energisch, verantwortungsbewusst, beharrlich, spirituell.

9 Mitfühlend, unpersönlich, kreativ, dramatisch, beeindruckbar.

Persönliche Zahl

Diese Zahl weist auf Ihre Lebenseinstellung hin und wie Sie mit Herausforderungen umgehen. Sie beschreibt Ihren Grundcharakter und das Gesicht, das Sie der Welt zeigen. Ihre „Äußere Persönlichkeit“ wird durch den Zählwert der Konsonanten Ihres Namens berechnet, das „Innere Selbst“, das sich davon vielleicht unterscheidet, durch den Zählwert der Vokale. Die Summe beider repräsentiert die vollständige Persönliche Zahl.
Mit Hilfe dieser unterschiedlichen Zahlen lernen Sie sich selbst tiefer kennen. Wenn Ihre äußere Persönlichkeit die gleiche Zahl hat oder wie Ihr Inneres Selbst mit ihr harmonisiert, wird der Selbstausdruck unkompliziert sein. Wenn die Zahlen jedoch nicht zusammenpassen, können Konflikte entstehen. Das Gesicht, das Sie der Welt zeigen, kann innere, unterdrückte Bedürfnisse verstecken.

Methode

Mit Hilfe der Zahlentafel (gegenüberliegende Seite) berechnen Sie den Zählwert der Konsonanten und Vokale und anschließend den Wert des gesamten Namens.

Beispiel	P	Y	T	H	A	G	O	R	A	S	
Vokale					A		O		A		
					1		6		1		= 8
Konsonanten	P	Y	T	H		G		R		S	
	7	7	2	8		7		9		1	= 41 = 4 + 1 = 5

Persönliche Zahl 8 + 5 = 13 = 1 + 3 = 4

Auf der nächsten Seite sehen Sie, welche Eigenschaften den einzelnen Zahlen zugeordnet werden. Die Zahlen verweisen nicht nur auf den inneren und äußeren Ausdruck, auf Lebensziel und Charakterzüge, sie können außerdem einen blockierten oder freien Energiefluss haben. Ist der Fluss blockiert, wird die Zahl negativ erlebt. Fließt die Energie frei, ist sie konstruktiv und positiv. Um Pythagoras besser kennen zu lernen, lesen Sie bei den Zahlen 8, 5 und 4 nach. Wir erkennen sein Bedürfnis, materiellen Erfolg mit spiritueller Einsicht zu verbinden (8) und Freiheit und Disziplin auszugleichen, was sich in seiner Schule ausdrückte. Wir sehen auch, wie sein Zahlensystem Form in die Materie gebracht hat (4). Sein Bedürfnis nach Kontrolle (8) hätte zweifellos einen strengen Lehrer aus ihm gemacht, aber einen, der gut mit Menschen umgehen konnte (5), obwohl seine Persönlichkeit sicher etwas hart war (4).

Persönliche Zahl

1 Das Selbst und die Vernunft Energisch, selbstbewusst, kreativ, nach außen gerichtet. Natürlicher Anführer mit starkem Willen. Hält sich gern unter Kontrolle. Vielleicht dominierend.
Blockierter Ausdruck Abhängigkeit, Frustration, Unsicherheit, Halsstarrigkeit, Geltungsbedürfnis, Intoleranz.

2 Geist der Zusammenarbeit und Harmonie Unterstützend, liebevoll, sensibel, tüchtig. Suche nach Sicherheit und Stabilität. Passiv und empfänglich, Helfer.
Blockierter Ausdruck Kritisierend, unentschieden, überangepasst, unterwürfig, zieht Hilfe plötzlich zurück.

3 Verlangen nach Gefühlsausdruck und Sensibilität Sensibel, aktiv, gesellig, klarer Ausdruck. Erfolgreich. Inspiriert. Idealistisch, der ewige Optimist.
Blockierter Ausdruck Angst vor Zurückweisung, aufmerksamkeitsheischend, eingebildet, betrügerisch, depressiv, überempfindlich.

4. Form und Materie Logisch, sicher, glaubwürdig, verlässlich. Ruhige Tüchtigkeit, geduldige Fortschritte. Etwas zurückhaltend; braucht mehr Flexibilität.
Blockierter Ausdruck Ungeduldig, unpraktisch, instabil, fixiert.

5 Balance zwischen Freiheit und Disziplin Freiheitsliebend, energisch, spontan, ruhelos. Vielseitig. Lebhaft, witzig, gesellig, redegewandt, guter Umgang mit Menschen.
Blockierter Ausdruck Zerstreut, unverantwortlich, übervorsichtig, unzuverlässig.

6 Zahl der Liebe Tröstlich, diplomatisch, akzeptierend. Gebend und umsorgend. Suche nach Ausgleich und Harmonie. Herausragend im Geschäft und im Umgang mit Geld.
Blockierter Ausdruck Perfektionist, selbstgefällig, selbstsüchtig, besitzergreifend, eifersüchtig.

7 Bedürfnis, Vertrauen zu entwickeln Meditativ, introvertiert, zurückhaltend. Reise nach innen, Traum von einer besseren Welt. Scharfsinnig, analytisch und beobachtend.
Blockierter Ausdruck Misstrauisch, wirklichkeitsfremd. Bitterkeit, Verrat, Mangel an Vertrauen.

8 Bedürfnis, materiellen Erfolg und spirituelle Kenntnisse zu vereinen Großzügig, entschlossen, vertrauenswürdig. Guter Organisator, der Verantwortung tragen kann. Vielleicht zu fordernd, da er gerne kontrolliert.
Blockierter Ausdruck Selbstzerstörerisch, Sklaventreiber, zwanghafter Umgang mit Geld.

9 Zahl der Vollendung Dynamisch, charismatisch, unabhängig. Entwickelte Seele, die aber noch lernen muss. Braucht Selbstkontrolle und Selbsterkenntnis.
Blockierter Ausdruck Selbstsüchtig, fanatisch, verschwendet Talente.

11 Auf Mission Mächtiger Anführer und schrecklicher Feind. Unglaubliche Überzeugungskraft.

22 Besonderer Mensch Stark und herrisch. Enorme Möglichkeiten bei richtiger Anwendung.

Schicksalszahlen

Durch die Schicksalszahl erlangen Sie eine noch tiefere Selbsterkenntnis. Diese Zahl ist die Summe der Lebenszahl und der Persönlichen Zahl. Sie ist die Zahl des Schicksals, viele Menschen sehen sie als karmische Zahl, die einen Einblick gibt in das Ziel und die Lektion dieses Lebens.

1 Wechselhaftes Schicksal früh im Leben, danach Stabilität und Verwirklichung des höchsten Zieles. Prominente und einflussreiche Stellung, Vorbild für andere. Organisationstalent bringt Wohlstand.
Ziel und Lektion Weise Führung anderer.

2 Geeignet für Berufe mit Kontakt zu anderen, vorzugsweise in Partnerschaften. Eher emotionale als logische Herangehensweise kann dazu führen, hereingelegt zu werden.
Ziel und Lektion Unterscheidungskraft und richtiges Vertrauensverhältnis.

3 Voller Enthusiasmus, leicht hingerissen. Überdurchschnittlich viele Gelegenheiten im Leben bringen letztendlich großen Gewinn.
Ziel und Lektion Gesunder Menschenverstand, um den natürlichen Optimismus auszugleichen.

4 Unabhängig, schwelgt in Herausforderungen und Ungewissheiten und geht alles direkt an. Sehr einfallsreich, aber mangelnde Selbstkontrolle.
Ziel und Lektion Mut mit Selbstdisziplin auszugleichen.

5 Ruhelose Veranlagung. Sehr viele Reisen. Gut im Beginnen, aber schlecht im Ausführen von Dingen.
Ziel und Lektion Durchhaltevermögen entwickeln.

6 Anpassungsfähig, sucht Harmonie, schließt schnell Freundschaften. Tendenz, eigene Bedürfnisse zu unterdrücken.
Ziel und Lektion Anderen dienen, ohne sich selbst zu vergessen.

7 Kann Möglichkeiten gut nutzen. Die Tendenz, nicht zu planen, führt eher zu unzusammenhängenden Episoden als zu dauerndem Fortschritt.
Ziel und Lektion Klare Ziele, die den Lebenszweck unterstützen.

8 Fähigkeit, langsam und sicher Fortschritte zu machen. Sehr fleißig und entschlossen, Hindernisse zu überwinden.
Ziel und Lektion Eigene Beharrlichkeit nutzen, um Ziele zu erreichen, ohne stecken zu bleiben.

9. Initiative, in Krisen trotz Widerstand von anderen große Sprünge zu machen. Geht leicht unnötige Risiken ein, deshalb Schicksalsschwankungen.
Ziel und Lektion Tatkraft weise und für verlässliches Wachstum nutzen.

11 Die Meisterzahl der Kreativität mit der Möglichkeit zu weltlichem Erfolg.
Ziel und Lektion Kreative Kraft für das Gute für sich selbst und andere zu nutzen.

22 Die Meisterzahl der Perfektion. Ein Idealist mit menschlichen Instinkten.
Ziel und Lektion Sich um eine Sache zu bemühen, ohne an die eigene Belohnung zu denken.

Warum bin ich hier?

Was soll ich in meinem Leben vollbringen?

Wie sieht mein spiritueller Weg aus?

Wie kann ich innere Erfüllung finden?

Viele Wahrsagesysteme gehen davon aus, dass es einen „Lebensweg" oder ein Lebensziel gibt, das man befolgen muss, um das eigene Schicksal zu erfüllen. Der Lebensweg ist der Weg der Seele, des göttlichen Teils eines Menschen. Dieser Glaube gründet meist auf der spirituellen Grundlage des Orakels. Im indischen Gedankengut entspricht der Lebensweg dem Karma, das man sich in früheren Leben verdient hat, das Dharma ist das Lebensziel. Wenn man das Dharma befolgt, lebt man in Harmonie mit dem Ziel der Seele. Die Runen geben Ihnen einen schnellen Hinweis auf Ihren Lebensweg.

Runen

Rune bedeutet „Geheimnis", und diese rätselhaften Buchstaben haben eine besondere Bedeutung, die auf mehreren Ebenen interpretiert werden kann. Hier werden die Runen auf Ihr Lebensziel und Ihren spirituellen Lebensweg hin interpretiert. Auf Seite 166–169 werden die Runen näher erläutert, dort wird auch erklärt, wie Sie selbst Runen herstellen können. Ziehen Sie jetzt eine Rune aus Ihrem Runenbeutel, und lesen Sie die Bedeutung. Falls die Rune auf dem Kopf steht, heißt das, dass Sie intensiver nach Ihrem Weg suchen müssen, eventuell müssen Sie Opfer bringen, um Ihrem Weg zu folgen.

Mannaz Die richtige Beziehung zum eigenen Selbst. Gott im Inneren finden.

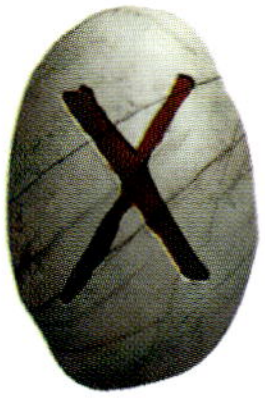

Gebo Wahre und gleichberechtigte Partnerschaft finden. Getrenntheit in der Einheit erhalten.

Ansuz Intuition entwickeln. Kommunikation auf allen Ebenen.

Die leere Rune Pfad des vollkommenen Vertrauens.

Othila Pfad der Unterwerfung und Entsagung. Trennung von der Vergangenheit.

Uruz Eigene Veränderung durch Beenden und Neubeginn. Dienst.

Perth Tiefes und schwieriges Umwandeln und Loslassen. Innere Reflexion.

Nauthiz Identifizierung und Besitz des Schattens. Verbessern und richtig stellen.

Inguz Freiheit von der Vergangenheit. Zentrieren und Erden.

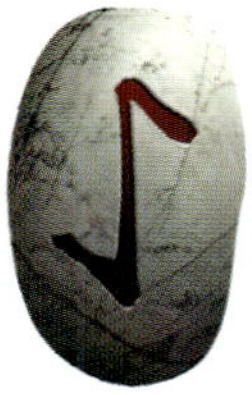

Eihwaz Der Pfad der Geduld und des Durchhaltens. Hindernisse überwinden.

Algiz Gefühle kontrollieren und dabei Trennung vermeiden.

Febu Aufmerksamkeit. Sich selbst und andere nähren.

Wunjo Der Pfad des Verstehens. Ausrichten von sich selbst mit dem Selbst.

Jera Mit dem Fluß gehen. Einstimmen auf natürliche Zyklen.

Kano Die Rune der Öffnung. Altruismus, unverhaftetes Geben.

Teiwaz Der Pfad der Unterscheidung, des Mutes und der Hingabe.

Berkana Der Zyklus des Wachstums und der Selbstwerdung.

Ehwaz Der Pfad der Bewegung. Langsamer und stetiger Fortschritt.

Laguz Sein. Das Leben ohne Analyse und Wertung erfahren.

Hagalaz Der große Erwecker. „Radikale Diskontinuität". Nutzen der inneren Kraft.

Raido Einstimmen auf den göttlichen Willen. Richtiges Handeln.

Thurisaz Betrachtung und Nicht-Handeln.

Dagaz Vollkommene Umwandlung.

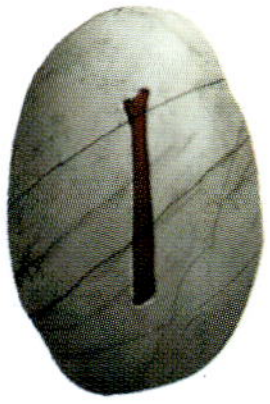

Isa Unterwerfung und Opfern des Egos.

Sowelu Der Pfad der Ganzheit. Selbstrealisierung mit Liebe.

Wie sieht meine Zukunft aus?

Wo finde ich mein Glück?

Wenn sie herausgefunden haben, wer sie sind und warum sie hier sind, fragen die meisten Menschen: „Und was wird mit mir passieren?". Viele haben das Gefühl, dass alles vom Schicksal bestimmt ist. Groß ist die Überraschung, wenn sie darauf hingewiesen werden, dass die Zukunft veränderlich ist, noch größer, wenn ihnen vorgeschlagen wird, die Zukunft selbst zu kreieren. In den meisten Wahrsagemethoden ergeben sich die Möglichkeiten im Moment der Befragung. Werden sie wahrgenommen, zeigt sich eine Richtung, werden sie ignoriert, entwickelt sich die Zukunft anders. Mit Spielkarten können Sie schnell herauszufinden, wo Ihr Glück liegt. Fatimas Hand zeigt Ihnen, was in Ihrer Zukunft möglich ist.

Spielkarten

Einfache Spielkarten können Ihnen zeigen, in welchem Lebensbereich Sie das größte Glück finden.

Methode

- Mischen Sie ein vollständiges Kartenspiel.
- Teilen Sie die Karten, und legen Sie die oberen fünf Karten verdeckt auf den Tisch.

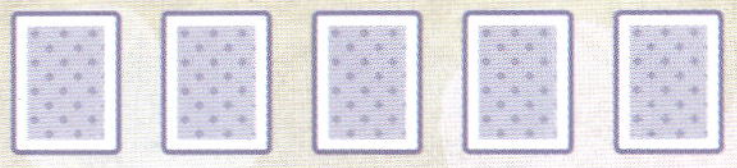

- Drehen Sie die Karten um und zählen Sie die Anzahl jeder Farbe.
- Wenn Sie von zwei Farben gleich viel Karten haben, zählen die Karten mit dem höheren Wert (Achtung, Ass zählt 1, Bube 11, Dame 12 und König 13)

Karo Ihre größte Erfüllung finden Sie in der Pflege und im Dienst an anderen.

Herz Ihr Glück liegt in Freundschaften und sozialen Kontakten.

Pik Tiefste Zufriedenheit finden Sie im Reisen, im Kennenlernen anderer Kulturen und in neuen Erfahrungen.

Kreuz Sie finden Befriedigung im Geldverdienen und in den Geschäftsinteressen, die Sie entwickeln.

Fatimas Hand

Mit Fatimas Hand (nächste Seite) können Sie Ihre Schwächen und Stärken herausfinden und sehen, was die Zukunft für Sie bereithält. Ihr Name entspricht einer oder mehreren Zahlen, die auf der Hand angezeigt werden, und diese beziehen sich auf verschiedene Lebensabschnitte. Da Ihre Individuelle Zahl meist geteilt werden muss, ist das ein Hinweis auf verschiedene Perioden in Ihrem Leben. Wenn Sie zum Beispiel 800 und 46 haben und momentan in der Stadt leben und finanziellen Erfolg anstreben, steht die 800 für Erfolg und Exil, während 46 für Fülle und Leben auf dem Land steht. Das heißt, dass Sie eine bessere finanzielle Position finden und von der Stadt auf das Land ziehen könnten. Das würde auf Sie am Anfang sicher wie ein Exil wirken. Fatimas Hand hilft Ihnen auch, herauszufinden, ob Sie in irgendeiner Wettbewerbssituation – privat oder geschäftlich – als Sieger hervorgehen werden.

Glück oder Erfüllung?

Viele Menschen sind auf der Suche nach Glück. Das Glück, alle Wünsche erfüllt zu bekommen. Sie glauben, wenn sie nur den richtigen Partner und die richtige Arbeitsstelle, so viel Geld wie möglich, den perfekten Wohnort und so weiter finden, werden sie richtig glücklich sein. Aber wenn dieses „Glück" dann eingetroffen ist, kann das Leben immer noch leer sein. Vielleicht gibt es noch einen tieferen Sinn im Leben als dieses Glück. Die Frage stellt sich also besser so: „Was erfüllt mich?" oder „In welchen Lebensbereichen finde ich Befriedigung?". Diese Erfüllung erfordert vielleicht, etwas aufzugeben, was uns oberflächlich glücklich gemacht hat. Sehr oft bieten uns scheinbare Katastrophen, wie der Verlust der Arbeitsstelle oder eine Krankheit des Partners die Möglichkeit, mehr Erfüllung im Leben zu finden – deshalb kann der Blick in die Zukunft nicht immer nur rosige Wege anbieten. Im Chinesischen werden „Krise" und „Möglichkeit" durch das gleiche Schriftzeichen dargestellt. Dieses weise Volk erkannte die Verbindung zwischen der Veränderung durch einen Schicksalsschlag und der Chance für das innere Bedürfnis nach Erfüllung. Die „Krise" zeigt neue Möglichkeiten auf. Erfreulicherweise können Glück und Erfüllung auch gleichzeitig eintreffen, wenn Sie beide im richtigen Lebensbereich suchen.

Fatimas Hand

Der Zählwert (die Individuelle Zahl) des Namens, unter dem Sie am besten bekannt sind, soll hier Ihr Temperament, Ihren Charakter und Ihre Fähigkeiten zeigen. Um Ihr Grundtemperament herauszufinden, schauen Sie in der Tafel mit den Individuellen Zahlen nach. Da Sie dieses System auch anwenden können, um die Zahlen von Partnern, Freunden, Angestellten oder Kindern herauszufinden, und damit mehr über sie zu erfahren, ist es ratsam, nachzuschauen, bevor Sie vielleicht einem Kind einen Namen geben wollen oder für sich selbst einen neuen suchen. Das ist vor allem dann sinnvoll, wenn Sie ein Pseudonym oder einen Künstlernamen suchen, denn so können Sie gezielt die Schwingungen hervorrufen, die Sie für Ihr Vorhaben brauchen.
Die Hand zeigt, in welchen Bereichen Sie Glück finden und welche Schwächen Sie überwinden müssen. Chancen im Beruf werden genauso hervorgehoben wie Gelegenheiten in der Zukunft. Wenn Sie einen Rivalen besiegen müssen, wird Ihnen die Siegertafel helfen.

Methode
Schreiben Sie Ihren Vor- und Nachnamen mit etwas Platz zwischen den einzelnen Buchstaben. Jetzt setzen Sie unter jeden Buchstaben der einzelnen Namen den entsprechenden Zählwert, den Sie der Oberen Hand (gegenüber) entnehmen. Dann rechnen Sie die Zahlenwerte der einzelnen Namen aus und summieren sie: Das ist Ihre Individuelle Zahl. Schauen Sie in der Tabelle der Bedeutungen nach.
Wenn die vollständige Zahl nicht auftaucht, teilen Sie Ihre Individuelle Zahl in die Teilkomponenten und kombinieren Sie dann die entsprechenden Eigenschaften für die vollständige Interpretation. Zum Beispiel mein Name:

Beispiel

J	u	d	y	H	a	l	l
600	200	4	400	8	1	20	20 = 1253

Ich würde unter den Zahlen 1000, 200, 50 und 3 in der Tabelle der Bedeutungen nachsehen.
Sie würden mich als jemanden kategorisieren, dessen Ehrgeiz erfüllt wird durch Mystik, Fantasie und spirituelle Liebe, der aber noch etwas unentschieden ist. Nach einer Zeit der Einschränkung würde ich in der Freiheit Glück finden.
Offensichtliche Ungereimtheiten weisen auf verschiedene Lebensphasen oder auf Konflikte innerhalb der Persönlichkeit hin. Solche Konflikte können sehr viel erklären, wenn Sie ihnen offen gegenüber sind.

A 1
B 2
C 3
D 4
E 5
F 6
G 7
H 8
I 9
K 10
L 20
M 30
N 40
O 50
P 60
Q 70
R 80
W 400
S 90
T 100
U 200
X 300
Y 400
Z 500
J 600
V 700
HI 800
HU 900
N 13
O 8
A 13
B3
C 22
D 24
R 13
K1
S9
T1
U2
W4
Q 7
E 22
L 10
M 33
J 20
P 16
X6
Y6
V0
Z1
F3
G7
H9
I 20

Die Zahlen und ihre Bedeutung

1 Leidenschaft, Ehrgeiz, Tatkraft.
2 Beenden, Krisen, Neubeginn.
3 Mystik, Fantasie, spirituelle Liebe.
4 Wagemut, Weisheit, Kraft.
5 Glück, Wohlstand, Hochzeit.
6 Perfektionismus, Arbeit.
7 Meditation, reine Gefühle.
8 Gerechtigkeitssinn, Ehrlichkeit.
9 Schwierige Zeit mit Problemen.
10 Erfüllung, Rechtschaffenheit, Glück in der Zukunft.
11 Fehlschläge, schwieriger Erfolg.
12 Gutes Schicksal, Erfolg.
13 Zynismus.
14 Hingabe, Altruismus.
15 Schönheitskult und Ideale.
16 Wonne, Sinnlichkeit, Liebe.
17 Launische Unbeständigkeit.
18 Unverbesserlicher Eigensinn.
20 Traurigkeit, Düsterkeit.
21 Aggression, Gewalt.
22 Einfallsreichtum, Klugheit, Rätselhaftigkeit.
24 Gleichgültigkeit, Egoismus.
25 Intelligenz, Fruchtbarkeit.
26 Macht sich gerne nützlich.
27 Mut und Strenge.
28 Zärtlichkeit und Liebe.
30 Heirat, Ruhm.
31 Ehrgeiz und Bekanntheit.
32 Zölibat, Keuschheit.
33 Vorbildliches Verhalten.
34 Leid und Widerwärtigkeiten.
35 Körperliche und geistige Gesundheit.
36 Genie, großartige Ideen.
37 Tugendhaft, langanhaltende Freundschaften.
38 Gewinnsüchtig, neidisch.
40 Feier, Vergnügen.
41 Mangelndes Selbstwertgefühl.
42 Reisen, Herausforderungen.
43 Spiritueller Lehrer, Rituale.
44 Kraft, Prunk, Ehre.
45 Kreativ, viele Kinder.
46 Fülle, Leben auf dem Land.
47 Sorgloses und langes Leben.
48 Rechtliche Angelegenheiten, Urteil.
50 Einschränkung, dann Freiheit, Glück.
60 Überlebt den Partner.
70 Liebe zur Wissenschaft.
73 Liebe zur Natur und Einfachheit.
75 Empfindsamkeit, Zuneigung, Menschenfreund.
77 Krankheit, Heilung, langes Leben.
81 Künstlerisch, intellektuell veranlagt.
90 Mangel an Weitblick.
100 Ruhm und Ehre.
120 Treue, Patriotismus.
150 Schmeichelei, Heuchelei.
200 Unentschiedenheit.
215 Anfälligkeit für Unfälle.
300 Philosophischer Geist.
313 Intuition, Klarheit.
350 Naivität.
360 Gesellig, talentiert.
365 Kalkulierend, eigennützig, egoistisch.
400 Kunst, Liebe, hitzig.
490 Verschwiegenheit, Eigennützigkeit, Egoismus.
500 Wahl, Ruhm, Ehre.
600 Opfer von Neid, Erfolg und Schicksalswende.
666 Versteckte Intrigen, Verlust von Prestige.
700 Kraft, Vitalität, Gesundheit.
800 Erfolg, Exil.
900 Tapferkeit wird belohnt.
1000 Ehrgeiz erfüllt.
1095 Opfer der Gesinnung.
1260 Widerwärtigkeiten, hohes Alter.
1390 Körperliche Schwäche, geistige Stärke.

Sieg oder Niederlage?
Fatimas Hand kann auch aussagen, wer in einer Wettbewerbssituation, etwa im Beruf oder in der Liebe, gewinnen wird. Anhand des Rades unter der Hand errechnen Sie die Summe jedes Namens und teilen durch 9. Die Restzahl ist die Siegeszahl. Aus der Tabelle rechts ersehen Sie, welcher Name gewinnt, oder ob beide gleich stark sind – in diesem Fall ist das Ende noch nicht entschieden, und Sie müssen noch ein anderes Orakel befragen.

Beispiel

Judy = 20 + 2 + 24 + 6 = 52

Getrennt durch 9 = 5 (45), es bleibt 7 als Restzahl

Siegeszahl 7 schlägt Namen mit der Summe 2 und 4, wird aber selbst geschlagen durch 1, 3 und 5. Die Zahlen 6 und 8 sind zwiespältig, begünstigen aber den Fragesteller.

Namenswechsel, um die Zukunft zu verändern
Sie können auch die Zahlen für die Namen ausrechnen, unter denen Sie sonst noch bekannt sind, etwa Spitzname, Pseudonym oder Künstlername, eine Abkürzung oder auch ein spiritueller Name. Frauen können erfahren, was sich durch einen Namenswechsel bei der Heirat verändert. Wenn Sie von einem Guru einen spirituellen Namen erhalten haben, gewinnen Sie einen tiefen Einblick durch den Vergleich der Zahlenwerte Ihres alten und neuen Namens.

Tabelle der Siegeszahlen

1	schlägt	2	3	7	9
2	schlägt	1	4	6	8
3	schlägt	2	5	7	9
4	schlägt	1	3	6	8
5	schlägt	2	4	7	9
6	schlägt	1	3	5	7
7	schlägt	2	4	6	8
8	schlägt	1	3	5	7
9	schlägt	2	4	6	8

Liebe und Romantik

Die meisten Menschen sind auf der Suche nach einem Seelengefährten: einem Menschen, der ihnen das Gefühl gibt, mit ihm eins zu sein, geliebt und unterstützt zu werden. Sie glauben, dass sich ihr Leben durch diesen Menschen wie durch ein Wunder verbessert. Manche Menschen finden tatsächlich „ihre andere Hälfte" und hören dann auf, Orakel zu befragen.

Liebe ist jedoch nicht immer ausschlaggebend für eine Partnerschaft. In einigen Kulturen wurde die Eignung eines Partners durch Astrologie und Weissagung bestimmt, und damit lässt sich auch heute noch feststellen, ob zwei Menschen zusammenpassen. Hat man den Partner gefunden, kann man nach zukünftigem Glück und nach einem geeigneten Hochzeitstag fragen. In China und Indien würde niemand einen Hochzeitstag festlegen, ohne vorher einen Astrologen oder I Ging-Meister zu befragen.

Nachfragen in Liebesdingen sind aber auch noch wichtig, wenn der Partner bereits gefunden wurde. Unsicherheit in der Liebe kommt häufig vor. „Warum bin ich so unglücklich, obwohl ich meinen Traumpartner gefunden habe?" Der Traumpartner hat aber vielleicht persönliche Probleme, ist krank oder will nicht mehr kommen.

Oft wird die Frage gestellt: „Ist er/sie mir treu?". Mehrere Wahrsagemethoden konzentrieren sich darauf. Handleser beispielsweise erkennen den Flirt, den Schürzenjäger und den Ehebrecher – und auch ein Paar, das zur Scheidung bereit ist. Mit der Handlesekunst können Sie selbst eigene Befürchtungen entkräften oder bestätigen. Heutzutage ist auch häufig die Frage nach der Trennung wichtig. Ist eine Scheidung angebracht? Werden die Kinder darunter leiden? Hier können Ihnen Orakel helfen, Ihr Leben von einem anderen Menschen zu lösen. Vergessen Sie aber nicht, dass die Orakelsprüche oft geheimnisvoll sind. Die Dinge sehen manchmal anders aus, als sie sind.

Werde ich mich bald verlieben?

Kommt eine Verabredung auf mich zu?

Soll ich gezielt eine Affäre eingehen?

Ist die Zeit günstig für die Partnersuche?

Die Suche nach einem Partner wird es natürlich immer geben, alle Orakel können dazu befragt werden. Verschiedene Lebenszyklen (s. S. 177) zeigen den richtigen Zeitpunkt für die Partnerwahl.
Es gibt Zeiten, in denen Sie sich auf dieses bedeutsame Ereignis vorbereiten können, aber es gibt auch immer Perioden der Selbstbetrachtung, des Wechsels und des Wartens auf neue Möglichkeiten. Wenn Sie sich nach dem natürlichen Lebenszyklus richten, werden Sie den richtigen Zeitpunkt wählen. Sie können sich auch von den Sternen leiten lassen; der Liebesplanet Venus ist ein klassischer Liebesanzeiger. Die Venus reist einmal im Jahr um Ihr Geburtshoroskop. Jeder Astrologe wird nachsehen, wo sie sich befindet, um Ihnen Auskünfte über Ihr Liebesleben geben zu können. Die Zeit für eine Romanze ist gekommen, wenn die Venus den Aspekt der Liebe in Ihrem Horoskop durchwandert. Eine dauerhafte Beziehung wird sich vielleicht finden, wenn Venus sich im Haus der Hochzeit befindet.
Auch Runen, Dominosteine, die Liebes-Würfel und Spielkarten können Ihnen Auskunft geben.

Westliche Astrologie

Wenn Sie Ihr Geburtshoroskop kennen, können Sie im Fünften oder Siebten Haus nachschauen. Falls nicht, zählen Sie Ihr Sternzeichen als 1 und gehen dann gegen den Uhrzeigersinn vier Zeichen zurück, zum Haus der Liebe. Zwei Zeichen weiter ist das Siebte Haus, das Haus der Hochzeit. In den astrologischen Tabellen (S. 185–188) können Sie nachsehen, wann diese Punkte durch Venus aktiviert werden und sie Liebe oder Romantik in Ihr Leben bringt.

Häuser

Zählen Sie Ihr Sternzeichen als 1

Sternzeichen
♈ ***Widder***
♉ ***Stier***
♊ ***Zwilling***
♋ ***Krebs***
♌ ***Löwe***
♍ ***Jungfrau***
♎ ***Waage***
♏ ***Skorpion***
♐ ***Schütze***
♑ ***Steinbock***
♒ ***Wassermann***
♓ ***Fische***

Beispiel

Jane ist Stier. Ihr Fünftes Haus ist Jungfrau und ihr Siebtes Skorpion. Venus durchwandert diese Häuser im Herbst und im frühen Winter. Das ist für sie die beste Zeit für eine Romanze.

Spielkarten

Spielkarten können Ihnen verraten, wann die Liebe in Ihr Leben treten und wann Hochzeit gefeiert wird. Sie warnen aber auch vor unangenehmen Konsequenzen, Hindernissen und Verspätungen.

Methode

Mischen Sie die Karten mehrmals. Dann teilen Sie den Stapel und legen ihn wieder zusammen. Legen Sie die Karten dann mit der Farbe nach oben in neun horizontalen Reihen aus. Sie beginnen mit der obersten Reihe von rechts nach links. Die nächste Reihe beginnt bei Karte zwei und so weiter. Es bleiben sieben Karten übrig, die Sie mit der Farbe nach oben zur Seite legen.
Wenn die Karte Nummer 9 in der obersten Reihe ein Herz ist, werden Sie bald jemand kennen lernen. Das wird noch verstärkt, wenn sich in der obersten Reihe mehr Herzkarten befinden als Karten von anderen Farben. Als Frau achten Sie auf die Herzkönigin; als Mann auf den Herzkönig. Das sind wichtige Zeichen für die Liebe.

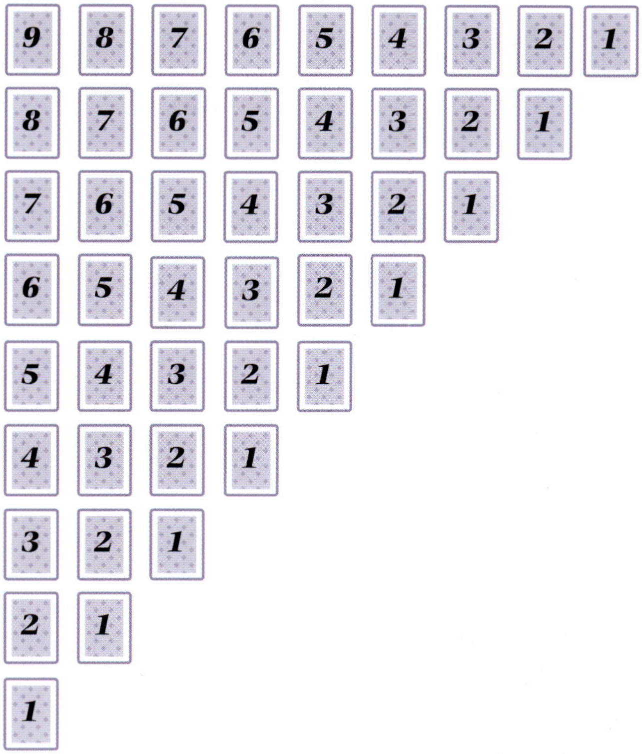

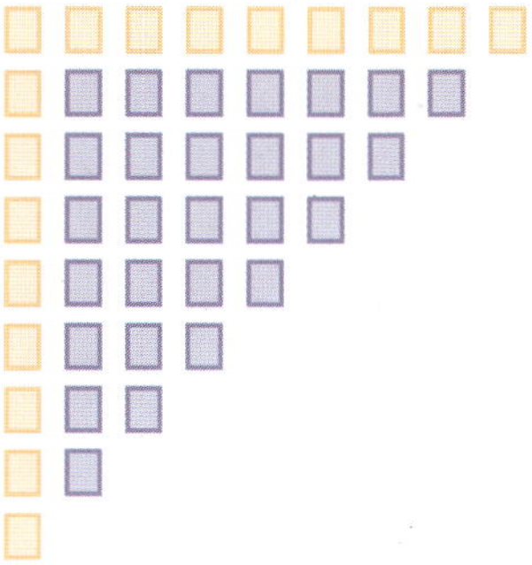

Wenn Sie Single sind und eine Herzkönigin (Herzkönig) in einer Neunerreihe auftaucht, werden Sie bald heiraten.

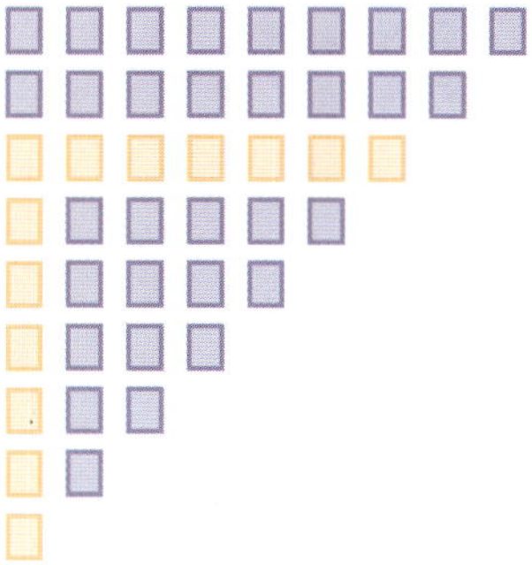

Wenn die Königin (oder König) in einer Siebenerreihe auftaucht, wird die Hochzeit in den kommenden Jahren stattfinden.

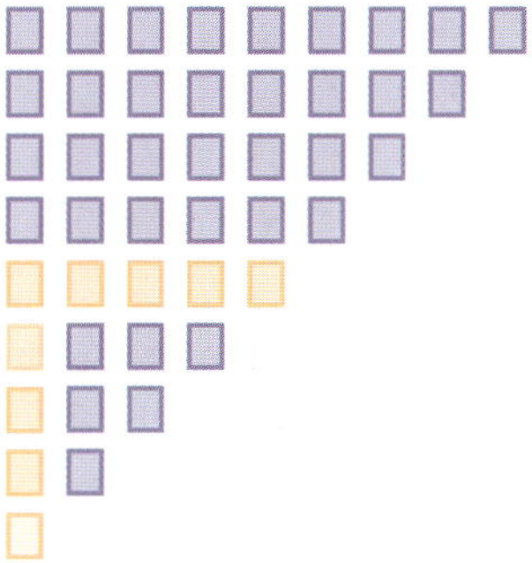

Wenn die Königin (oder der König) in einer Fünferreihe auftaucht, ist eine Hochzeit nicht absehbar.

Wenn die Königin (oder König) in den sieben übrigen Karten auftaucht, ist eine Beziehung wahrscheinlich, aber keine Hochzeit.

Dominosteine

Die Dominosteine sagen Ihnen nicht nur, ob Sie jemand kennen lernen, sondern auch, ob Sie glücklich sein werden. Verteilen Sie die Dominosteine verdeckt, also mit den Augen nach unten. Ziehen Sie einen, und schauen Sie unten nach, ob Sie einen dieser Steine gezogen haben.

Sechs-Vier Frühe Hochzeit, Kinder folgen bald.

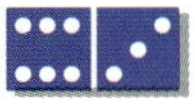
Sechs-Drei Heirat mit einer vertrauenswürdigen Person.

Sechs-Zwei Sehr gut für Liebesbeziehung; könnte auf Heirat hinweisen.

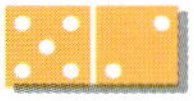
Fünf-Zwei Unerwiderte Liebe.

Fünf-Eins Kurze Affäre.

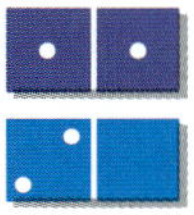
Doppeleins oder Zwei-Leer Erfordert Mühe, aber die Beziehung ist erfolgreich.

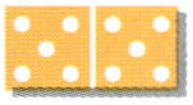
Doppelfünf Großer Erfolg in der Liebe.

Doppeldrei. Ein neuer Partner ist gewiss, eine unerwartete Verliebtheit.

Runen

Tausende von Jahren lang haben Runen vorausgesagt, wann eine neue Liebe eintritt. Sie brauchen nur in Ihren Runenbeutel (s. S. 166) zu greifen und eine Rune zu ziehen. Schauen Sie nach:

Teiwaz Eine neue, hochkarätige Liebesaffäre, nicht ohne Gefahr; aufgepasst!

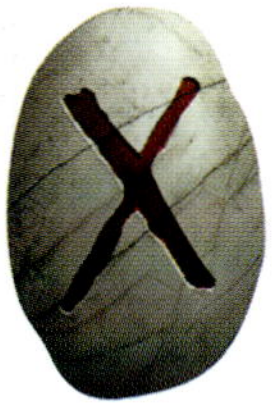
Gebo Partnerschaft

Wunjo Ein blonder Mann von Übersee tritt in Ihr Leben.

Seien Sie nicht enttäuscht, wenn Sie keine dieser Runen gezogen haben; das heißt nur, dass momentan niemand am Horizont auftaucht. Die Bedeutung aller Runen erfahren Sie auf S. 167–169.

Liebes-Würfel

Die Augen auf einem Würfel sagen Ihnen, ob die Liebe auf Sie wartet. Konzentrieren Sie sich beim Würfeln auf diese Frage. Ist es eine der unten angegebenen Kombinationen? Wenn nicht, sehen Sie sich auf den nächsten Seiten weitere Kombinationen an.

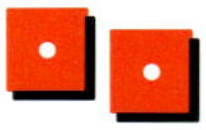
Zwei Einser Sie werden Ihren neuen Partner schon morgen treffen.

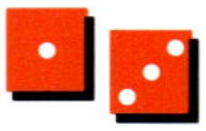
Eins und Drei Sie müssen bis zur nächsten Party warten.

Liebes-Würfel

Man kann um Geld würfeln, aber auch um die Liebe. Die Anzahl der Augen gibt uns auf viele Fragen eine Antwort. Vorgefertigte Fragen und Antworten helfen bei diesem Orakel. Falls Sie keine Würfel zur Hand haben, können Sie alles benutzen, was Punkte hat. Wenn Sie Dominosteine nehmen, legen Sie die leeren zur Seite, dann ziehen Sie irgendeinen Stein. Bei Spielkarten legen Sie die mit einem höheren Wert als sechs zur Seite und ziehen eine aus dem Stapel.

Methode

Wählen Sie aus der Liste unten eine Frage, die Ihrer am nächsten kommt. Wenn Sie wissen wollen, ob Sie sich bald verabreden, wählen Sie beispielsweise die Frage 2.

***1** Denkt mein/e Geliebte/r oft an mich?*
***2** Werde ich bald mit jemandem ausgehen?*
***3** Wie viele Liebhaber/innen werde ich haben?*
***4** Wie oft werde ich heiraten?*
***5** Liebt mich mein/e Geliebte/r?*
***6** Werde ich mich bald verlieben?*
***7** Werde ich bald heiraten?*
***8** Werde ich denjenigen heiraten, den ich mir vorstelle?*
***9** Welche/r meiner Geliebten ist der/die Richtige?*

Konzentrieren Sie sich auf die Frage, und werfen Sie dann zwei Würfel (oder ziehen Sie zwei Karten oder Dominosteine).
Das Ergebnis steht in der folgenden Tabelle.

Eins und eins

1 So oft wie Sie an ihn/sie denken.
2 Morgen um 11 Uhr.
3 Mehr als zwölf.
4 Einmal.
5 Sie/er kann nicht anders.
6 Ihr Herz ist schon gebunden.
7 In einer Woche.
8 Nein.
9 Der/die mit der längsten Nase.

Eins und zwei

1 Niemals.
2 Ja, zu Ihrem Pech.
3 Soviele Liebhaber wie Ehemänner.
4 Zweimal.
5 Von ganzem Herzen.
6 Morgen.
7 In zwei Jahren.
8 Wenn Sie wollen.
9 Der Dunklere.

Eins und Drei

1 Natürlich.
2 Ja, mit einem Gauner.
3 Einen großen Verehrer.
4 Einmal.
5 Achten Sie aufs Rotwerden!
6 Bei der nächsten Party.
7 Niemals.
8 Ja und andere.
9 Der Langhaarige.

Eins und vier

1 Sie wagen es nicht.
2 Wenn Sie wollen.
3 Vier oder fünf.
4 Einmal mit einem „G".
5 Reichen Sie ihm etwas. Hand berührt? Ja!
6 Ihr Herz ist nicht frei.
7 In einem Jahr.
8 Unwahrscheinlich.
9 Der Sie zuerst berührt.

Eins und fünf

1 So oft wie möglich.
2 Wenn Sie Falten haben.
3 Mindestens sieben.
4 Einen guten Menschen.
5 Als Bruder oder Schwester.
6 Sie lieben jetzt einen und bald einen anderen.
7 Innerhalb vier Jahre.
8 Das ist unmöglich.
9 Der, der rot wird.

Eins und sechs

1 Ja, aber selten.
2 Besser nicht.
3 Mehr als zwanzig, fünf lieben Sie jetzt schon.
4 Dreimal.
5 Sein/Ihr Herz ist einem anderen treu.
6 Ihr Herz wird nicht länger frei bleiben.
7 Nur wenn Sie etwas zärtlicher werden.
8 Wenn er/sie noch nicht vergeben ist, ja.
9 Der mit den großen Augen.

Zwei und zwei.

1 Zu jeder Zeit.
2 Sie sind von Verehrern umgeben.
3 Fünf.
4 Einmal, mit einem eifersüchtigen Partner.
5 Schau ihm in die Augen.
6 Morgen, siebzehn Uhr.
7 In sechs Wochen.
8 Ja.
9 Der/Die Kluge

Zwei und drei

1 Er/sie ist mit anderen Dingen beschäftigt.
2 Wenn Sie mehr Respekt aufbringen, ja.
3 Viele, aber Sie werden gelangweilt sein.
4 Ein Romantiker mit dem Anfangsbuchstaben „B".
5 Vollkommen.
6 Sie sind schon verliebt.
7 In fünf Monaten.
8 Ja.
9 Der/die mit den großen Händen.

Zwei und vier

1 Sie wissen, dass die Antwort „ja" ist.
2 Ja, aber er meint es nicht ernst.
3 Ein Blonder und ein Dunkelhaariger.
4 Mehr als einmal, aber unglücklich.
5 Ja, aber er liebt mehrere.
6 Ein Jahr, aber nicht länger.
7 In sechs Jahren, seien Sie geduldig.
8 Wenn Sie das Herz in sechs Wochen erobern.
9 Der/Die Bescheidenere.

Zwei und fünf

1 Jederzeit.
2 Ja, aber erwarten Sie kein Glück.
3 Zwei, einer mit „L".
4 Einmal.
5 Vom Moment des Kennenlernens an.
6 Auf der nächsten Reise.
7 In zwei Jahren.
8 Ein falscher Freund kommt dazwischen.
9 Der/Die mit dem großen Mund.

Zwei und sechs

1 Oft.
2 Mit einer humorvollen, aber unattraktiven Person.
3 Zwölf oder so.
4 Vielleicht einmal oder auch gar nicht.
5 Mit großer Sehnsucht.
6 In sechs Wochen, bei Mondschein.
7 In ein oder zwei Jahren.
8 Nein.
9 Der/Die Großzügige.

Drei und drei

1 Immer und zärtlich.
2 Einige.
3 Einen älteren Mann, der Sie nicht interessiert.
4 Zweimal.
5 Wie einen Freund, aber das war's.
6 Sehr bald.
7 Jederzeit möglich.
8 Wenn Sie wirklich lieben.
9 Der/Die am wenigsten Anspruchsvolle.

Drei und vier

1 Nicht wie Sie erwarten.
2 Mehr als Sie hoffen.
3 Einige Unattraktive.
4 Wenn Sie alle akzeptieren, mehr als Sie zählen können.
5 Ja, aber er denkt, dass Sie die Liebe nicht erwidern.
6 Sie verlieren Ihr Herz nur langsam.
7 Innerhalb eines Jahres.
8 Ja, wenn Sie weniger mit anderen flirten.
9 Der/Die zu Ihnen passt.

Drei und fünf

1 Öfter als Sie.
2 Mit niemandem, der es wert wäre.
3 Zwei, beide gut aussehend.
4 Einmal, mehr als genug.
5 So oft wie möglich.
6 Ist Ihr Herz wirklich frei?
7 Innerhalb von drei Jahren.
8 Das ist eigentlich nicht Ihr Wunsch.
9 Der/Die mit den guten Manieren.

Drei und sechs

1 Selten und lieblos.
2 Mit einem Seemann, ein reicher Erbe.
3 Einen Reichen, zwei Arme.
4 Einmal mit jemandem, den Sie beherrschen.
5 Sie sind die erste und einzige Liebe.
6 Für zwei Jahre.
7 Innerhalb von fünf Jahren.
8 Ja, glücklich für alle Zeiten.
9 Der/Die Erste, der/die Ihnen die Liebe verspricht.

Vier und vier

1 Nehmen Sie Ihre Erwartungen zurück.
2 Morgen, mit dem Ersten, den Sie treffen!
3 Einen – blond, langsam und mit großem Mund.
4 So oft, wie Sie Liebhaber haben.
5 Ja.
6 Sie waren zu oft verliebt.
7 In drei bis vier Jahren.
8 Wenn nicht, ist das nicht Ihre Schuld.
9 Der/Die mit dem einladenden Blick.

Vier und fünf

1 Immer.
2 Nicht sehr lange.
3 Eine große, schlanke, dunkelhaarige Person.
4 Mit einem Tyrannen.
5 Sie können sich nicht vorstellen, wie sehr.
6 Die Liebe kommt nach dem Unglücklichsein.
7 In sechs Jahren.
8 Ein Feind verhindert es.
9 Der/Die in Ihrer Nähe stolpert.

Vier und sechs

1 Ja, mit Zuneigung.
2 Ist es nötig zu fragen?
3 Mindestens drei.
4 Einen Großen, einen Kleinen, einen Mittleren.
5 Sie sind sein Lichtblick.
6 In jemanden, den Sie nie mochten.
7 Nicht in sieben Jahren.
8 Ja, aber weniger glücklich, als Sie sich das vorstellen.
9 Der/Die Dickere von beiden.

Fünf und fünf

1 Bisher nicht.
2 Jemand will unbedingt mit Ihnen ausgehen.
3 Drei, einer mit „W".
4 Einmal, mit einem „J", den Sie schon kennen.
5 Im Geheimen, aber er wird es vielleicht niemals laut sagen.
6 Der/Die Geliebte wird bald frei sein.
7 Dieses Jahr.
8 Sie/er wird niemals heiraten.
9 Der/Die gerne lacht.

Fünf und sechs

1 Ja, aber mit Bitterkeit.
2 Mit jemand, den Sie in drei Tagen treffen werden.
3 Zwei, einer ist entfernt verwandt.
4 Einmal, mit einem Menschen, an den Sie am wenigsten denken.
5 Treu und ehrlich.
6 Nein, die Liebe wird gestohlen.
7 Vor dem nächsten Winter.
8 Ja.
9 Der/Die mit Stupsnase.

Sechs und sechs

1 Ja, er hat aber Angst, sich hinreißen zu lassen.
2 Mit einem älteren Menschen.
3 Einige, aber nichts Ernstes.
4 Besser nicht.
5 So sehr wie Sie.
6 Ein Jahr lang nicht.
7 Niemals.
8 Durchhalten, am Ende kommt der Erfolg.
9 Der/Die Sie zufällig getroffen haben.

Wen werde ich lieben?

Wie wird er oder sie aussehen?

Wie werde ich ihn oder sie erkennen?

Nachdem Sie gefragt haben „Werde ich bald jemanden treffen?“ wollen Sie nun sicher wissen „Wer wird es sein?“. Die Spielkarten können Ihnen das verraten. Traditionell wurde diese Art der Befragung von Frauen praktiziert, aber auch Männer können das Orakel konsultieren. Die Legende besagt, dass die Spielkarten im Mittelalter aus dem Nahen Osten nach Europa kamen. Zu dieses Zeit liebte ein junges Mädchen namens Odette den König Karl VI. von Frankreich, der immer wieder längere Perioden tiefer Depressionen und Geisteskrankheit durchlitt. Um ihn zu unterhalten, suchte sich Odette die bunten Karten aus, die kurz zuvor in Frankreich bekannt geworden waren. Eine Sarazenin brachte sie und lehrte Odette, wie man mit den Karten weissagen konnte. Die Karten wurden bald sehr populär, allerdings waren einige Hofdamen beunruhigt, als sie hörten, dass man Untreue damit nachweisen konnte. Es wird oft angenommen, dass die Karten noch viel älter sind, sicher ist aber, dass die Karten in den letzten acht Jahrhunderten dazu benutzt wurden, die Liebenden zu symbolisieren und auf viele Fragen Antwort zu geben.

Spielkarten

Die Karten sind unterteilt in verschiedene Farben. Die Farbe Herz steht mit Liebe in Verbindung, der Herzbube hat mehr Herzen gestohlen, als ihm zustehen. Er repräsentiert einen bezaubernden jungen Mann (junge Frau), dem man aber nicht unbedingt trauen kann. Der Pikbube ist der große, dunkle, attraktive Fremde, der die Herzen der Mädchen im Sturm erobert – nicht immer mit den besten Absichten. Wenn beim Kartenlegen ein Herz-Bild oder eine Herz-Acht oder Kreuz-Acht auftauchen, hat das seine Bedeutung:

Methode

Sie brauchen zwei ganze Kartenspiele.

- Mischen Sie jedes Spiel extra.
- Heben Sie das erste Spiel ab, legen Sie es zusammen.
- Teilen Sie das zweite Spiel, legen Sie die oberste Karte offen auf das wieder zusammengelegte Spiel.
- Jetzt nehmen Sie das erste Spiel, und decken Sie die Karten auf, bis die erreicht ist, die im zweiten Spiel aufgedeckt da liegt.
- Drehen Sie dann fünf Karten um.

Wenn eine davon König, Dame, Bube oder Acht von Herz oder Kreuz ist, lesen Sie die Ihrem Geschlecht entsprechende Interpretation auf der nächsten Seite. Ein Bube kann dementsprechend eine junge Frau sein und eine Acht kann auch auf einen jungen Mann hinweisen. Wenn keine entsprechende Karte aufgedeckt wurde, heißt das, dass im Moment niemand auf Sie wartet.

Herz

König Ein symphatischer Akademiker im mittleren Alter mit kastanienbraunem oder hellbraunem Haar. Blassrosa Hautfarbe. Blaue, graue oder dunkelbraune Augen.

Dame Eine angenehme, lebhafte, gut aussehende Frau mit hellem Haar und rosa Teint. Blaue, graue oder dunkelbraune Augen.

Bube Ein unternehmungslustiger junger Mann mit blondem oder kastanienbraunem Haar und blauen, grauen oder dunkelbraunen Augen.

Acht Eine junge Frau mit kastanienbraunem Haar und blauen, grauen oder dunkelbraunen Augen.

Kreuz

König Ein praktischer, liebevoller Mann um die Vierzig oder darüber mit braunem oder rotem Haar. Rötliche oder dunkle Hautfarbe, dunkel- oder hellbraune Augen.

Dame Eine dunkle, reiche, erotische Frau mit einem hitzigen Temperament. Dunkle oder rötliche Hautfarbe und dunkel- oder hellbraune Augen.

Bube Ein kluger, junger Mann mit braunem oder rotem Haar, der sehr verliebt ist. Dunkel- oder hellbraune Augen und eine rötliche oder dunkle Hautfarbe.

Acht Eine dunkelhaarige junge Frau mit dunkel- oder hellbraunen Augen und rötlicher oder dunkler Haut.

Karo

König Ein mächtiger, weltkluger Mann im mittleren Alter mit hellem Haar und einem feurigen Temperament. Blasse Hautfarbe, hellblaue oder graue Augen.

Dame Eine gehässige, blonde, fremde Frau, Klatschbase. Hellblaue oder graue Augen, blasse Hautfarbe.

Bube Ein junger, blonder Mann, blaue oder graue Augen, blasse Hautfarbe. Ein untreuer Freund.

Pik

König Mann, gut über Vierzig, dunkle oder graue Haare, eventuell Witwer. Fahler Teint und dunkle Augen.

Dame Liebevolle, dunkelhaarige Witwe oder Geschiedene, möchte wieder heiraten. Fahler Teint und dunkle Augen.

Bube Junger, dunkelhaariger Mann, fahle Hautfarbe. Augen meist dunkelbraun oder dunkelblau. Könnte ein Schürzenjäger sein.

Passen wir zusammen?

Wird meine Romanze länger dauern?

Können wir mit unseren Unterschieden leben?

Es ist sehr wichtig, dass zwei zukünftige Partner zusammenpassen. Nur die Tatsache, dass uns jemand gefällt, heißt noch lange nicht, dass wir gut mit ihm oder ihr auskommen werden. Liebesbeziehungen sind oft ein Kompromiss. Man sucht sich jemanden, der grundsätzlich zu einem passt und nimmt einige Verschiedenheiten in Kauf. Wenn Sie wissen, wo die Unterschiede liegen, steigen die Aussichten auf eine gute Partnerschaft. Probleme gibt es dann, wenn zwei vollkommen unterschiedliche Lebensansätze aufeinander prallen – und wenn einer vom anderen erwartet, sich zu ändern und die grundlegenden Unterschiede nicht akzeptiert. Immer mehr Menschen reisen in ferne Länder und fragen sich dann, ob ihre Sommerliebe halten wird oder bezweifeln, dass jemand aus einer anderen Kultur zu ihnen passen könnte. Aber es gibt Möglichkeiten, diese Fragen zu beantworten. Durch das Handlesen kann man herausfinden, ob der zukünftige Partner zu einem passt, und auch die Astrologie – sowohl die westliche als auch die östliche – kann helfen.

Handlesen

Ihre Hand kann Ihnen viel über Ihr Liebesleben sagen. Sie zeigt, wie leidenschaftlich Sie sind und zu wem Sie passen. Wenn Sie die Hauptlinien noch nicht kennen, sehen Sie auf Seite 58 nach.

Leidenschaftliche Hände

Ein starker Venusgürtel steht für Leidenschaft und eventuell Eifersucht. Ist der Venushügel gut entwickelt, so ist auch die Libido stark, und Zuneigung kann gut gezeigt werden. Ein flacher Hügel bedeutet eine kühlere Gesinnung. Eine gesunde Herzlinie weist auf glückliche und lange Beziehungen hin. Ist die Linie sehr tief und rot, ist die Leidenschaft so groß, dass ein Partner nicht ausreicht. Brüche und Inseln in der Herzlinie weisen auf Affären und Trennungen hin.

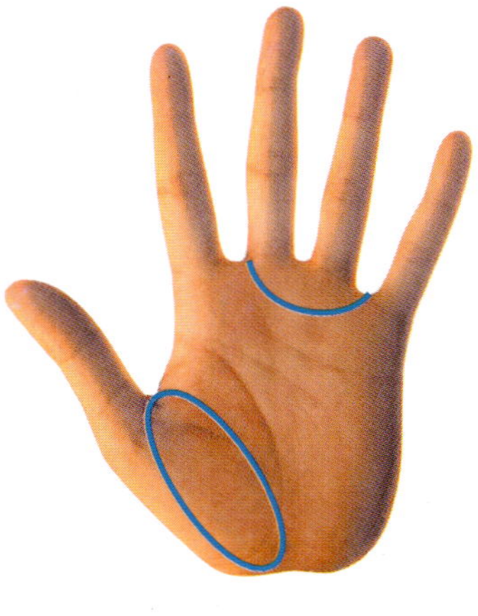

Leidenschaftliche Hände haben einen starken Venusgürtel und vielleicht auch einen gut entwickelten Venushügel.

Hände, die zusammenpassen

Als allgemeine Regel gilt: Je ähnlicher die Hände sind, desto besser wird das Paar miteinander auskommen. Das bezieht sich vor allem auf die Handlinien. Aber auch die Form der Hand kann viel darüber aussagen, zu wem wir passen (gegenüberliegende Seite).

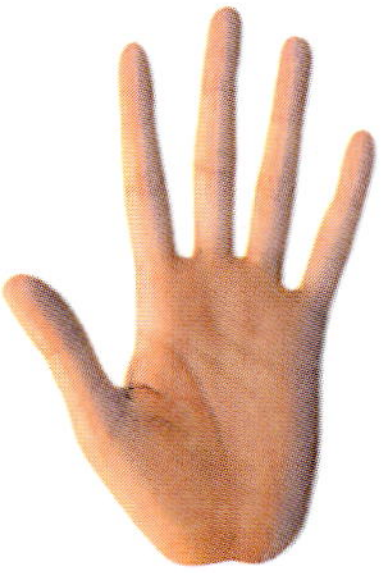

Psychische Hände zeigen große Empfindsamkeit. Sie passen nicht zu quadratischen und spatelförmigen Händen. Mit anderen psychischen Händen gibt es aber Probleme mit der Alltagsrealität. Konische Hände passen am besten.

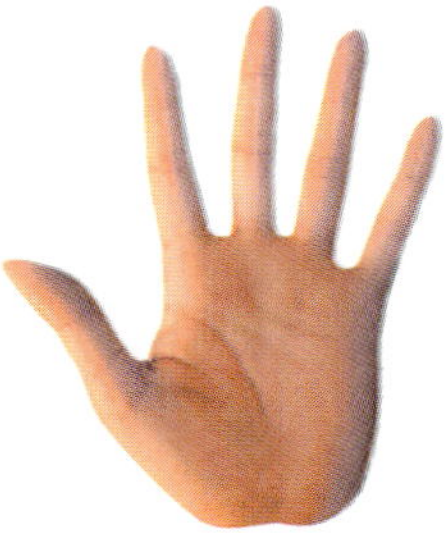

Konische Hände zeigen Anpassungsfähigkeit. Sie passen zu anderen konischen Händen und zu den empfindsamen psychischen Händen.

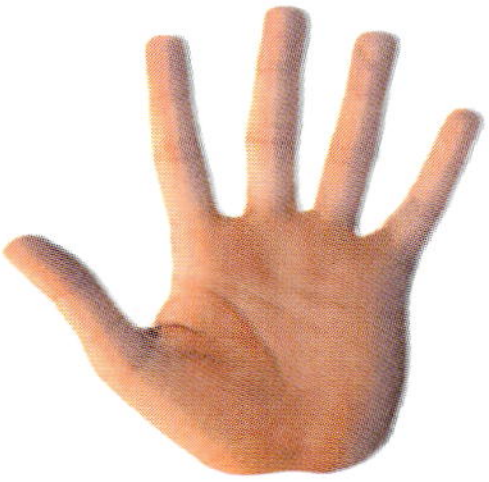

Quadratische Hände zeigen ein praktisches Wesen. Sie passen zu anderen quadratischen Händen, zu den kreativen Spatelhänden und zu den temperamentvollen konischen Handtypen.

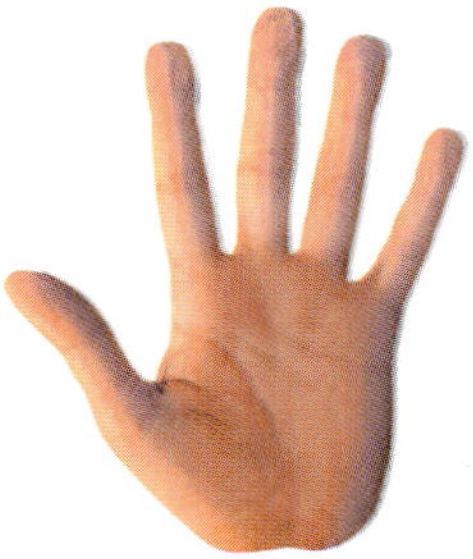

Spatelhände weisen auf Liebe zu frischer Luft und Sport hin. Diese aktive Hand ist praktisch und passt zur quadratischen Hand. Sie wird leicht ungeduldig mit der verträumten psychischen Hand.

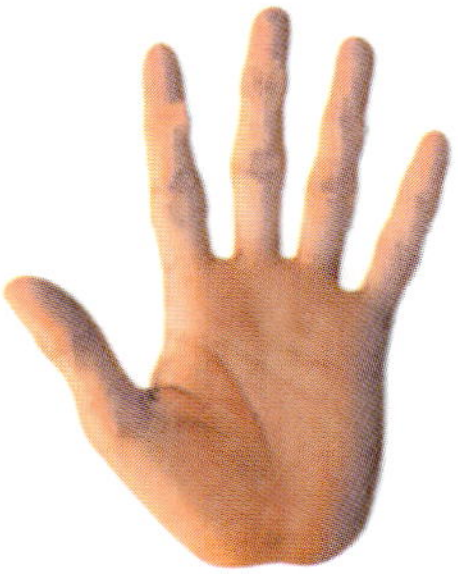

Philosophische Hände zeigen Intelligenz. Sie profitieren von praktischen Partnern. Die impulsive konische Hand ist zu verwirrend für sie.

Westliche Astrologie

Traditionell passen Sternzeichen, die zum gleichen Element gehören, gut zusammen, während sich gegenüberliegende Zeichen anziehen – aber nicht unbedingt gut miteinander auskommen!

♈ ***Widder***
♉ ***Stier***
♊ ***Zwilling***
♋ ***Krebs***
♌ ***Löwe***
♍ ***Jungfrau***
♎ ***Waage***
♏ ***Skorpion***
♐ ***Schütze***
♑ ***Steinbock***
♒ ***Wassermann***
♓ ***Fische***

● ***Feuer***
● ***Erde***
● ***Luft***
● ***Wasser***

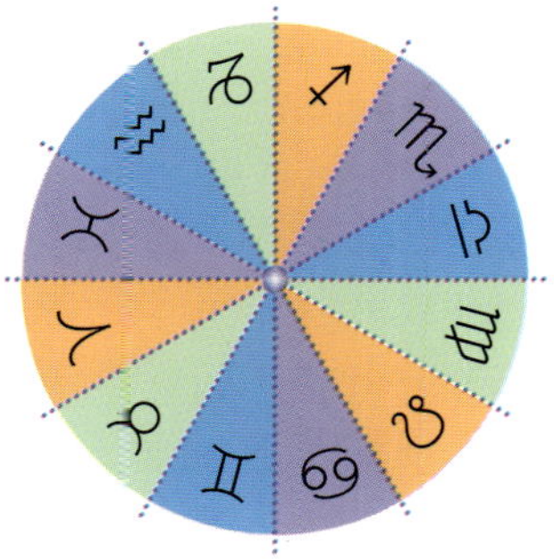

Chinesische Astrologie

Jedes Jahr wird von einem Tier bestimmt. Einige Tiere passen zu fast allen anderen, wie beispielsweise die enthusiastischen, unberechenbaren Tiger. Allerdings suchen die Tiger sich leicht jemand anders. Die Tigerenergie kann aber für andere Tiger oder für den schüchternen Hasen und die ruhige Schlange zu aufrührerisch sein. (Siehe nächste Seite).

Chinesische Astrologie

Die Chinesen weisen jedem Jahr ein Tier zu. Die Menschen eines Jahrgangs teilen die Charaktereigenschaften dieses Tieres und passen zueinander. Menschen, die unter Tierzeichen geboren sind, die ähnliche Charakterzüge haben, unterstützen sich gegenseitig. Aber es gibt auch Kombinationen, die einfach nicht zusammenpassen. Ein schüchterner Hase wird sehr nervös, wenn er sich mit der Energie einer hitzigen Ratte konfrontiert sieht.

In der Liste unten finden Sie Ihr Tierzeichen. Wenn Sie im späten Januar oder frühen Februar geboren sind, gehören Sie vielleicht noch zum Zeichen des vergangenen Jahres (genauere Daten s. S. 182).
Rechts finden Sie die wichtigsten Eigenschaften der Tierzeichen in Bezug auf die Liebe; ganz rechts und auf der nächsten Seite sehen Sie, wer zu wem passt.

Ratte	1912	1924	1936	1948	1960	1972	1984	1996
Büffel	1913	1925	1937	1949	1961	1973	1985	1997
Tiger	1914	1926	1938	1950	1962	1974	1986	1998
Hase	1915	1927	1939	1951	1963	1975	1987	1999
Drache	1916	1928	1940	1952	1964	1976	1988	2000
Schlange	1917	1929	1941	1953	1965	1977	1989	2001
Pferd	1918	1930	1942	1954	1966	1978	1990	2002
Ziege	1919	1931	1943	1955	1967	1979	1991	2003
Affe	1920	1932	1944	1956	1968	1980	1992	2004
Hahn	1921	1933	1945	1957	1969	1981	1993	2005
Hund	1922	1934	1946	1958	1970	1982	1994	2006
Schwein	1923	1935	1947	1959	1971	1983	1995	2007

Ratte Aufgeladen. Emotional labil. Treu. Leidenschaftlich, aufmerksam. Großes Sicherheitsbedürfnis. Braucht Engagement und Verbindlichkeit. Verletzt bei Ignorierung.

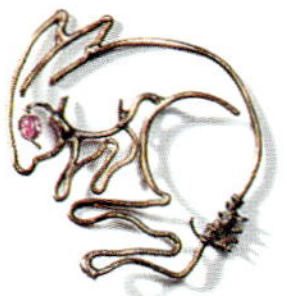

Hase Sucht Seelengefährten. Schätzt Sicherheit, Vertrauen, Zuneigung. Braucht Intimität und Stabilität. Rückzug bei unsteten oder fordernden Partnern. Ängstlich, unsicher. Hört zu, gibt aber selbst nichts preis.

Büffel Vorsicht in der Liebe. Braucht starke Liebe, Unterstützung und Verbindlichkeit. Emotional abhängig. Mag keine Experimente, kann zu Spaß überredet werden. Toleranter Partner, gibt niemandem die Schuld.

Drache Charismatisch, ausgelassen, kokett. Emotionaler Spieler. Bindungsscheu, hat Affären. Mag keine emotionale Abhängigkeit oder Unsicherheit. Braucht Raum und verständnisvolle Partner.

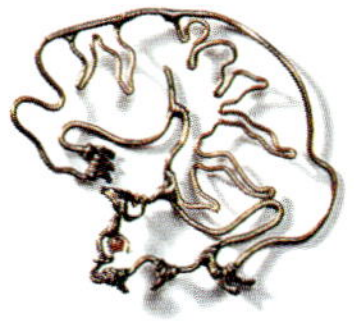

Tiger Enthusiastisch, aktiv. Wankelmütig. Emotional ehrlich. Liebt Abwechslung – hasst Voraussehbares oder Langeweile. Geht schnell weiter. Liebt unabhängige, kühne Partner.

Schlange Verführerisch, betörend, geheimnisvoll. Lässt nicht los. Romantischer, liebender, humorvoller Partner, aber auch eifersüchtig, besitzergreifend. Braucht Raum. Flirtet, aber bewacht Partner.

Pferd Stürmisch, ungestüm. Lässt sich leicht gehen. Liebt Spannung einer neuen Liebe. Bindungsscheu, aber ernsthaft in der Bindung. Braucht Freiheit, Umsorgtwerden und Bestätigung. Liebevoller Partner.

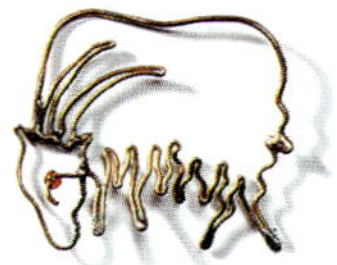

Ziege Sicherheitsorientiert. Unkonventionell, kreativ. Sehr emotional, kann Gefühle schwer ausdrücken. Anfangs schüchtern. Mag nicht dominiert werden. Romantisch, schutzsuchend. Kann verletzend sein.

Affe Romantisch, lebhaft, reizbar. Bindungsscheu. Anfangs nervös und unsicher, aber treu, unterstützend und verlässlich in der Bindung. Bleibt sehr guter Freund.

Hahn Unabhängig, ruhelos, verführerisch. Liebt Romanzen. Leicht gelangweilt, geht schnell weiter. Endlich liiert, ist er sehr engagiert und aufmerksam. Versteckter Anflug von Eifersucht. Zuverlässiger Partner.

Hund Großes Sicherheitsbedürfnis. Teilt Probleme, gibt aber keine preis. Treu, zärtlich. Braucht nach Verletzung lange, bis Vertrauen wieder aufgebaut ist. Sieht Kritik, wo keine ist.

Schwein Empfindsam, liebt Spaß. Tolerant, unverwüstlich. Emotional naiv; das könnte ausgenutzt werden. Verlässlicher Partner, muss vor Bindung aber Romantik erleben. Wird scheu bei zu vielen Forderungen.

Liebes-Kombinationen

Ratte und Ratte Aufrührerisch. Verzehren sich gegenseitig. Leidenschaftlich, haben Spaß zusammen. Verstehen Geheimnistuerei des anderen, werden aber misstrauisch. Zu ähnlich?

Ratte und Büffel Ergänzung und Respekt. Büffel regelt Alltag, Ratte hat Ideen. Gesunder Menschenverstand des Büffels stärkt Scharfsinn der Ratte. Leidenschaftliche Ratte belebt Büffel. Hält lange.

Ratte und Tiger Sehnen sich beide nach Abwechslung. Tiger ist abenteuerlicher, sein Flirten bedroht Ratte. Tiger muss Verständnis haben für Sicherheitsbedürfnis der Ratte. Kann lange halten.

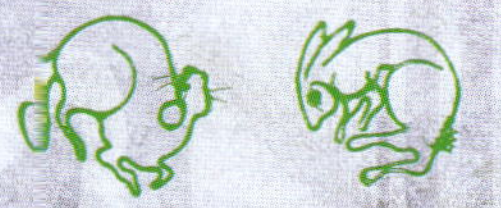

Ratte und Hase Dürftig. Unberechenbarkeit der Ratte ist bedrohlich für den schüchternen Hasen. Ratte vielleicht zu kritisch. Gemeinsames Sicherheitsbedürfnis verbindet. Ein unsicheres Verhältnis.

Ratte und Drachen Lebhaft und abenteuerlich. Drache betört Ratte, bleibt aber im Mittelpunkt. Ratte stärkt Ego des Drachen. Gesellig und offen, geben sich gegenseitig Raum. Hält lange.

Ratte und Schlange Stimulierend. Gegenseitige Telepathie. Gute Beobachter, ergreifen Chancen. Gemeinsam Sinn für Humor und Leidenschaft. Schlange ist bindungsscheuer. Hält lange.

Ratte und Pferd Intensiv und leidenschaftlich. Emotionales Verzehren, bis Ratte sich zurückzieht. Konflikte. Pferd geht auf in Beziehung, Ratte orientiert sich nach außen. Hält an, wenn Ratte Kritik zügelt.

Ratte und Ziege Herausfordernd. Ratte hat mehr Energie als Ziege, die nicht gedrängt werden möchte. Ratte sucht Anerkennung, Ziege Innenschau. Ratte braucht Toleranz, Ziege ein Ziel.

Ratte und Affe Konkurrenz. Beide stark und voller Energie. Affe gewinnt. Leidenschaft der Ratte zu intensiv für den kontrollierten und emotional manipulierenden Affen. Kann halten mit viel Raum.

Ratte und Hahn Anfangs oberflächlich, kann nach erstem Eindruck tiefer gehen. Hahn ist für Ratte anfangs zu extravagant, später schätzt sie seine Ehrlichkeit. Hält lange.

Ratte und Hund Vertrauensvolle Bande. Gegenseitiger Schutz. Gemeinsames Bedürfnis nach Alleinsein. Geselligkeit der Ratte mildert Ängstlichkeit des Hundes. Hund unterstützt Ratte furchtlos. Beziehung gedeiht.

Ratte und Schwein Tiefe, liebende Beziehung. Schwein kommt klar mit Leidenschaft und Launen der Ratte, Aggressionen können Gleichgewicht stören. Gemeinsam Spaß und Genuss. Naivität des Schweins ist frustrierend.

Büffel und Büffel Stabile Partnerschaft. Gute Organisatoren, Sicherheit geht vor Risiko. Gemeinsame Ziele. Gemäßigte Gefühle statt Turbulenzen. Bei zu viel Gewissheit gibt einer die Vorsicht auf.

Büffel und Tiger Etwas heikel. Gleichgewicht zwischen Unstetigkeit des Tigers und Sicherheitswunsch des Büffels. Tiger verspricht Sicherheit, falls Büffel nicht abhängig wird. Wichtig: gegenseitiges Vertrauen.

Büffel und Hase Beide lieben das Zuhause. Wollen keine Risiken oder emotionale Turbulenzen. Stabiler Büffel gibt Hasen Sicherheit. Wenn der Büffel zu fixiert ist, geht Hase Kompromiss ein. Hält lange.

Büffel und Drache Herausfordernd. Büffel geduldig und vorsichtig. Drache hitzig und spontan. Drache mag Zuverlässigkeit des Büffels; Büffel ist beeindruckt von Energie des Drachen. Wichtig: gegenseitiges Verstehen.

Büffel und Schlange Ausgeglichen. Zuverlässiger Büffel kümmert sich ums Zuhause, charmante Schlange erkundet die Welt, kommt zurück, um verwöhnt zu werden. Mit Vertrauen lange und stabile Partnerschaft.

Büffel und Pferd Gegensätze ziehen sich an. Büffel trottet, ruheloses Pferd galoppiert voran. Büffel geht Kompromisse ein und ist geduldig. Falls der Büffel Sensibilität erwartet vom Pferd, wird er enttäuscht.

Büffel und Ziege Gegenseitige Unterstützung. Büffel gibt Sicherheit, Ziege Ideen. Ziege ist erleichtert, da Büffel organisiert und Entscheidungen trifft. Büffel vielleicht zu vorhersehbar.

Büffel und Hund Treue und ehrliche Verbindung. Hund macht sich Sorgen um die Zukunft, Büffel regelt die Gegenwart und plant voraus. Beruhigt den Hund, schätzt die Ehrlichkeit. Hält lange.

Tiger und Hase Beide brauchen das Zuhause als sichere Ausgangsbasis, aber Tiger ist abenteuerlicher und könnte gehen. Der Hase braucht Zeit allein. Kann funktionieren, falls intime Momente geteilt werden.

Tiger und Pferd Lebhaft. Teilen Leidenschaft fürs Leben Suchen gemeinsam neue Wege. Tiger bemerkt nicht den Egoismus und Selbstbezogenheit des Pferdes, deshalb gedeihende Partnerschaft.

Büffel und Affe Vertrauensvoll und ausgeglichen. Lebhafter Affe macht Projekte, Büffel hält sich aus den Spielen des Affen heraus und kümmert sich ums Zuhause. Ohne Betrug dauerhafte Beziehung.

Büffel und Schwein Gegenseitige Unterstützung. Dem Büffel gefällt das verspielte Schwein, fügt sich den Forderungen. Konflikt zwischen Geselligkeit und Häuslichkeit und wenn Schwein verschwenderisch ist. Hält lange.

Tiger und Drachen Temperamentvoll und leidenschaftlich. Alles andere als langweilig, Auseinandersetzungen sind willkommen. Gesellig – immer bereit, neue Möglichkeiten auszuprobieren. Gutes Duo.

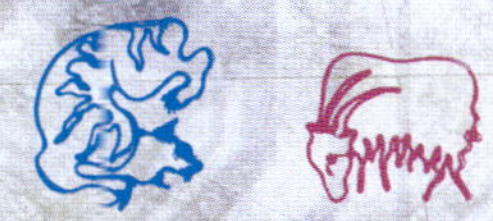

Tiger und Ziege Unabhängigkeit, aber gegenseitige Abhängigkeit. Beide brauchen Raum: Tiger für neue Interessen, Ziege zur Besinnung. Tiger gibt Ziege Sicherheit. Dauert, wenn sich keiner gefangen fühlt.

Büffel und Hahn. Glückliches Gleichgewicht. Teilen Zurückgezogenheit und Freiheit. Respektieren gegenseitige Talente. Hahn belebt Büffel. Büffel unterstützt die weniger ausgefallenen Ideen des Hahns.

Tiger und Tiger Explosiv. Beide sind unabhängig und entschlossen und geben nicht nach. Beide brauchen Freiheit, um anderen Interessen nachzugehen. Funktioniert mit ausreichend Raum.

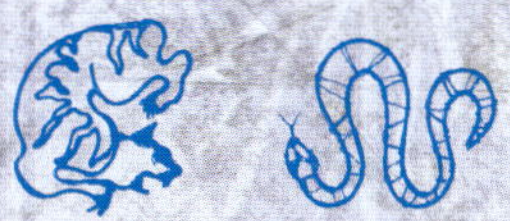

Tiger und Schlange. Heikel. Kommen aus verschiedenen Richtungen. Tiger ist zu abenteuerlich für routineliebende Schlange. Teilen Ideen und Geselligkeit. Kompromisse wichtig.

Tiger und Affe Glückliche Kombination. Schlau und abenteuerlich, genießen neue Chancen. Affe kontrolliert Beziehung. Funktioniert gut, Tiger muss Geduld lernen, der Affe Offenheit und Ehrlichkeit.

Tiger und Hahn Anfangs aufregend. Tiger ist angezogen von der extrovertierten Natur des Hahns, später wird es kritisch. Missverständnisse. Wichtig: Geduld und Offenheit in Bezug auf Bedürfnisse und Gefühle.

Hase und Hase Harmonisch. Teilen Bedürfnis nach Ruhe und Frieden. Zufrieden miteinander. Lieben schöne Gegenden, familiäre Umgebung. Versuchen vorausschauend Unangenehmes zu vermeiden.

Hase und Pferd Sehr liebevoll. Gegenseitig unterstützend. Pferd gibt die Leidenschaft und Zuneigung, die der Hase wünscht und versichert ihm die Liebe. Hase hilft Pferd bei Depressionen. Hält lange.

Hase und Hahn Extreme Gegensätze. Hase zu sanft für Hahn und Hahn zu ungestüm für Hase. Der Hase müsste die versteckte empfindsame Seite des Hahns schätzen lernen, Hahn müsste Hasen vertrauen.

Tiger und Hund Schwierig, aber gutes Team. Tiger impulsiv, Hund vorsichtiger. Tiger schätzt Wachsamkeit des Hundes, Hund hält Tiger davon ab, zu weit zu gehen. Hund braucht offene Gefühle.

Hase und Drachen Entgegengesetzte Bedürfnisse. Drache sucht Herausforderung, der vorsichtige Hase Sicherheit und Bestätigung. Hase bewundert die Selbstsicherheit des Drachen und überlässt ihm den Mittelpunkt.

Hase und Ziege Seelengefährten. Teilen glücklich Erfahrungen. Ziege beruhigt den Hasen. Hase gibt der Ziege Sicherheit, wenn er ängstlich ist. Wenn Probleme anstehen, werden sie gemeinsam angepackt.

Hase und Hund Vertraute Partnerschaft. Beide ehrlich und rechtschaffen. Würden nie Sicherheit riskieren. Schützen und trösten sich gegenseitig. Hase findet Frieden in stabiler Partnerschaft.

Tiger und Schwein. Gegenseitige Unterstützung. Gemeinsame Interessen. Große Freundschaft. Für eine unabhängige Beziehung müssen beide ausreichend Raum haben. Dauerhaft.

Hase und Schlange Zwei, die das Zuhause lieben, entschwinden ins Paradies. Sind gerne zusammen. Hase braucht mehr Zurückgezogenheit, aber die Schlange zeigt ihm die Außenwelt und muss Toleranz üben.

Hase und Affe Umsorgende Partnerschaft. Hase ist sich der Spielchen des Affen bewusst und hält sie im Zaum. Affe liebt den Scharfsinn des Hasen. Kompromisse möglich, beide wachsen zusammen.

Hase und Schwein Friedvolle Kombination. Gemeinsame Ziele und Hoffnungen. Lange Gespräche. Hase kontrolliert die Hast des Schweins und treibt die Partnerschaft voran. Hält lange.

Drache und Drache Starke Kombination. Große Anziehung. Sicher in der Beziehung. Beide aktiv und vital, brauchen Aufmerksamkeit vom anderen. Nehmen gemeinsam oder unabhängig voneinander viele Chancen wahr.

Drache und Ziege Aufregend, kann aber für die Ziege zu schnell sein. Drache hat viele Fähigkeiten, die die Ziege nicht richtig würdigt. Drache braucht Zuhörer, kann die Ziege das bieten?

Drache und Hund Keine glückliche Kombination. Hund findet Drachen aufdringlich und lästig. Ehrlicher Hund möchte wissen, woran er ist, unsteter Drache übersieht unangenehme Details.

Schlange und Pferd Abwegig. Schlange kontrolliert fast unbemerkt Pferd, das sich eingeschränkt fühlt. Pferd ist überschwänglich, Schlange lässt ihm die Freiheit und bewundert es aus der Ferne.

Drache und Schlange Gleichberechtigte Partnerschaft. Keiner wird vom anderen eingeschüchtert. Schlange gönnt dem Drachen ruhmreiche Momente, gratuliert oder tröstet, kann aber besitzergreifend sein.

Drache und Affe Ideale Partnerschaft. Zwei scharfsinnige Zeichen feuern sich gegenseitig an. Affe lässt sich nicht einschüchtern von der Attraktivität des Drachen, gibt ihm die Bewunderung, die er braucht.

Drache und Schwein Gegenseitige Unterstützung. Schwein ist gerne im Gefolge des Drachens und gibt dem unsicheren Tier die Bestätigung, die es braucht. Drache gönnt dem Schwein Freiheit.

Schlange und Ziege Interessante Kombination. Beide mögen weder Routine noch Druck. Schlange verschwindet, wenn ihr die Umstände nicht gefallen – Ziege bemerkt das nicht. Zu anstrengende Hobbys vermeiden.

Drache und Pferd Geteilter Enthusiasmus. Beide entdecken gerne, verabscheuen Praktisches oder emotionale Forderungen. Wunsch nach Aufmerksamkeit des Drachens kann Pferd stören.

Drache und Hahn Teilen viel Spaß miteinander, haben aber auch ernstere Seiten. Vertrauen des Drachens stärkt Hahn, der Unsicherheiten mit engen Partnern teilen muss. Ehrlichkeit macht sich bezahlt.

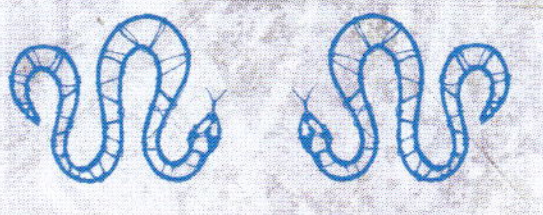

Schlange und Schlange Gegenseitige Bewunderung. Zwei betörende, gerissene Wesen diskutieren, teilen und planen zusammen. Beide sehr bestimmend, einer könnte unterdrückt werden. Kennen sie sich zu gut?

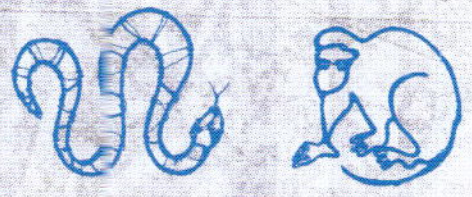

Schlange und Affe Voller Energie. Affe erkennt Chancen, Schlange untersucht die Folgen. Affe wird ungeduldig mit dem Ernst der Schlange. Affe lässt sich nicht festlegen, sollte aufrichtig sein.

Schlange und Hahn Flotte Kombination, natürliches Einfühlungsvermögen. Elegantes und interessantes Paar, gemeinsamer Einkaufsbummel. Tiefe Anziehung, Schlange kann versteckte Eigenschaften des Hahns anerkennen.

Pferd und Pferd Schnelllebig. Leidenschaftlich und romantisch. Wenn das Interesse nachlässt werden neue Weidegründe gesucht. Innere Zweifel müssen beruhigt werden, Vertrauen statt Wegrennen.

Pferd und Hahn Oberflächliche Gemeinsamkeiten. Konkurrenz, müssen Eindruck machen. Hahn kritisierend, Pferd zu ungestüm. Wichtig: gegenseitiges Verständnis, Geduld und intime Momente.

Ziege und Ziege Natürliches Einfühlungsvermögen. Träumer, wenig Sinn für Praktisches. Können Raum dulden und sich nahe sein. Verständnis für spirituelle Bedürfnisse. Wichtig: Vereinbarungen im Haushalt.

Schlange und Hund Treue Kombination. Hund bewundert Intelligenz und Urteilsvermögen der Schlange, Schlange lindert die Ängste des Hundes. Hund gibt der Schlange treuen Rückhalt.

Pferd und Ziege Glückliche Abenteurer. Unberechenbar und lebhaft. Pferd vielleicht zu sehr mit sich selbst beschäftigt, um Bedürfnis nach Bestätigung der Ziege zu bemerken. Kann gut gehen.

Pferd und Hund Vertrauensvolle Partner. Redlicher Hund gibt dem Pferd Freiheit für Abenteuer und sorgt geduldig für das gemeinsame Heim. Hund praktisch, aber pessimistisch. Funktioniert, falls Vertrauen ausreicht.

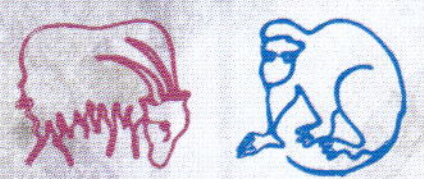

Ziege und Affe Nachsichtige Partner. Genießen Reisen und Luxus. Affe unterstützt und hilft der unsicheren Ziege und kümmert sich um organisatorische Details.

Schlange und Schwein Glückliche Kombination. Schwein genießt die Geschichten der Schlange, aber bei zu viel Abschweifung Rebellion. Schlange eifersüchtig, wenn Schwein sich die nötige Freiheit nimmt. Vertrauen wichtig.

Pferd und Affe Überraschend stabile Beziehung. Emotionale Intensität und Anspruch des Pferdes anfangs zu viel für Affen. Mit mehr Verständnis wächst das Glück.

Pferd und Schwein Gute Gespielen. Beide zeigen Gefühle ehrlich. Schwein stört sich nicht an der Selbstsucht des Pferdes. Unabhängiges Schwein braucht Raum, Pferd darf nicht zu viel Aufmerksamkeit beanspruchen.

Ziege und Hahn Kurzfristig interessant. Hahn bestimmender als Ziege, die Raum braucht. Ziege muss ihre Gefühle auf den Hahn konzentrieren. Hahn akzeptiert Träume der Ziege.

Ziege und Hund Gegenseitig unterstützend, Interesse am Unheimlichen. Ziege schreitet damit voran, Hund kontrolliert sich. Ziege versinkt in Traumwelt. Sind beide depressiv, ist viel Optimismus nötig.

Affe und Hahn Unterhaltsames Paar, lieben das gute Leben. Affe gerissener als Hahn, der immer im Mittelpunkt stehen möchte. Spielereien des Affen verwirren Hahn. Toleranz nötig.

Hahn und Hahn Bewundern und langweilen einander in gleichem Maße. Kritik kann ungewollt verletzen. Anerkennen gegenseitige Verletzlichkeit und Bedürfnis nach Unterstützung.

Hund und Hund Starke Partnerschaft. Anerkennen gegenseitiges Bedürfnis nach Zuneigung und Sicherheit. Schützen Heim und Familie. Viel Zeit für Diskussionen, nehmen Herausforderungen an.

Ziege und Schwein Empfindsame Kombination. Verstehen sich gut. Gemeinsamer Kunstgenuss. Sachlichkeit des Schweins unterstützt Kreativität der Ziege und lindert Spannungen. Dauerhafte Unterstützung.

Affe und Hund Schwierige Kombination. Gerissener Affe taucht weg, Hund fühlt sich allein gelassen und unsicher. Beide kritisieren gerne und wollen nicht von Leidenschaft weggetragen werden. Offenheit sehr wichtig.

Hahn und Hund Beschützende Partner, wenn die Beziehung reift. Hund kann irritiert sein durch den Darstellungstrieb des Hahns, erkennt aber seine verborgene Sensibilität an und gibt Halt.

Hund und Schwein Verstehen sich ausgezeichnet. Das Schwein beruhigt den misstrauischen Hund, dieser hilft dem Schwein bei Problemen. Hund kann mürrisch und ängstlich werden, aber das Schwein findet eine Lösung.

Affe und Affe Scharfsinnige Kombination. Betören und bezaubern einander. Spieler, können sich nicht austricksen. Eventuell Langeweile. Starke Partnerschaft bei gemeinsamen Projekten.

Affe und Schwein Treue Partnerschaft. Schwein amüsiert sich über die Spiele des Affen und schaut tolerant zu. Schwein ist gute Gesellschaft und Unterstützung für Affen, kann aber zu bestimmend sein.

Hahn und Schwein Gegenseitige Unterstützung und Freundschaft. Unabhängigkeit und Partnerschaft. Schwein achtet auf Bedürfnisse des Hahns und genießt die Unterhaltung des Hahns.

Schwein und Schwein Stürmisch, aber dauerhaft. Können gegenseitige Launen einschätzen und Gründe verstehen. Teilen Freiheit und genießen gemeinsame Aktivitäten. Pfeffer in der Beziehung ist nötig, sonst Gefahr der Öde.

Ist er/sie der Richtige für mich?

Gefalle ich ihm/ihr?
Ist er/sie wirklich interessiert?
Vergeude ich meine Zeit?
Wird diese Liebe halten?

Auch wenn man einen Partner gefunden hat, gibt es noch viele Unsicherheiten, bis die Beziehung wirklich stabil ist. Zweifel können aufkommen. Das Geheimnis liegt jetzt darin, herauszufinden, was wirklich stört und was man sich nur einbildet. Die einfache Körpersprache hilft oft, uns darüber klar zu werden, wohin die Beziehung führen wird. Gibt es versteckte Vorbehalte? Ihr Körper wird es Ihnen verraten! In der modernen Welt misst man Omen keine große Bedeutung mehr bei, aber früher wurden schon kleinste Zeichen gedeutet. Halten Sie die Augen offen, dann werden Sie sehen, dass auch unbelebte Dinge ihre Sprache haben. Prüfen Sie auf der nächsten Seite, ob einige unerwartete Omen Ihnen verraten, ob dies der richtige Mann oder die richtige Frau für Sie ist.

Körpersprache

Sie haben es vielleicht noch nicht bemerkt, aber Ihr Körper drückt das aus, was Sie denken. Jede Geste, die Sie machen, sagt, was Sie wirklich fühlen. Wenn Sie wissen möchten, wohin die Beziehung führt, müssen Sie nur auf die Körpersprache achten.

Das ist mein Traumpartner!

Je mehr Sie einander widerspiegeln, desto besser passen Sie zueinander. Je öfter Sie einander in die Augen schauen, desto stärker ist der emotionale Kontakt. Beine zueinander überkreuzt? Die gleiche Körperhaltung? Die Köpfe geneigt, um jedes Wort zu verstehen? Die Hände berühren sich? Augen nur für einander? Das sieht aus wie Liebe!

Ich weiß nicht ...

Zwiespältigkeiten zeigen sich in den kleinsten Dingen. Arm auf der Schulter, aber Kopf weggedreht. Ein Bein zeigt zu ihr, das andere rutscht weg. Er fühlt sich angezogen, hat aber Angst vor der Bindung. Ist sie wirklich die Richtige für ihn? Sie lehnt sich mit dem Oberkörper zu ihm, aber ihre Beine scheinen vor ihm wegzulaufen. Abhängigkeit und Unabhängigkeit kämpfen gegeneinander. Kann sie ihm vertrauen?

Auf keinen Fall!

Ein offensichtlich konträres Verhalten deckt versteckte Konflikte in der Partnerschaft auf. Überkreuzte Beine zeigen voneinander weg, die Augen sind überall, aber nicht beim Partner, eine Hand auf Auge oder Ohr? Das sind klare Signale dafür, dass Sie – oder Ihr Partner – nicht an dem interessiert sind, was gesagt wird, und dass Sie eigentlich woanders sein möchten.

Omen der Liebe

Wenn beim Nähen ***eine Nadel bricht***, denkt ein junger Mann an Sie.

Das ***Ausschütten einer Schachtel Streichhölzer*** spricht für eine frühe Hochzeit. Bleiben Streichhölzer in der Schachtel, sind das die Tage, Wochen, Monate oder Jahre bis zur Hochzeit.

Ein ***geschenkter Ring*** ist ein Liebesbeweis.

Ein ***zerbrochener Ring*** spricht für Scheidung, ein ***unförmiger*** Ring ist ein Zeichen für Betrug.

Wenn eine ***Schere bricht***, könnte eine Scheidung oder ein Streit im Anzug sein.

Wenn Sie mit Ihrem Geliebten ein ***Hufeisen finden***, werden Sie vollkommen glücklich sein.

Ausrutschen auf einer Fruchtschale bedeutet einen Flirt.

Ausrutschen auf Wasser bringt Liebe oder Tränen.

Wenn Sie zufällig mit der ***Hand auf Holz schlagen***, wird man Sie lieben, wenn Sie ***gegen Eisen*** schlagen, können Sie Ihrem Liebsten nicht trauen.

Der ***Stich einer Biene*** ist ein Zeichen für Leidenschaft, der einer ***Wespe*** für Gefahr und der einer ***Ameise*** für Streit.

Weißes ***Glas***, das Sie ***zerbrechen***, ist ein gutes Omen, rotes Glas spricht für Sorgen, grünes Glas für enttäuschte Hoffnungen, und ein ***zerbrochenes volles Weinglas*** spricht für lange Liebe.

Kann ich meinem Partner vertrauen?

Habe ich einen Rivalen?
Ist mein Partner mir treu?
Ist er oder sie verheiratet?

Viele Zweifel, die in einer Partnerschaft auftauchen, haben vielleicht mehr mit Ihnen zu tun, als mit Ihrem Partner. Wichtig ist, herauszufinden, ob es ernste Probleme gibt. Hier hilft das Handlesen. Ihre Hand und die des Partners zeigen Ihnen, ob Sie sich wirklich Sorgen machen müssen. Wenn Sie einen Rivalen befürchten, schauen Sie zuerst, ob Sie in Ihrer Hand die Eifersuchtslinie finden, die grundlose Ängste verursachen könnte. Besitzsucht vertreibt liebende Partner. Wenn Sie das wissen, können Sie Ihre Eifersucht kontrollieren.
Es kann aber auch Probleme geben, die eine Beziehung unmöglich machen – Ihr Freund ist vielleicht verheiratet oder mit jemand anders zusammen. Durch das Handlesen finden Sie die Wahrheit heraus. Fatimas Hand zeigt Ihnen dann, ob Sie einen Rivalen besiegen, und das Pendeln hilft Ihnen, einen unbekannten Rivalen genauer zu bestimmen.

Handlesen

Ihre Herzlinie zeigt Ihnen, wie Sie über die Liebe denken und wie Sie darauf reagieren. Prüfen Sie, ob Sie eine eifersüchtige Hand haben. Ihre eigene Hand zeigt Ihnen, ob Ihr Geliebter frei ist oder ob Sie sich geirrt haben. Ein kurzer Blick auf die Hand Ihres Partners zeigt, ob er nur flirtet, ein Schürzenjäger ist oder untreu sein wird.

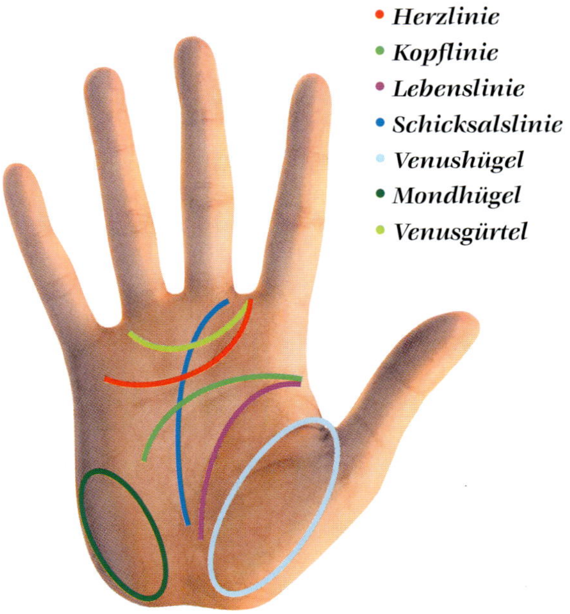

Die Herzlinie

Bei einer klaren Linie können Sie eine treue Partnerschaft erwarten. Wenn die Linie unterbrochen, verkettet oder geteilt ist, erwarten Sie schwierige, emotionale Erlebnisse. Eine dünne und schwache Herzlinie spricht für wenig Bedürfnis nach Liebe. Wenn die Linie sich zum Mittelfinger hoch neigt, werden Sie Probleme haben, weil Sie Ihren Partner auf ein Podest stellen.

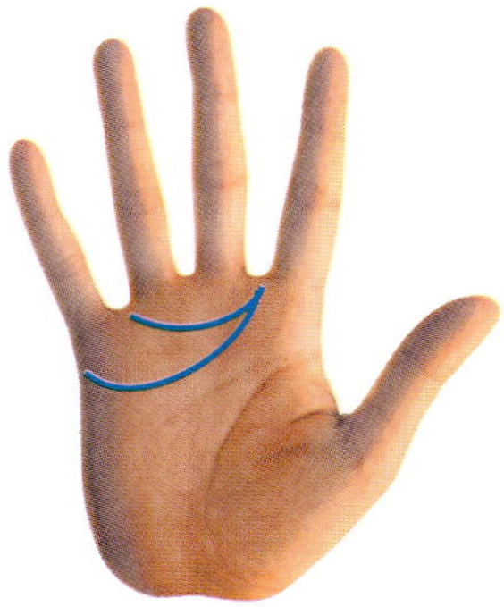

Die eifersüchtige Hand
Wenn die Herzlinie zwischen erstem und zweitem Finger endet und auch der Venushügel fest ist, ist dies ein Zeichen für Eifersucht – die Angst ist aber unbegründet und könnte den Geliebten abschrecken.

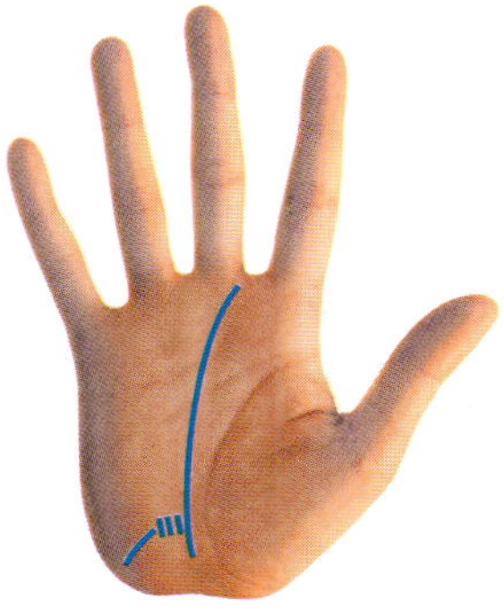

Ein verheirateter Geliebter?
Wenn eine Einflusslinie zur Schicksalslinie hinläuft, aber von einem Gitter aufgehalten wird, ist dies ein Zeichen für ein Hindernis in der Bindung.

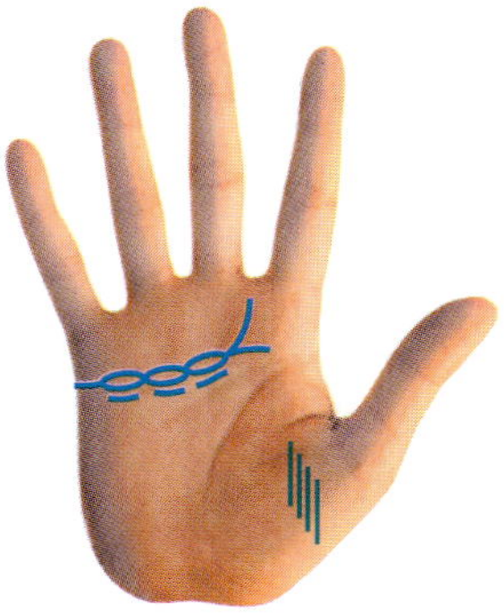

Die untreue Hand
Gibt es auf der Hand Ihres Geliebten mitten auf der Herzlinie eine Insel mit Ketten und kleinen Linien und senkrechte Linien auf dem Venushügel? Das spricht für Untreue.

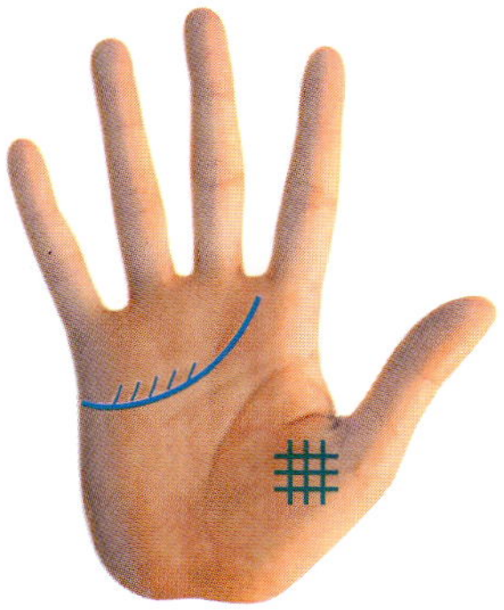

Schürzenjäger
Wenn von der Herzlinie kleine Linien abgehen und der Venushügel schraffiert ist, ist sie oder er in der Liebe nicht vertrauenswürdig.

Fatimas Hand

Wenn Sie Ihren Rivalen kennen, können Sie die Tafel mit den Siegeszahlen konsultieren. Fatimas Hand zeigt auch hier, wer gewinnen wird. Summieren Sie den Wert Ihres Namens und den Ihres Rivalen (s. S. 30) und teilen Sie durch 9. Der Rest ist die Zahl, die Sie verwenden. Bei Judy bleibt z. B. der Rest 7, eine angenommene Konkurrentin Denise hätte vielleicht den Rest 2. Wenn 7 die Frage stellt, siegt sie über 2, ich würde gewinnen.

Tafel der Siegeszahlen

1	schlägt	2	3	7	9
2	schlägt	1	4	6	8
3	schlägt	2	5	7	9
4	schlägt	1	3	6	8
5	schlägt	2	4	7	9
6	schlägt	1	3	5	7
7	schlägt	2	4	6	8
8	schlägt	1	3	5	7
9	schlägt	2	4	6	8

Pendeln

Wenn Sie Ihr Pendel programmiert haben (s. S. 137), können Sie Ihren Rivalen herausfinden. Schreiben Sie eine Liste mit Verdächtigen. Das Pendel wird dann feststellen, wer es ist.

Handlesen

Die Handlesekunst wird in zwei Bereiche aufgeteilt: die Chirognomie (die Charakteranalyse) und die Chiromantie (das Wahrsagen). Meist wendet man eine Mischung aus beiden an. Das Handlesen verrät Ihnen sehr viel über die Zukunft: über zukünftige Partner, eine glückliche Ehe oder eine Scheidung, über die Anzahl der Kinder, ob Sie den richtigen Beruf gewählt haben oder wo Gesundheitsprobleme liegen und vieles mehr.

Machen Sie am besten eine Fotokopie, um die eigene Hand zu lesen. Beide Hände sind wichtig. Bei Rechtshändern zeigt die linke Hand die angeborenen Charaktereigenschaften und die rechte Hand, was Sie daraus gemacht haben.
Am wichtigsten ist die Herz-, Lebens- und Schicksalslinie.
Meist unterscheiden sich die Hände stark voneinander, und die einzelnen Linien können sich in kurzer Zeit verändern, wenn sich zukünftige Möglichkeiten zeigen.

Zeitplan

Die Schicksalslinie gibt an, wann was geschieht. Vom Beginn der Linie ausgehend, steht der Punkt in Höhe des Daumenursprungs für das Alter 23, die Kreuzung mit der Kopflinie steht für 30, mit der Herzlinie für 42. Wenn die Schicksalslinie unten kräftiger ist, wird derjenige früh vom Schicksal dominiert und nimmt das Leben später in eigene Hände. Wird sie weiter oben kräftiger, hat er im Laufe des Lebens immer stärker das Gefühl, vom Schicksal dominiert zu werden.

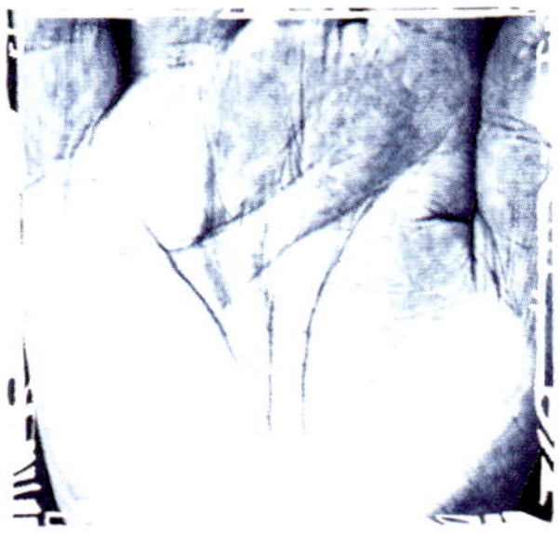

Rechte Hand
Das ist die Fotokopie eines Linkshänders und zeigt „das angeborene Schicksal".

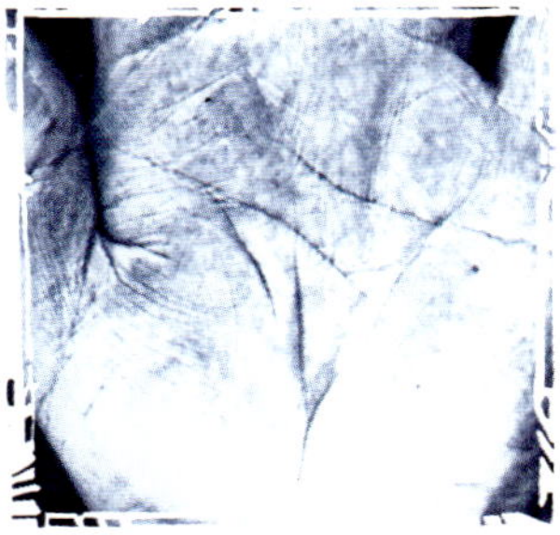

Linke Hand
Diese Fotokopie zeigt die Veränderungen im Leben. Achten Sie auf die längere Lebenslinie.

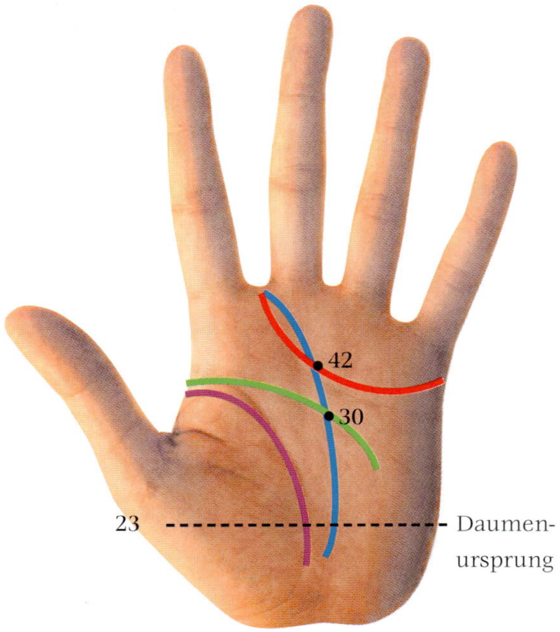

Venusgürtel
Herzlinie
Kopflinie
Lebenslinie
Schicksalslinie
Mondhügel
Venushügel

Soll ich eine Bindung eingehen?

Sollen wir heiraten?
Sollen wir zusammenleben?

Jetzt kommt die große Entscheidung. Ist es wirklich der oder die Richtige? Früher bedeutete das unweigerlich Heirat. Heute könnte es auch Zusammenleben heißen, weil beide das bevorzugen oder weil eine legale Heirat nicht möglich ist. Wenn Sie ein Orakel befragen, sollten Sie sich in der Fragestellung sicher sein. Es ist nicht gut, das Orakel über ein Zusammenleben zu befragen, nur um Ihrem Partner entgegenzukommen, wenn Sie sich selbst aber nach einer Heirat sehnen. Unterschiedliche Standpunkte und Erwartungen sind oft Gründe für eine Scheidung, aber auch eine zu frühe Hochzeit kann dazu führen. Vielleicht schlägt das Orakel eine Probezeit vor, um zu prüfen, ob Sie zusammenpassen.

Sternzeichen

Die verschiedenen Sternzeichen haben unterschiedliche Bedürfnisse. Einige wollen eine Heirat, andere bevorzugen das Zusammenleben. Einige wollen sichergehen, andere stürzen sich hinein ohne nachzudenken. Einige sind von Natur aus treu, andere nicht, einige haben mehr Standvermögen als andere. Manche nehmen eine Scheidung leicht, andere klammern sich an den Partner.

Widder Leidenschaftlich und spontan. Verliebt sich schnell – und weiß alles besser. Lässt sich schnell auf Bindungen ein und verschwindet, falls es schwierig wird, meist im Zorn. Glücklich über Hochzeit. Meist treu.

Stier Sensibel und dickköpfig. Braucht Zeit zum Überlegen. Heiratet eher aus Vernunft als aus Romantik. Braucht Verbindlichkeit, Status und Sicherheit. Treu. Eifersüchtig. Vermeidet Scheidung – hält durch.

Zwilling Betörend und bezaubernd. Lässt sich schwer festlegen. Bindungsscheu. Zieht ein Zusammenleben vor, könnte sich aber zur Heirat überreden lassen. Mehrere Affären. Trennt sich schnell, zieht dann weiter.

Krebs Häuslich und sensibel. Bindet sich nur langsam. Viele Liebesgeschichten. Sucht Sicherheit, zieht Heirat vor. Versteckt Gefühle. Meist treu. Scheidung: Hält durch bis zum bitteren Ende.

Löwe Leidenschaftlich und extravagant. Will zum „Ja“ hingelockt werden. Liebt große Hochzeiten, aber will vielleicht zuerst mit dem Partner zusammenleben. Ziemlich treu. Scheidung nur nach größter Herausforderung.

Jungfrau Anspruchsvoll und wählerisch. Geht langsam vor. Perfektionist. Analysiert Gefühle. Große romantische Ideale. Möchte mit jemand zusammenleben, bis sie sich ganz sicher ist, aber dann gibt es kein Zurück. Treu. Sträubt sich gegen Scheidung.

Waage Betörend und willfährig. Braucht die Beziehung. Zieht Heirat vor, lebt aber auch zusammen, falls das die einzige Möglichkeit ist. Will dem Partner gefallen. Flirts und Affären möglich. Lässt sich ungern scheiden.

Skorpion Sexy und intensiv. Geht langsam vor. Fixiert; schätzt Verbindlichkeit und Treue, nicht unbedingt Heirat. Kamerad fürs Leben. Verschlossen. Extreme Eifersucht kann den Partner zur Scheidung zwingen.

Schütze Spontan und freiheitsliebend. Verliebt und entliebt sich leicht. Zieht Zusammenleben mit viel Raum vor. Mag keine Bindung, könnte Affären haben. Glaubt, das Gras ist woanders grüner. Diskutiert über Gefühle. Lässt sich schnell scheiden.

Steinbock Konventionell, verliebt sich zögerlich. Will alles unter Kontrolle haben. Braucht Stabilität, Bindung, Heirat. Starker sexueller Drang; Affären, aber die Ehe bleibt bestehen. Lässt sich ungern scheiden.

Wassermann Unkonventionell und närrisch. Unvorhersehbar. Paradox: braucht Bindung und Freiheit. Zieht unkonventionelles Leben vor. Sexuell erfinderisch. Will das Zusammenleben erst ausprobieren. Treu. Trennt sich bei Langeweile.

Fische Träumerisch und romantisch. Liebt die Liebe. Viele Affären. Beendet selten eine, bevor die nächste beginnt. Untreu. Geht und kommt zurück. Lässt sich ungern scheiden, könnte aber öfter heiraten.

Was steht der Liebe im Weg?

Romantische Vorstellungen stehen der richtigen Liebe oft im Weg. Romantik passt gut zu einer Affäre, ist aber keine gute Basis für eine dauerhafte Partnerschaft. Zu viel Idealismus, zu hohe Erwartungen an die Liebe, die Hoffnung, den „Einzigen" zu finden oder nach einem Partner zu suchen, der uns vollkommen macht – all das sind Ansprüche, die die Liebe vereiteln können.

Erwartungen und Ängste können selbst den wonnevollsten Moment zerstören. Wenn die vergangenen Beziehungen schlecht gelaufen sind, sind die Erwartungen danach oft noch viel höher. Da wir das selbst erschaffen, vor dem wir uns am meisten fürchten, wird eine neue Partnerschaft schief laufen. Wenn Sie selbst unsicher sind, können Sie sich wahrscheinlich gar nicht vorstellen, dass sich jemand in Sie verliebt. Ein „Fehler" ist dann vielleicht eine gute Ausrede. Nur weil Sie sich nach Liebe sehnen, heißt das noch lange nicht, dass Sie nicht Angst vor einer Bindung haben. Selbsterkenntnis hilft Ihnen, herauszufinden, was sich in den Weg stellt – und die tiefer gehenden Orakel helfen Ihnen dabei, Sie müssen nur darauf hören. Da viele Hindernisse für die Liebe in Ihrem Unterbewusstsein liegen, werden Sie vielleicht schockiert sein über das, was das Orakel sagt. Schieben Sie es nicht gleich weg. Denken Sie darüber nach, und stellen Sie die Fragen sehr sorgfältig.

Gänseblümchen-Orakel

Das Abreißen von Blütenblättern ist eine altbekannte Weise, die Antwort auf „sie/er liebt mich, sie/er liebt mich nicht“ zu finden.

Zeigen Sie mit geschlossenen Augen auf eine Blume auf dieser Seite, dann öffnen Sie die Augen, und zählen Sie die Blütenblätter. Eine gerade Zahl bedeutet „Nein“, eine ungerade bedeutet „Ja“.

Handlesen

Die Heiratslinien finden sich auf der äußeren Kante der Hand, unterhalb des kleinen Fingers. Vielleicht müssen Sie den Finger nach vorne strecken, um sie klar zu erkennen. Sie bedeuten nicht unbedingt eine Heirat, sondern können auch für eine stabile Partnerschaft stehen. Je tiefer die Linie, desto glücklicher die Beziehung. Je weiter unten die Linie, desto früher im Leben entsteht die Beziehung. Wenn eine Linie plötzlich nach oben, zum kleinen Finger hin verläuft, ist das ein Zeichen für eine legale Verbindung. In einigen Händen bilden die Linien auf der Handfläche ein „M“, das ist ein besonderes Zeichen für eine glückliche Hochzeit. Das „M“ wird geformt aus der Kopf-, Herz-, Lebens- und Erfolgslinie.

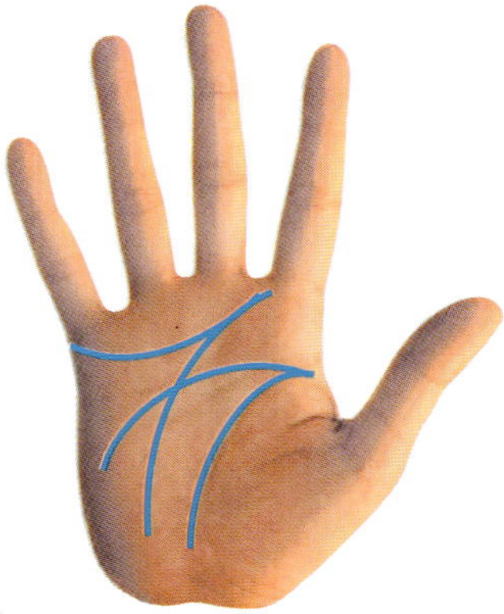

Das ***M*** ist deutlich zu erkennen. Es wird von Kopf-, Herz-, Lebens- und Erfolgslinie gebildet.

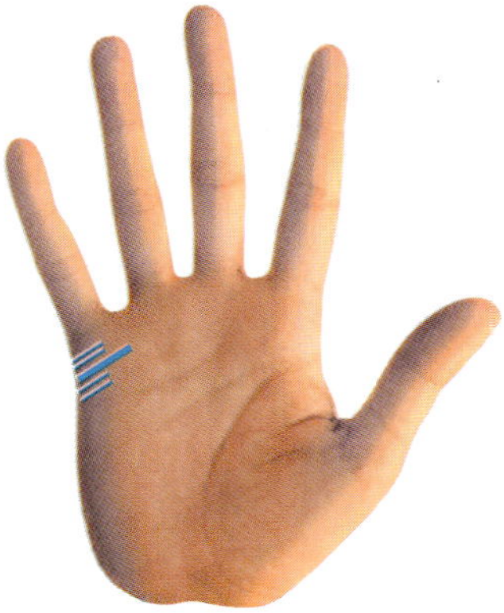

Die ***Heiratslinien*** befinden sich auf der äußeren Handkante, unterhalb des kleinen Fingers.

Dominosteine

Eine schnelle Antwort auf die Frage, ob Sie sich binden sollen oder nicht, erhalten Sie, wenn Sie Dominosteine mit der Rückseite nach oben auf dem Tisch verteilen. Konzentrieren Sie sich auf die Frage, und ziehen Sie einen Stein.

Doppelte Sechs Ein entschiedenes Ja!

Die anderen Antworten können Sie auf den Seiten 114–115 nachschlagen.

I Ging

Dieses chinesische Orakel hilft seit Jahrtausenden, wichtige Lebensfragen zu beantworten. Die Antworten sind verschlüsselt in Sechserlinien und haben eine bestimmte Bedeutung. Um eine Figur aus sechs Linien herzustellen, brauchen Sie Bleistift, Papier und drei Münzen. Werfen Sie die Münzen. Dann zeichnen Sie, unten beginnend, jeweils eine durchgehende Linie (Yang), falls Sie mehr Köpfe geworfen haben, und eine unterbrochene Linie (Yin), falls Sie mehr Zahlen geworfen haben. Nach sechs Würfen ist die Figur fertig. Wenn sie aussieht wie eine der beiden unten, werden Sie schon bald eine Beziehung eingehen.

13 Liebende

45 Zusammenkommen

Weitere Figuren auf den Seiten 66–69.

An welchem Tag sollen wir heiraten?

Spielkarten

Mit Spielkarten können Sie den günstigsten Tag für Ihre Hochzeit herausfinden, Sie brauchen aber auch noch einen Kalender, in dem die Neumondtage aufgeführt sind.

Methode

- Mischen, teilen und wieder zusammenlegen.
- Nehmen Sie dann die siebte, neunte und zwölfte Karte, und legen Sie die anderen beiseite.

Schlagen Sie in einem Kalender die Neumondtage der Monate nach. Der siebte, neunte und zwölfte Tag nach dem Neumond sind verheißungsvolle Tage. Wenn Sie also im Juni heiraten wollen und am 3. Juni Neumond ist, sind der 10., 12. und 15. Juni viel versprechend.

Um den günstigsten Tag für die Heirat herauszufinden, schauen Sie sich nun die drei Karten an. Die Herzen sind am günstigsten, darauf folgen Kreuz, Karo und Pik. Wenn Sie ein Herz aufgedeckt haben, ist das der günstigste Tag. Wenn die siebte Karte ein Herz ist, wählen Sie den siebten Tag nach Neumond, in diesem Fall also den 10. Juni, ist die neunte Karte ein Herz, wählen Sie den 12. Juni, ist es die zwölfte Karte, sollten Sie am 15. Juni heiraten. Wenn Sie kein Herz aufgedeckt haben, richten Sie sich nach Kreuz, sonst nach Karo oder Pik. Wenn Sie zwei oder mehr Karten der gleichen Farbe haben, sind diese Tage gleich günstig.

Ist es vorbei?

Wird er/sie zurückkommen?
Soll ich die Affäre abbrechen?
Kann es eine Versöhnung geben?

Ein trauriger Tag kommt, wenn die Beziehung oder Ehe anscheinend zu Ende geht. Die meisten Menschen leiden unter einer Trennung. Das Selbstwertgefühl sinkt, und die Selbstsicherheit ist aus dem Gleichgewicht. Die wichtigste Frage ist: „Ist es wirklich vorbei“? Eine schnelle Antwort darauf erhalten Sie mit Dominosteinen, Würfeln oder Spielkarten – wenn Sie Ihre Antwort nicht finden können, heißt das, dass Sie die Frage nicht genau gestellt haben! Auch in Ihrer Hand kann man die Antwort nachlesen.
Wenn Sie sich nicht sicher sind, warum die Beziehung zu Ende gegangen ist, gibt Ihnen I Ging, ein antikes Orakel die Antwort. I Ging sagt nicht nur, wann etwas eintrifft, sondern auch, warum es dazu kommen konnte.

Dominosteine

Wenn Sie in Ihrer Beziehung Zweifel haben, erhalten Sie Klarheit, indem Sie aus den verdeckten Dominosteinen einen auswählen.

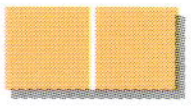

Doppelt-leer Vorsicht! Unglück steht bevor.

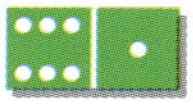

Sechs-Eins Das Ende all Ihrer Träume.

Vier-Leer Vorübergehende Versöhnung.

Vier-Zwei Häusliche Turbulenzen. Vorsicht vor einem Flirt!

Spielkarten

Bestimmte Karten galten schon immer als Unglücksbringer. Die Farbe Pik verheißt nichts Gutes für die Zukunft und wenn die Karte dann auch noch auf dem Kopf steht, also umgekehrt ist, ist das sicher das Ende (nur möglich, wenn das Spiel keine einheitliche Rückseite hat).

Pik-Acht (umgekehrt) Eine Verlobung oder Ehe geht in die Brüche.

Würfel

Das Würfeln kann Glück oder Unglück aufdecken. Eine schnelle Antwort gibt Ihnen dieses Ergebnis:

Fünf Streit und Sorgen

Runen

Manchmal weiß Ihr Unterbewusstsein mehr als Sie, mit Hilfe der Runen können wir uns darauf einstimmen. Ziehen Sie eine Rune aus dem Beutel (s. S. 166-169). Achten Sie darauf, ob die Rune aufrecht oder auf dem Kopf steht, denn das kann die Bedeutung verändern.

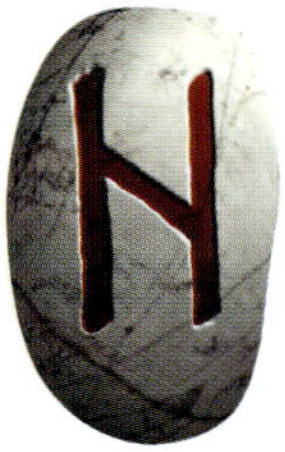

Hagalaz Ein Blitz aus heiterem Himmel.

Eihwaz Aufrecht: Bleiben Sie flexibel.
Umgekehrt: Unschlüssigkeit.

Teiwaz Umgekehrt: Mann: Ende einer Liebesaffäre. Frau: obsessive Beziehung.

Berkhana Umgekehrt: Pläne erfüllen sich nicht.

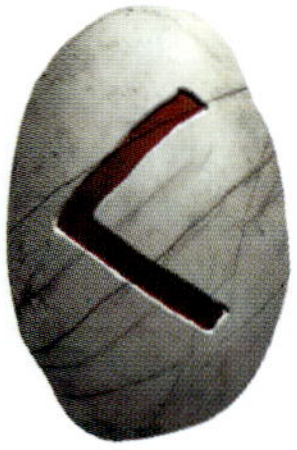

Kano Scheidung.

Othila Trennung.

I Ging

Durch das Werfen von Münzen erhalten Sie Einblick in dieses antike, chinesische Orakel. Wenn Sie den Anweisungen auf den nächsten Seiten folgen, erfahren Sie, ob eine Trennung oder eine Versöhnung bevorsteht. Achten Sie auf

2 Passives Akzeptieren.

8 Einheit.

40 Entwirren.

21 Durchbeißen.

24 Wendepunkt.

18 Arbeit am Verdorbenen

Auf den folgenden Seiten erfahren Sie Genaueres.

I Ging

Eine Legende besagt, dass vor mehr als fünftausend Jahren der Kaiser Fu Hsi an einem Flussufer meditierte, als ein Drachenpferd aus dem Wasser auftauchte. Hingerissen von dem wunderschönen Muster seiner Schuppen, entwickelte Fu Hsi das Orakel, das heute als I Ging oder als Buch der Wandlung bekannt ist. Über die Jahrhunderte hinweg entstand aus wenigen grundlegenden Figuren mit sechs Linien (Hexagramm) ein komplexes und genaues Wahrsagesystem. Heute ist das I Ging eine der fünf klassischen Philosophieschulen Chinas und im Osten so hoch geachtet wie im Westen die Bibel.

Methode

In China wurden Scharfgarbenstängel benutzt, um die Figuren zu entwerfen Das war ein langer und schwieriger Prozess, durch den der Geist Konzentration fand und sich auf die Antwort vorbereiten konnte. Heute benutzt man meist drei Münzen. Wichtig ist, dass Kopf und Zahl gut zu erkennen sind.

- Werfen Sie drei Münzen auf einen Tisch.
- Kopf steht für Yang, durchgezogene Linie ——. Zahl steht für Yin, unterbrochene Linie — —. Mehr Köpfe ergeben Yang, mehr Zahlen Yin.
- Zeichnen Sie die Linie auf, und lassen Sie darüber noch Platz für fünf weitere Linien.
- Werfen Sie die Münzen noch fünfmal, und zeichnen Sie die Linien von unten nach oben.
- Suchen Sie Ihre Figur auf den folgenden Seiten, und lesen Sie die Antwort.

1 Kreatives Handeln Handeln mit positivem Ergebnis. Durchhalten, nicht zu sehr drängen. Zukünftiger Liebhaber braucht Zeit.

2 Passives Akzeptieren Nichts erzwingen, lassen Sie es fließen. Zukunft liegt in den Händen anderer. Alte Liebe loslassen, neue taucht auf.

3 Reifen Langsam, die Dinge entwickeln sich. Vorsicht. Lassen Sie sich von anderen führen. Selbstfindung ist wichtiger als Liebe.

4 Wachstum Angelegenheit noch nicht reif. Bei Misserfolg erneuter Versuch. Richtungswechsel. Hilfe durch Weisheit anderer.

5 Kalkuliertes Nichtstun Gefahr in Anzug. Pause. Langsam, vor allem in der Liebe. Moment genießen. Zukünftiger Erfolg. Freunde helfen.

6 Konflikt Sache steht schlecht. Ungerechter Vorwurf. Fremde werden zu Feinden. Nicht streiten. Wichtig: Gespräch, warten, bis es besser wird.

7 Kampf Auseinandersetzung. Zeigen Sie Entschlossenheit. Kontrolle. Kampf oder Rückzug, es liegt an Ihnen. Führung ist nahe. Möglicherweise Einbezug des Militärs.

8 Einheit Erfolgreiche Beziehung. Friede und Harmonie. Zerrüttete Beziehung wird gekittet. Entwicklungsmöglichkeiten.

9 Wenig Fortschritt Vorsicht vor übermäßigem Einfluss anderer. Halten Sie sich zurück. Ziele können Sie später verfolgen.

10 Vorsicht Vorwärtsschreiten, aber mit Vorsicht, führt zu Erfolg. Bei Zögern nutzen andere den Vorteil. Bessern Sie sich, zeigen Sie Liebe. Glückliches Ende.

11 Friede Langsam kommt Erfolg. Nichts übereilen. Ernten, was Sie gesät haben. Geheimnisse vermeiden. Täuschung zerstört, vor allem in der Liebe.

12 Behinderung. Hindernisse. Entschlossenes, aber kein arrogantes Bewältigen. Herausforderung annehmen, Tür steht offen. Was hält Sie zurück?

13 Liebende Zusammensein mit anderen bringt Erfolg. Eintauchen in Licht. Vorzüge teilen. Neue Gruppe taucht auf, Möglichkeiten ergeben sich.

14 Fülle Außerordentlich günstige Zeit, gut für Pläne. Wappnen Sie sich, lernen Sie, was gebraucht wird. Fülle. Günstige Nachrichten, wenn Sie die Liebe suchen.

15 Bescheidenheit Haben Sie jemand durch Arroganz verletzt? Demut üben. Ruhig sprechen, sanft handeln. Jemand, der neu ist, nimmt Sie vorteilhaft zur Kenntnis. Seien Sie tolerant.

16 Erholung Mit Ruhe betrachten, was Sie erreicht haben. Verkaufen Sie sich bescheiden, aber mit Enthusiasmus. Gefühlen vertrauen.

17 Streben Günstige Zeit. Versuchen Sie, das zu erreichen, was Sie wollen. Walzen Sie Partner nicht nieder, er wird sich langsam offenbaren.

18 Arbeit am Verdorbenen Gute Zeit, wenn die Krise überwunden ist. Stellen Sie die Dinge richtig. Entschuldigen, aber die eigenen Bedürfnisse nicht zurückstellen.

19 Langsame Annäherung Sie müssen nicht mehr so drängen. Vorsicht die Lage könnte heikel werden. Vertrauen Sie dem neuen Menschen in Ihrem Leben.

20 Wachsamkeit Wachsam sein, an die Zukunft denken. Konzentration auf das Ganze. Eventuell Pläne aufgeben. Neue Möglichkeiten.

21 Durchbeißen Abschaffen, was stört, eventuell vor Gericht. Diejenigen verlassen, die Probleme verursachen. Eifersucht ignorieren.

22 Anmut Zeigen Sie Ihr Gesicht. Elegant sein, Ihr wahres Ich will Erfolg. Wichtiges Problem muss gelöst werden.

23 Abbruch Lebensabschnitt zu Ende, neuer beginnt. Keine Trennung, neuer Lebensstil. Nicht unterdrücken lassen.

24 Wendepunkt Erfolgreiche Versöhnung. Beziehung verbessert sich. Richtige Zeitwahl; Jahreszeitwechsel bringt neue Energien.

25 Das Unerwartete Unerwartetes bringt Probleme. Nicht von vorübergehenden Rückschlägen aus der Bahn werfen lassen.

26 Kontrolle übernehmen Unerwartetes Glück kommt kurzfristig. Kontrolle Ihres Lebens übernehmen, hart arbeiten, Belohnung ist sicher.

27 Aufmerksames Warten Zeit zu schauen und zu warten. Nicht zu viel vornehmen. Ausruhen, Kräfte sammeln für baldiges Handeln.

28 Überfluss Innerhalb der Grenzen bleiben. Ein Rivale hat zu viel an sich genommen; anmutig dazwischen schreiten.

29 Der Abgrund Abwarten. Fallen sind gestellt; Ihre Position könnte sich verschlechtern. Vertrauen hilft. Zu viel Engagement vermeiden.

30 Strahlendes Licht Günstig für Pläne. Kreativität. Überwinden der Schwierigkeiten mit Intellekt und Logik statt mit Fantasie.

31 Anziehung Veränderungen akzeptieren. Ankündigung einer Heirat ist gutes Omen. Günstig für Hochzeit. Neid vermeiden.

32 Durchhalten Bleiben, wo Sie sind. Keine Veränderungen. Zu schnelles Handeln verschlechtert Position. Nicht insistieren.

33 Rückzug Energien zurückziehen. Kein Kampf. Grenzen anerkennen, sonst Vorteile für andere. Falsche Wahl einsehen, neue Wege gehen.

34 Stärke Ziele erreichen durch Kombination von Stärke und Milde. Zum Erfolg schreiten. Prahlerei und Konkurrenz zum Partner vermeiden.

35 Fortschritt Rapide Schicksalsbesserung. Es geht aufwärts. Beförderung möglich. Rechtschaffen bleiben. Eventuelle Reise.

36 Verfinsterung Drückendes Unglück, aber Besserung naht. Nicht jammern. Schmerzhafte Erinnerungen loslassen. Sorgfältige Planung hilft.

37 Familie Betonung auf Familie, fair und tolerant sein. Familie könnte missverstehen. Frauen entscheiden lassen. Um Probleme kümmern.

38 Opposition In der Partnerschaft Gemeinsamkeiten suchen. Störende Beziehungen abbrechen. Rechthaberei vermeiden.

39 Hemmung Um das Problem herumgehen, nach Südwesten schauen. Anderen in Schwierigkeiten helfen. Hilfe von Vorgesetzten.

40 Entwirren Situation spitzt sich zu. Sie wissen, wo Sie stehen. Verstrickungen loslassen, vertrauensvoll vorwärtsschreiten.

41 Abbau Aufwand zurückschrauben, vor allem Energie für Geliebten. Opfer werden später belohnt.

42 Anstieg Erfolg eher durch Glück als durch Können. Vorteile wahrnehmen. Anstrengen für Belohnung. Belohnung teilen. Von Herzen geben.

43 Durchbruch Ärger möglich. Schnelles Handeln, um Verluste zu vermeiden. Das Schlechte darf nicht überhand nehmen.

44 Begegnung Vorsicht vor Situationen oder Einflüssen, die Sie schwächen. Ruhig bleiben. Nicht heiraten.

45 Zusammenkommen Heirat möglich, wenn Liebe wächst. Angriff der Opposition vermeiden, Verbündete suchen.

46 Empordringen Steter Fortschritt. Günstig für Pläne. Die Antwort liegt im Süden.

47 Unglück Harte Zeiten stehen bevor, keine Eile. Innere Stärke entwickeln. Nicht Worten, sondern Taten vertrauen.

48 Der Brunnen Kalkulationsfehler führt zu Versagen oder Unglück. Lassen Sie nicht andere Ihre Früchte ernten. Ältere Frau gewinnt Spiel.

49 Umwälzung Alles ändert sich. Von vorne beginnen; Erfolg am sechsten Tag. Andere sind beeindruckt von Ihnen.

50 Kessel Gutes Omen. Vertrauen bringt Erfolg. An Geselligkeiten teilnehmen. Werkzeug suchen.

51 Donnerschläge Sturm bringt kurze Unordnung. Reinigt Luft. Licht und Lachen folgen.

52 Stillehalten Aus dem Ärger heraushalten, nicht auffallen. Auf gewähltem Weg stetig fortschreiten. Ruhig bleiben. Risiken vermeiden.

53 Fortschritt Der Fortschritt ist da, aber klein. Heirat von jungem Mädchen gutes Omen.

54 Junge Braut Nicht zu viel verlangen, Verantwortung ist Last. Pläne aufgeben. Hochzeit von jungem Mädchen ist schlechtes Omen.

55 Fülle Gelegenheiten in Hülle und Fülle. Aller Ärger schwindet. Innere Ruhe strahlt Frieden aus. Es fließt Liebe.

56 Reisender Erfolg in kleinen Dingen. Reise bringt Belohnung. Urlaubsaussichten gut. Arbeitsmöglichkeit in Übersee.

57 Bereitwillige Unterwerfung Zeit, sich hochzuarbeiten. Mit Vorgesetzen sprechen. Verständigkeit bringt Beförderung

58 Freude Beste Neuigkeiten. Entwicklung zu Ihrem Vorteil. Innere Harmonie.

59 Auflösung Wasser durchschreiten zum Erfolg. Flexibel bleiben, vernünftig sein. Glücklicher Wandel.

60 Beschränkung Grenzen anerkennen. Regeln beachten. Schwierige Situationen aussitzen. Reserven bewahren. Später erweitern.

61 Innere Wahrheit Vertrauen haben. Ihr Gefühl beeinflusst die Zukunft. Schwierige Zeiten, aber das Durchqueren des Wassers bringt Glück.

62 Klein bleiben Falsche Zeit für Ehrgeiz, bescheiden bleiben. Energien sparen, keine Panik..

63 Letzte Vollendung Nicht durch Dummheit das verlieren, was Sie erworben haben. Dinge könnten schlecht ausgehen. Ausprobieren.

64 Nicht vollendet Was schief lief, kann sich zum Guten wenden. Es ist noch nichts beendet. Vorsichtig und weise weitermachen.

Sollen wir uns scheiden lassen?

Sollen wir vor Gericht gehen?

Werde ich gewinnen?

Werde ich Unterhalt bekommen?

Wenn alles auseinander bricht, ist eine Scheidung oft der letzte Ausweg. Aber sie wirft Fragen auf in Bezug auf Kinder und Finanzen. Mit Hilfe der Astrologie erfahren Sie, wie Ihr Mann/Ihre Frau und Ihre Kinder auf die Scheidung reagieren werden, außerdem können Sie den günstigsten Tag für die Gerichtsverhandlung herausfinden. Beim Würfel-Orakel und I Ging erfahren Sie, ob Sie eine Verhandlung vermeiden sollen, und die Spielkarten deuten an, ob Ihre Ansprüche erfüllt werden – allerdings wird die Antwort schwierig, wenn die gezogene Karte nicht den Beispielen entspricht. Eine sehr alte Wahrsagekunst, das Ägyptische Tafel-Orakel, zeigt, wann eine Scheidung unausweichlich ist.

Sternzeichen

Die Sternzeichen sagen Ihnen, wie Ihr Partner und Ihre Kinder auf die Scheidung reagieren werden. Es ist allerdings möglich, dass andere Faktoren im Horoskop sich stärker auswirken als das Sternzeichen und sie verletzlicher machen.

Widder

Mann Erfüllt finanzielle Verpflichtungen, falls gerechtfertigt. Versucht trotzdem zu entkommen.

Frau Wilde Unabhängigkeit, glaubt aber zu wissen, was für den Mann am besten ist.

Kind Unverwüstlich bis zur Pubertät, wenn Unsicherheit und Identitätsverlust eintreten können. Verteidigt abwesendes Elternteil.

Stier

Mann Großzügig im Bezahlen, aber unfähig, loszulassen.

Frau Statusverlust tut weh. Hält durch bis zum letzten Pfennig.

Kind Schätzt Sicherheit, braucht Zeit, sich an die Trennung zu gewöhnen.

Zwilling

Mann Will befreundet bleiben. Unzuverlässig mit Unterhaltszahlungen.

Frau Unabhängig, klammert nie.

Kind Sehr anpassungsfähig, spielt vielleicht einen Partner gegen den anderen aus.

Krebs

Mann Zahlt pünktlich, klammert aber. Ist niedergeschlagen.

Frau Klammernde Märtyrerin, klebt am Geld.

Kind Leicht zu trösten, hält Gefühle zurück, gibt sich tapfer – Katastrophe kommt später.

Löwe
Mann Großzügiger Ausbund an Tugend – sagt er jedenfalls.

Frau Achtung vor verletztem Stolz, braucht Zeit, sich vom gebrochenen Herzen zu erholen.

Kind Tapfer, übernimmt dominante Rolle zu Hause.

Jungfrau
Mann Zankt um den Besitz, übermäßig besorgt. Zahlt peinlich genau.

Frau Kritisiert, sorgt sich. Geht eventuell auf Männersuche.

Kind Braucht Erklärung, geht gut damit um.

Waage
Mann Erträgt keinen Streit, deshalb nachgiebig und großzügig. Bleibt befreundet.

Frau Will ihn nicht belästigen, wird vielleicht auf Unterhalt verzichten. Findet bald neuen Partner.

Kind Versucht immer zu gefallen, sieht beide Seiten.

Skorpion
Mann Rachsüchtig, versucht ihr Leben zu ruinieren. Macht alles so schwierig wie möglich.

Frau Ebenso, Vorsicht vor ihrem Stachel!

Kind Braucht die Wahrheit. Durchdringender Einblick in die Schwächen der Eltern.

Schütze
Mann Unzuverlässig mit Finanzen, ansonsten anpassungsfähiger Freund.

Frau Unabhängig, verzichtet oft auf Unterhalt. Bleibt treue Freundin.

Kind Passt sich an, wenn genügend Raum bleibt.

Steinbock
Mann Zahlt pünktlich. Leicht Depression.

Frau Könnte in geldgierige Depressionen verfallen.

Kind Überlebenskünstler, Anlage zur Traurigkeit.

Wassermann
Mann Unzuverlässig, entrückt, Adieu Unterhalt!

Frau Vergisst schnell Scheidungsgrund.

Kind Emotional losgelöst; braucht vollständige Erklärung, dann geht das Leben weiter.

Fische
Mann Gesetzliche Verbindung ist gelöst, emotionale noch nicht. Unregelmäßig, aber großzügig mit Unterhalt

Frau Närrin, immer noch emotional gebunden.

Kind Abhängig, braucht Unmengen Liebe und Bestätigung. Schuldzuweisungen vermeiden.

Würfel-Orakel

Es gibt vielleicht einige Dinge, über die Sie in der Öffentlichkeit nicht sprechen möchten. Wenn Sie mit zwei Würfeln eine Sieben werfen, sollten Sie den Gang zum Gericht noch einmal überdenken.

Sieben Sie könnten in einen Skandal verwickelt werden.

Spielkarten

Die Karten zeigen Ihnen, ob Sie eine gute Unterhaltszahlung erwarten können. Das Spiel mischen, abheben und die oberste Karte umdrehen:

Kreuz-Neun Großzügige Unterhaltszahlung.

Pik-Ass oder -König Prozess, Rechtsanwalt und Gericht.

I Ging

Die Chinesen konsultieren immer erst das I Ging, bevor sie vor Gericht gehen. Für dieses Orakel müssen Sie eine Figur mit sechs Linien (Hexagramm) erstellen, indem Sie sechsmal drei Münzen werfen. Wenn Sie mehr Köpfe geworfen haben, ziehen Sie eine durchgezogene Linie, wenn die Zahlen überwiegen, eine unterbrochene Linie. Die Linien werden von unten nach oben gezeichnet.

21 Durchbeißen Gerichtsverhandlungen verlaufen erfolgreich.

Auf den Seiten 66–69 finden Sie die Erklärungen für andere Figuren.

Handlesen

Auch hier kann Ihre Hand zeigen, was Sie erwartet, ob Sie sich versöhnen oder scheiden lassen sollen und ob Ihr Partner Probleme machen wird.

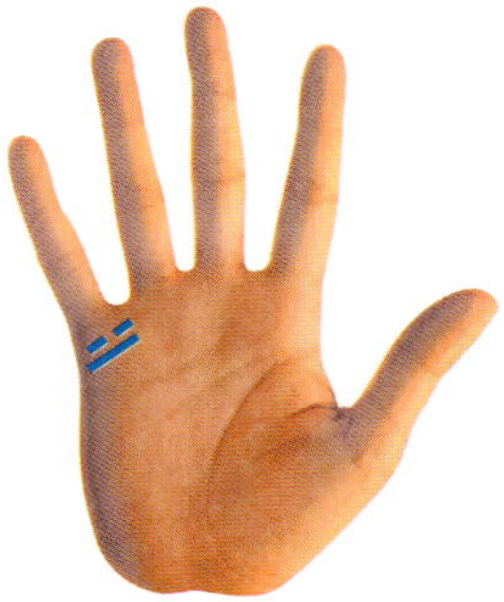

Versöhnung
Die Ehelinien sagen Ihnen, ob Ihr Liebster zurückkommen wird. Wird eine unterbrochene Linie von einer anderen Linie gestützt, ist eine Versöhnung in Aussicht.

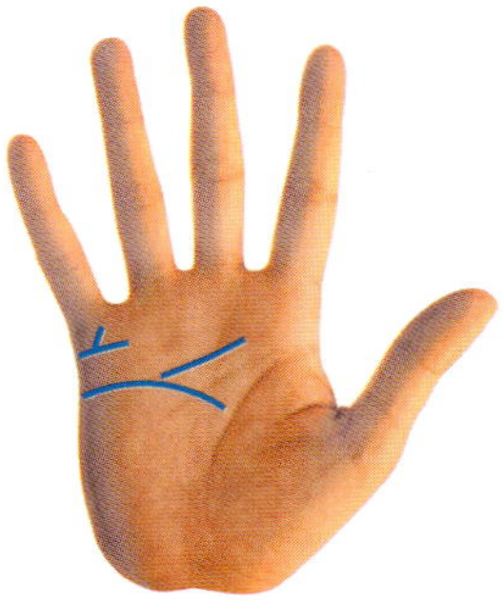

Scheidung
Wenn eine Ehelinie sich am Ende verzweigt, steht eine Trennung bevor. Wenn die Herzlinie am Ende zerfranst ist und eine neue Linie beginnt, ist eine Scheidung wahrscheinlich.

Ägyptisches Tafel-Orakel

Diese antiken Steintafeln können Sie über Trennung, Betrug, Geld oder Gerichtsverhandlungen befragen. Auf den folgenden Seiten erfahren Sie mehr über die Bedeutung.

2

4

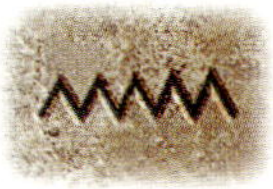

5

11

12

13

19

22

23

Ägyptisches Tafel-Orakel

Die alten Ägypter kannten mehrere Wahrsagesysteme. Sie gingen davon aus, dass die Götter alles in der Welt bestimmten. Die Zukunft konnte durch Opfergaben günstig beeinflusst werden, das Ergebnis dieser Opfer gaben dann die höheren Mächte preis. Uns scheint es, als würde beim Ägyptischen Tafel-Orakel reiner Zufall das Ergebnis bestimmen, aber die Urheber sind sich sicher, dass der weise Gott Thot die Hand führt.

Methode

Nehmen Sie einen Stift oder eine Nadel und stechen Sie wahllos auf eine Hieroglyphe auf der nächsten Seite.
Im Schlüsselfeld auf Seite 75 können Sie nachsehen, welcher Zahl die Hieroglyphe entspricht.

Die Antwort steht auf Seite 75.

1 Alleinstehender Mann: einfache, aber reiche Frau. Alleinstehende Frau: treuer Partner, schnelle Hochzeit.

2 Verlust von Freund oder Geld, Betrug in der Liebe, ungenügender Partner, verlorener Fall vor Gericht.

3 Exzellentes Schicksal, plötzlicher Reichtum, Respekt von Vorgesetzten, wichtiger Brief.

4 Brief, der Geld- oder Statusverlust ankündigt.

5 Scheidung oder Trennung der Wege.

6 Unternehmungen gehen schief.

7 Für Alleinstehende: attraktiver, reicher und ehrlicher Ehemann. Für Verheiratete: Partner aus guter Familie, Sie haben über Ihrem Status geheiratet.

8 Erwartungen erfüllen sich, Unternehmungen gelingen.

9 Für Verheiratete unter 50: möglicherweise ein Kind. Für Alleinstehende: plötzliche Heirat.

10 Freund oder Kollege kommt aus Übersee und bringt einen Vermögensanteil.

11 Treue von Mann oder Frau ist fraglich. Für Alleinstehende: Sie werden unglaublich getäuscht.

12 Erfolg in allen Unternehmungen.

13 Hoffnungen auf Geldanleihe verfliegen. Vorsicht vor Täuschung.

14 Der ältere Mann, von dem Sie abhängig sind, wird heiraten und ein Kind bekommen.

15 Obwohl Sie Ihr Ziel noch nicht erreicht haben, können Sie mit Hilfe gutgesinnter Freunde Ansehen und Vermögen erlangen.

16 Plötzliche Reise in angenehmer Gesellschaft bringt Glück, vor allem für die Familie.

17 Jetzt spötteln Sie über Orakel, aber im Geheimen vertrauen Sie darauf und werden sich blamieren.

18 Plötzliche Bekanntschaft mit dem anderen Geschlecht bringt Widerstand. Ausharren, letztlich werden Sie gewinnen.

19 Vorsicht vor denen, die Ihnen auch nur ein bisschen Geld schulden. Ein beleidigender Brief wird kommen.

20 Ein Partner, der zu viel trinkt. Trotz wenig Erfolg im Beruf werden Sie immer Geld haben, aber nicht glücklich sein.

21 Ein Brief zeigt den Tod von jemand an, den Sie zwar nicht respektiert haben, der Ihnen aber etwas vererbt.

22 Eine gefährliche Zahl. Das Ergebnis hängt von Ihrem Verhalten ab. Vorsicht, dann ist die Zukunft gut.

23 Eine unglückliche Zahl. Besonnen bleiben. Das Gesetz wird die unredliche Person verurteilen.

16

Familie und Heim

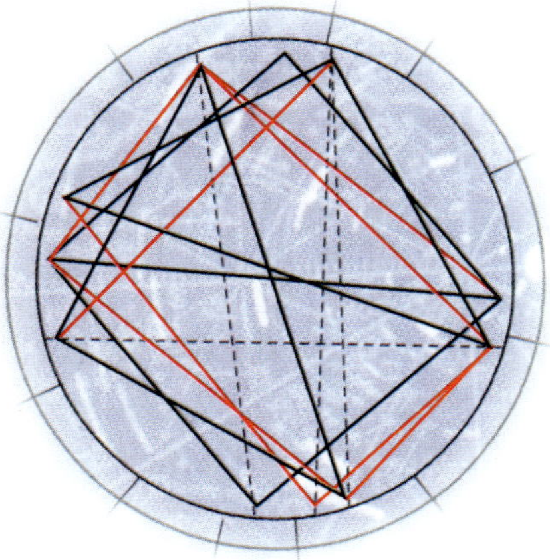

Familie und Heim liegen allen Menschen sehr am Herzen. Sie sind die grundlegende Sicherheit im Leben, alle Erfahrungen sind hier verwurzelt. Das Zuhause ist der Ort, von dem man vertrauensvoll in die Welt hinausgeht. Ein gut funktionierendes Familienleben gibt innere Stärke und einen positiven Blick in die Zukunft.

Die meisten Menschen befragen das Orakel zuerst über Liebesdinge und gehen dann zu Fragen über, die Heim und Familie betreffen. Wenn sie verheiratet sind, wollen sie wissen, wann der günstigste Zeitpunkt für ein Baby ist oder sie haben Fragen über die Zukunft ihrer Kinder. Manche möchten erfahren, ob, wann und wohin sie umziehen sollen.

Auch alle diese Fragen können von mehreren Orakeln beantwortet werden. Das Leben hat einen natürlichen Rhythmus, ein Auf und Ab der Energien. Es gibt Zeiten, in der Empfängnis und Geburt starke Kräfte sind, aber dieser biologische Druck muss nicht unbedingt zu Kindern führen. Deshalb ist die richtige Fragestellung so wichtig. Wenn Sie nur nach einem Baby fragen, könnte die Frage mit „Ja“ beantwortet werden, obwohl mit dem „Baby“ ein neues Haustier oder die Fertigstellung eines Romans gemeint sein kann.

Denn die Kreativität wirkt sich nicht immer nur biologisch aus. Es könnte sein, dass Sie einen neuen Teil Ihrer selbst gebären, ein kreatives Projekt oder einen neuen Lebensstil. Das Gleiche gilt für einen Umzug. Das Orakel könnte darunter auch eine innere Bewegung verstehen. Wenn Sie aber fälschlicherweise alle Ihre Energien auf die äußere Bewegung, also auf den Umzug konzentrieren, könnten Sie die Möglichkeiten verpassen, die eine innere Veränderung bringt.

Ist jetzt der richtige Zeitpunkt für ein Baby?

Wann sollen wir eine Familie gründen?

Wie viele Kinder werde ich haben?

Eine häufige Frage an das Orakel ist: „Werde ich einmal ein Kind haben?“ Darauf folgt meist die Frage wann, welches Geschlecht und schließlich, wie viele Kinder es sein werden. Die Würfel können hier eine schnelle Antwort geben. Andere Menschen, die vielleicht Probleme mit der Fortpflanzung haben, wollen wissen, warum das so ist und ob es sich ändern wird.

Hier hilft die Astrologie. Das Orakel für die Glückstage kann Ihnen dann mit Hilfe Ihres Geburtsdatums einen günstigen Zeitpunkt für die Fortpflanzung vorschlagen.

Auch die antike Kunst der Geomantie beantwortet seit alters her Fragen zur Fortpflanzung.

Würfel-Orakel

Kurz nach Ihrer Hochzeit erfahren Sie schon mit einem Paar Würfel, ob Sie bald ein Kind haben werden. Sorgen Sie sich nicht, wenn die Antwort nein ist, wahrscheinlich dauert es nur noch ein bisschen. Andere Ergebnisse können Sie auf Seite 161 nachsehen.

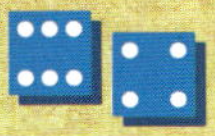

Sechs und Vier Ja!

Westliche Astrologie

Das Fünfte Haus ist das Haus der Kreativität und der Kinder. Wenn Jupiter in diesem Haus Ihres Geburtshoroskops ist, werden Sie wahrscheinlich einmal eine große Familie haben. Wenn Jupiter den unteren Teil des Horoskops durchwandert, ist das die Zeit für Fortpflanzung oder erhöhte Kreativität.

Wenn Sie Probleme mit der Fortpflanzung haben, sollten Sie nachschauen, ob Saturn im Fünften Haus sitzt. Dieser Planet steht für Verspätung oder Schwierigkeiten, und das könnte bedeuten, dass Kinder in Ihrem Leben erst später oder gar nicht vorgesehen sind.

Um das Fünfte Haus zu erhalten, zählen Sie Ihr Sternzeichen als Nummer 1 und dann gegen den Uhrzeigersinn vier Zeichen zurück. In den Astrologischen Tabellen (S. 185–188) erfahren Sie, wann Jupiter oder Saturn durch das Haus wandern.

Häuser

Zählen Sie Ihr Sternzeichen als Nummer 1

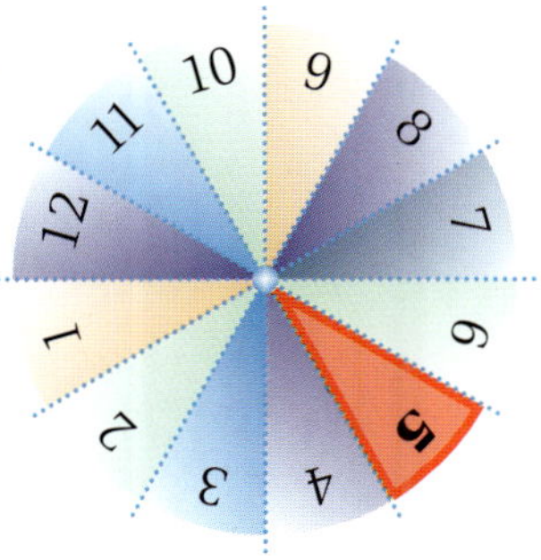

Sternzeichen

♈ ***Widder***
♉ ***Stier***
♊ ***Zwilling***
♋ ***Krebs***
♌ ***Löwe***
♍ ***Jungfrau***
♎ ***Waage***
♏ ***Skorpion***
♐ ***Schütze***
♑ ***Steinbock***
♒ ***Wassermann***
♓ ***Fische***

Beispiel

Das Fünfte Haus des Widders ist Löwe

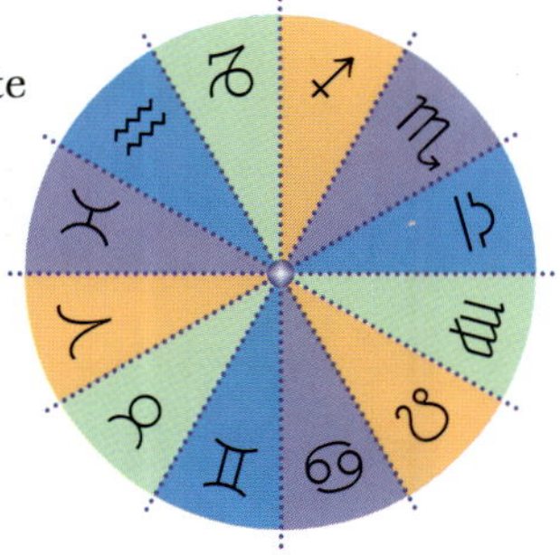

Orakel für die Glückstage

Es braucht etwas Zeit und sorgfältige Planung, aber mit einer Kombination aus Ihrer Geburtszahl (Quersumme Ihres vollständigen Geburtsdatums) dem Wochentag und der Tageszahl (Quersumme des Datums) erfahren Sie, ob es günstig ist, an diesem Tag einen Zeugungsversuch zu wagen. Am einfachsten ist dies, wenn Sie die Quersumme von einigen Tagen in der Mitte Ihres Monatszyklus ausrechnen und schauen, auf welchen Wochentag sie fallen. Dann schlagen Sie die Tabelle mit den Geburtszahlen auf (S. 139). Wenn Ihre Geburtszahl 5 ist, könnte die Tageszahl 3 und der Samstag zu einer Familie führen. Wenn Ihre Geburtszahl 7 ist, könnte eine Zeugung am Tag 1 und an einem Mittwoch dazu führen, dass Sie schwanger werden!

Geomantie

In der Geomantie werden Fragen durch zufällige Punkte auf dem Papier beantwortet. Wenn Sie wissen wollen, ob Sie jetzt ein Baby zeugen können, zeichnen Sie vier gepunktete Linien untereinander **(die Punkte nicht zählen)**. Dann addieren Sie die Punkte. Am Ende jeder Linie mit ungerader Punktzahl setzen Sie einen großen Punkt ●, am Ende jeder geraden Punktzahl zwei Punkte ●●. Auf der nächsten Seite finden Sie die einzelnen Kombinationen und ihre Bedeutung.

Wenn Sie zum Beispiel eine ungerade, zwei gerade und noch eine ungerade Linie gezogen haben, kommt folgende Figur heraus:

Carcer Ein Zeichen für Schwangerschaft.

Wenn Sie mit dem Geomantie-Horoskop arbeiten wollen, wäre Carcer im Fünften Haus am günstigsten.

Geomantie

Diese Kunst, zufällige Punkte in der Erde zu interpretieren, hat ihren Ursprung in der Wüste Nordafrikas. Heute setzt man die Punkte meist auf ein Stück Papier. Eine ungerade Punktzahl ergibt einen einzelnen Punkt, eine gerade Zahl zwei Punkte. Diese Punkte ergeben maximal sechzehn verschiedene Figuren, die jeweils eine bestimmte Bedeutung haben. Die Figuren können einzeln betrachtet werden, siehe rechts, oder in Zusammenhang mit den astrologischen Häusern gebracht werden, siehe übernächste Seite. In der Horoskop-Methode entstehen 12 Figuren, die Sie dann in die entsprechenden Häuser setzen, um eine Antwort zu finden.

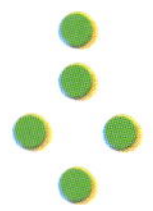

Puer Ein Junge, blond und bartlos. Männliches Prinzip. Entschiedene Handlung: dumm oder weise. Ereignisse kündigen Wachstum an. Glück im Wettbewerb. Spannende Liebesaffäre.

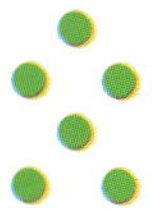

Amissio Materieller Verlust. Scheidung – kein Unterhalt. Unrentabler Handel oder Investition. Betrug. Falscher Kauf. Glück in der Liebe.

Albus Weißhaariger. Scharfsinn, Klarheit, praktischer Sinn. Autorität. Gutes Schicksal. Kommunikation. Neubeginn: neue Arbeit, Umzug. Freiheit von vergangenen Einschränkungen.

Via Weg oder Straße. Auf dem gewählten Weg bleiben. Glück in Reisen und Einzelunternehmungen, aber nicht in gemeinsamen Unternehmungen. Zeigt Weg durch Schwierigkeiten.

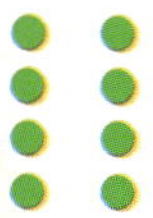

Populus Günstig für Gruppenaktivitäten. Könnte für Hochzeit stehen. Gemeinnützige Projekte. Keine Soloprojekte.

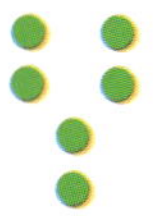

Fortuna Major Großes Vermögen, kaufmännischer Erfolg. Innere und äußere Hilfe. Ehrgeiz wird erfüllt. Zuwachs in Reichtum oder Status. Günstig für langfristige Projekte. Großes Glück.

Fortuna Minor Vermögen, Erfolg. Erfolgreiches Ergebnis für langfristige Dinge, vor allem vor Gericht. Vollendung.

Conjunctio Zusammenkommen, Treffen. Hochzeit, Bande jeglicher Art knüpfen. Zementiert bestehende Freundschaften. Neue Verbindungen werden hoch belohnt: persönlich oder geschäftlich.

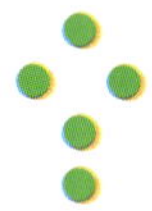

Puella Schöne, bezaubernde junge Frau. Weibliches Prinzip. Leidenschaftlich. Neue Romanze. Besseres Verständnis. Günstig für Belange von Kindern, Haushalt und Partnerschaft.

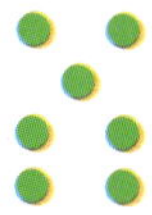

Rubeus Rothaariger. Leidenschaft, feuriges Temperament. Kraft und Stärke, Zerstörung. Lassen Sie sich nicht von starken Emotionen überrollen. Unglück, Unrecht, Skandal.

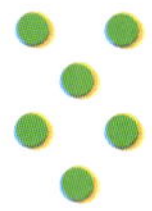

Acquisitio Anschaffung, Erfolg, Gewinn, Expansion. Weltliche Errungenschaften. Reisen, aktuell und geistig. Verbesserung im Status. Finanzielle Unterstützung kommt.

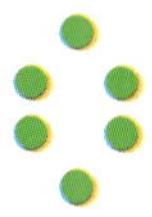

Carcer Verspätung, Hindernisse, Einschränkungen. Veränderungen geplant. Verpasste Möglichkeiten. Schwangerschaft, Geburt, neue Gedanken.

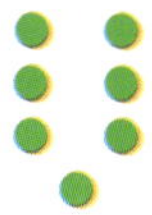

Tristitia Traurigkeit, Trauer, Verlust und Verzagtheit. Einschränkungen im Geschäft. Verlust der Stellung. Pläne misslingen. Schwelgereien.

Laetitia. Glück, Freude, Lachen. Gute Gesundheit. Ende von Zweifeln oder schwierigen Umständen. Erholung von Krankheit. Günstig für gerichtliche Entscheidungen. Feier.

Caput Draconis Die innere Schwelle. Gutes Glück. Unerwartete Entwicklung zum Besseren. Reise. Emigration/Arbeit in Übersee.

Cauda Draconis Äußere Schwelle. Günstig für Liebesdinge. Kann ein Vorläufer für Unglück sein. Erfordert Durchhaltevermögen und gute Vorsätze.

Geomantie-Horoskop

Zeichnen Sie untereinander sechzehn gepunktete Linien. Dann addieren Sie die Punkte jeder Linie. Ungerade: ein großer Punkt am Ende der Linie. Gerade: Zwei große Punkte am Ende der Linie. Jeweils vier gepunktete Linien ergeben ein geomantisches Zeichen; die ersten vier Zeichen werden „die Mütter" genannt.
Um das Zeichen 5 zu erhalten, nehmen Sie die ersten Linien der Zeichen 1–4.

Beispiel

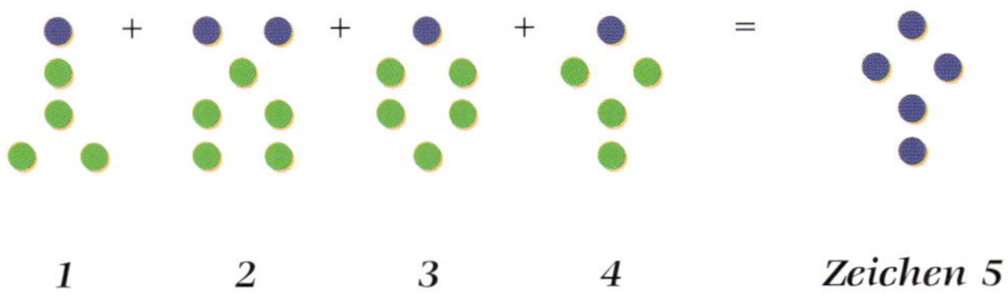

Das Zeichen 6 bildet sich aus den zweiten Linien der Zeichen 1–4; das Zeichen 7 aus den dritten Linien; das Zeichen 8 aus den vierten Linien. Für die letzten vier Zeichen, 9–12, werden jeweils zwei Zeichen addiert. Eine ungerade Punktzahl ergibt einen Punkt, eine gerade zwei Punkte:
• + •• = •; • + • = ••.
Für das Zeichen 9 addieren Sie Zeichen 1 und 2.
Für das Zeichen 10 die Zeichen 3 und 4.
Für das Zeichen 11 die Zeichen 5 und 6.
Für das Zeichen 12 die Zeichen 7 und 8.
Das Zeichen 1 setzen Sie dann in das Zehnte Haus des Horoskops, das Zeichen 2 in das Erste Haus, das Zeichen 3 in das Vierte Haus, das Zeichen 4 in das Siebte Haus, das Zeichen 5 in das Elfte Haus, Zeichen 6 in das Zweite Haus, Zeichen 7 in das Fünfte Haus, das Zeichen 8 in das Achte Haus, das Zeichen 9 in das Zwölfte Haus, das Zeichen 10 in das Dritte Haus, das Zeichen 11 in das Sechste Haus, das Zeichen 12 in das Neunte Haus.

1 *Vitalität, Leben, Gesundheit, Erkundigungen*
2 *Geld, Vermögen, Persönlicher Wert, Besitz*
3 *Geschwister, Kommunikation, kurze Reisen, Neuigkeiten*
4 *Eltern, Erbschaft, Ende eines gerichtlichen Falles*
5 *Liebe, Kinder, Vergnügen, Spekulation, Kreativität*
6 *Angestellte, Gesundheit, Beziehungen, Kleintiere*
7 *Ehe, Partner, Verträge, öffentliche Feinde, Gerichtsprozess*
8 *Tod, Erbe, Schmerz*
9 *Lange Reisen, Wissenschaft, Visionen, Kunst*
10 *Eltern, Beruf oder Handel, Ehre und Rang*
11 *Freunde, Hoffnungen, Gemeinschaft, Wünsche*
12 *Trauer, Ängste, Institutionen, verborgene Gefahren, geheime Feinde*

Wird es ein Junge oder ein Mädchen?

Viele Menschen wollen wissen, ob ihr Kind ein Junge oder ein Mädchen wird. Ihre Hand verrät es Ihnen, und auch, wie viele Kinder Sie insgesamt haben werden. Auch mit dem Pendel kann das Geschlecht des Kindes schnell festgestellt werden.

Handlesen

Die Linien auf Ihrer Hand sagen Ihnen, welches Geschlecht Ihr Kind haben wird. Eine dicke senkrechte Linie am Ansatz des kleinen Fingers Richtung Außenkante zeigt einen Jungen, eine dünne Linie ein Mädchen an.

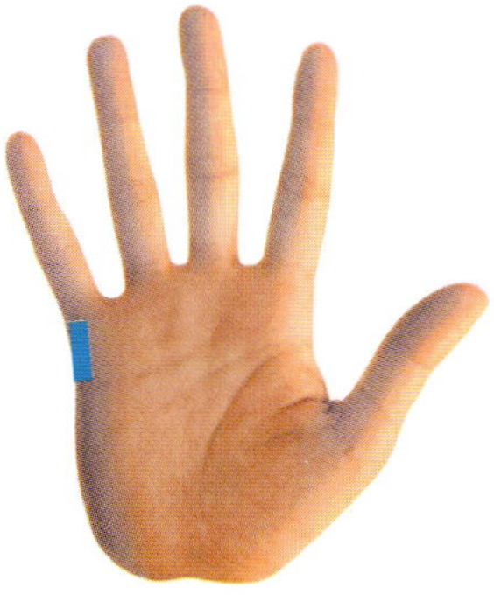

Eine dicke Line zeigt einen Jungen an

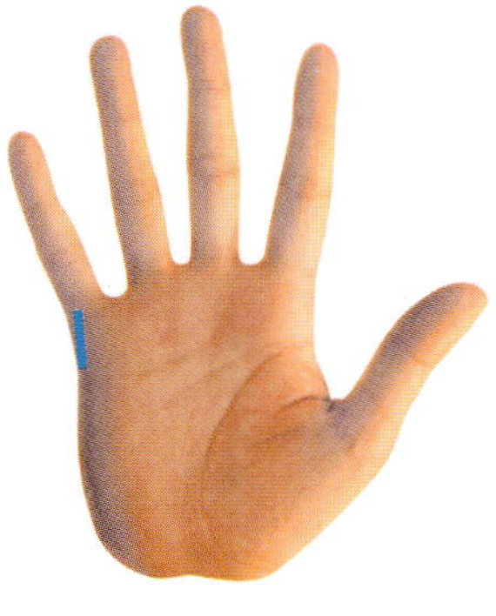

Eine dünne Linie zeigt ein Mädchen an

Pendeln

Eine traditionelle Art, herauszufinden, ob Sie einen Jungen oder ein Mädchen erwarten, ist den Ehering an ein Band zu binden und über dem schwangeren Bauch zu pendeln. Auf Seite 137 sehen Sie, wie man das „Pendel“ hält. Wenn sich der Ring im Uhrzeigersinn dreht, gibt es einen Jungen, gegen den Uhrzeigersinn ein Mädchen.

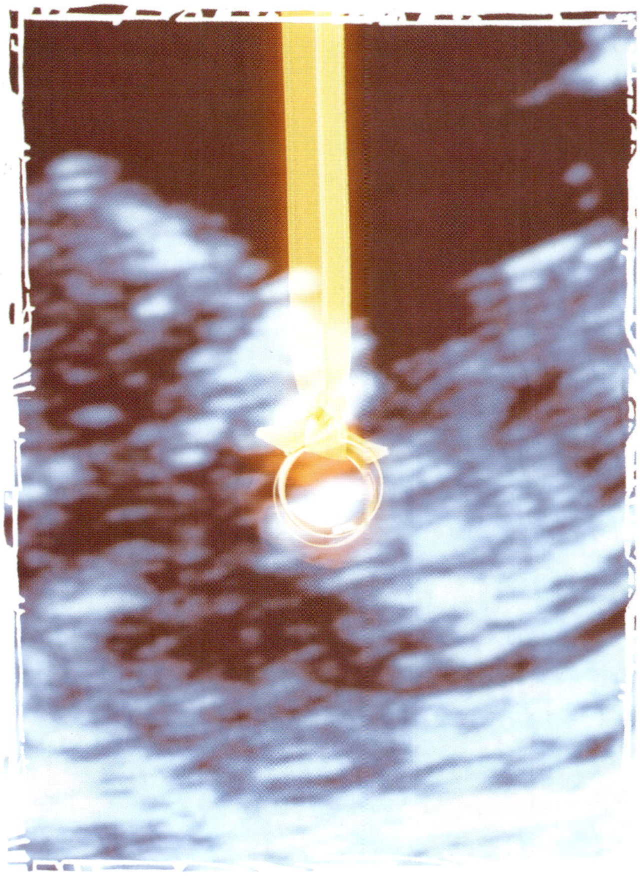

Was für ein Mensch ist mein Kind?

Wie wird mein Kind werden?

Ist mein Kind glücklich oder unglücklich?

Wird sie/er einmal schön sein?

Was sind seine Charakterzüge?

Viele Wahrsagemethoden können Ihnen verraten, welche Möglichkeiten in Ihrem Kind stecken. Das Sternzeichen beispielsweise gibt Ihnen einen tiefen Einblick in seinen Charakter. Es ist natürlich sehr spannend, zu erfahren, was in einem Kind alles steckt; die Gefahr besteht jedoch darin, das Kind dann dorthin zu treiben und ihm nicht ausreichend Zeit für die eigene Entwicklung zu geben. Sie können Ihr Kind bestärken, seine angeborenen Talente wahrzunehmen, aber achten Sie darauf, dass Sie den Fortschritt nicht blockieren, indem Sie sich zu sehr auf Ihre eigenen Vorstellungen fixieren. Es ist immer wichtig, daran zu denken, dass Möglichkeiten immer nur Möglichkeiten sind. Seien Sie flexibel, dann kann Ihr Kind am besten heranwachsen. Falls Ihr Kind aber wirklich Probleme hat, hilft Fatimas Hand, die Gründe dafür herauszufinden.

Sternzeichen

Über das Sternzeichen Ihres Kindes lernen Sie seine Stärken und Schwächen kennen und erfahren, wo es im Familienleben zu Konflikten kommen kann und welche Bereiche harmonisch sein werden.

Widder-Kind Unabhängig, „Ich"-orientiert, anspruchsvoll, energisch. Temperamentvoll, starker Wille, ungestüm, offen. Konkurriert gerne, immer bereit. Alles oder nichts. Rechthaberisch, zärtlich. Wegbereitend, fängt gut an, aber schließt nichts ab. Mutig, Draufgänger, nimmt die Welt im Sturm.

Stier-Kind Konservativ, liebt Sicherheit, zuverlässig, beharrlich. Dickköpfig. Starker Charakter. Musische, künstlerische, praktische und mechanische Fähigkeiten. Gibt nicht auf, kann aber faul sein. Arbeitstier, will nicht gedrängt werden. Treu und liebevoll. Schmust – und isst gern. Eventuell Gewichtsprobleme. Formt die Welt.

Zwilling-Kind Gesprächig, redselig, kreativ, spielerisch. Immer auf Draht, sitzt selten still. Neugierig und erfinderisch. Nervöse Energie, geistig überaktiv, spricht im Schlaf. Kurze Konzentrationsspanne. Vielseitig, schadenfroh, spitzbübischer Humor. Zwei Menschen in einem; veränderlich. Lügt. Unabhängig, schmust nicht gerne. Kommentiert die Welt.

Krebs-Kind Emotional, liebt das Zuhause, launisch. Sensibel und unsicher. Leicht verletzt; Selbstmitleid. Hartnäckig, besitzergreifend. Fantasievoll und umsorgend. Ruhig. Indirekt, nähert sich den Dingen seitlich. Geldorientiert. Klammernd, fordert Zärtlichkeiten. Versteckter Ehrgeiz. Nährt die Welt.

Löwe-Kind Dramatisch, sonnig, liebevoll, spielerisch. Eine Wonne – oder ein Tyrann. Fordert seinen eigenen Weg. Sehr kreativ. Liebt Verkleidung und Theaterspiel. Braucht Schmeicheleien und Publikum. Viele Freunde – die es dominiert. Starker Stolz. Liebt Routine. Sehr zärtlich und zeigt das gerne. Will die Welt regieren.

Jungfrau-Kind Genau, beobachtend, gehorsam, scheu. Intellektuell und praktisch. Ordentlich, liebt Routine. Wohlerzogen. Bleibt immer sauber. Kühl. Leidenschaftslos, kann sich aber über kleine Dinge aufregen. Wählerisch beim Essen. Sorgt sich um Gesundheit. Selbstkritisch – sucht unmögliche Perfektion. Braucht realistische Ziele. Dient der Welt.

Waage-Kind Betörend, künstlerisch. Will gefallen, braucht Beziehungen. Unentschieden. Entspannt, mag keinen Streit. Taktvoll; lügt, um andere nicht zu verletzen. Kann nicht Nein sagen. Mag Tiere. Sensibel, braucht Zärtlichkeit. Gerechtigkeitsliebend. Harmonisiert die Welt.

Skorpion-Kind Geheimnisvoll, heftig, unergründlich. Starker Willen, unbarmherzig. Treu. Liebt die Einsamkeit. Große Fantasie. Anpassungsfähig und verständnisvoll. Eifersüchtig und besitzergreifend. Braucht Sicherheit und Routine. Starkes Temperament, kann zerstörerisch sein. Grollt ewig.

Schütze-Kind Unabhängig, ungehemmt, aktiv, freiheitsliebend, braucht Raum. Neugierig, natürlicher Entdecker, keine Angst. Spontan, sorglos, disziplinlos und grenzenlos. Gesprächig, offen, freundlich, fragt immer. Entweder sportlich oder unkoordiniert. Taktlos. Schlechter Lügner. Ist gerne gebildet. Mag keine Zärtlichkeiten.

Steinbock-Kind Selbständig, vorsichtig, ernst. Spätentwickler. Arbeitet hart, hält sich an Regeln, mag Grenzen. Starkes Verantwortungsbewusstsein. Pessimistisch, gleicht das aus durch ausgeprägten Humor. Liebt Geschichte und Traditionen. Ehrgeizig, sucht sozialen Status schon in der Kindheit. Geldorientiert. Will die Welt erobern.

Wassermann-Kind Rebellisch, unabhängig, Wahrheitssucher. Offener Geist, zukunftsorientiert, experimentierfreudig. Fühlt sich zur Wissenschaft und zum Bizzaren und Komischen hingezogen. Setzt Trends. Vergisst die Zeit. Mag keine Zärtlichkeiten. Kümmert sich um soziale, wohltätige und ökologische Belange. Könnte die Welt retten.

Fische-Kind Träumerisch, künstlerisch, fantasieorientiert. Leicht beeinflussbar. Verwechselt Einbildung mit Realität. Mag keine Verantwortung. Braucht Grenzen. Gefühlsstark, sucht Trost und Zärtlichkeiten. Mitfühlend. Kein Wettbewerb. Anfällig für Genusssucht. Spiel wird Realität. Will die Welt vereinen.

Fatimas Hand

Viele Menschen geben ihren Kindern Namen, ohne über deren Wirkung nachzudenken. Fatimas Hand (S. 30) bringt Licht in diese Problematik. Sie hilft auch, Ihr Kind besser zu verstehen und verborgene Gründe für sein Unglücklichsein herauszufinden.

Folgen Sie den Anweisungen, dann erhalten Sie die Individuelle Zahl Ihres Kindes. Wenn das die 17 ist und das Kind Probleme in der Schule hat, könnte die Unfähigkeit, sich zu konzentrieren, daran schuld sein. 18 würde darauf hinweisen, dass es an der Dickköpfigkeit liegt, während eine Opfermentalität bei der Zahl 1095 Schikanen provozieren könnte. Ein Kind mit der Zahl 6 könnte in seinem Perfektionismus das Ziel zu hoch gesteckt haben, während einem Kind mit der Zahl 5 Glück, Reichtum und eine glückliche Heirat bevorstehen.

Unangebrachte Fragen

Einige Menschen fixieren sich zu sehr auf das Orakel und treffen überhaupt keine Entscheidungen mehr, bevor sie nicht ihr Lieblingsorakel befragt haben. Wenn man sich aber zu sehr auf das Orakel verlässt, erhält man schließlich nur noch die Antworten, die man möchte, und erfährt nicht mehr das, was eintreffen wird. Es könnte auch sein, dass man versucht, etwas unbedingt geschehen zu lassen und andere Möglichkeiten blockiert, obwohl die Antwort vielleicht falsch interpretiert wurde oder die Frage nicht angebracht war. Es gibt einige Fragen, die bei einem Orakel einfach nicht angebracht sind, zum Beispiel: „Schwänzt mein Kind die Schule?“ Vernünftig wäre es in diesem Fall, die Schule direkt zu fragen.

Wie werden wir miteinander auskommen?

Warum streiten wir uns immer?

Warum verstehen wir uns nicht?

Wenn Sie sich häufig mit Ihrem Kind streiten, hilft es oft weiter, wenn man weiß, wie gut man eigentlich grundsätzlich zusammenpasst. Denn man lernt dadurch, das Kind als Individuum zu sehen und die Unterschiede zu akzeptieren, anstatt dagegen anzukämpfen.

Sternzeichen

Um zu wissen, wie gut Sie zu Ihrem Kind passen, vergleichen Sie unten Ihre beiden Sternzeichen miteinander.

•	Leicht, keine Reibung
••	Leicht, gute Freunde
•••	Leicht, gegenseitige Bewunderung
••••	Gleiche Aussichten, aber einige Konflikte
•••••	Ausgeglichen, einige Diskussionen
••••••	Herausforderungen; ungleich oder zu ähnlich
•••••••	Wenig Verbindung und Kontakt
••••••••	Schwierig, jeder will seinen eigenen Weg
•••••••••	Totale Gegensätze

	♈	♉	♊	♋	♌	♍	♎	♏	♐	♑	♒	♓
♈ **Widder**	••••••	•••••••••	••	•••••••	•••	•••••••	••••	••••••	•••	•••••	••	••••••••
♉ **Stier**	•••••••••	••••••	••••••••	••	••••••	••••	••••••	••••	•••••••	•••	••••••	•
♊ **Zwilling**	••	••••••••	•••••	••••••••	••	••••	•••	•••••••	••••	•••••••	•••	••••••••
♋ **Krebs**	••••••	•	••••••••	•••••	••••••••	••	••••••	••••••	•••••••	••••	•••••••	•••
♌ **Löwe**	••	••••••	••	•••••••	•••••	•••••••	•••	••••	•••	•••••••	••••	•••••••
♍ **Jungfrau**	•••••••	•••	••••••	••	••••••••	••••	••••••••	••	•••••••	•••	•••••••	•••••••
♎ **Waage**	••••	••••••	•••	••••••	••	•••••••••	•••••	•••••••••	••	••••••	•••	••••••
♏ **Skorpion**	••••••	••••	•••••••	••••	••••••	••	•••••••••	••••••	••••••••	•	••••••	•••
♐ **Schütze**	•••	•••••••	••••	••••••	•••	•••••••	••	••••••	••	••••••••	•••••	•••••
♑ **Steinbock**	•••••••	•••	••••••••	••••	••••••••	•••	•••••	••	••••••••	•••••	••••••	••••••••
♒ **Wassermann**	•••	••••••	•••	••••••••	••••	•••••••	••	••••••	••	•••••••	•••••	••••••••
♓ **Fische**	••••••••	••	•••••••	••	•••••••	••••	•••••••	•••	•••••	•••	••••••••	•••••

Westliche Astrologie

Die Astrologie kombiniert Schicksal und freien Willen und geht davon aus, dass die Geburtszeit den Charakter und die Lebensaussichten bestimmt – das heißt, sie zeigt ein Bild des Schicksals und die Möglichkeit, über dieses Schicksal hinauszuwachsen.
Der Tierkreis ist unterteilt in zwölf Zeichen, die die Sonne im Laufe eines Jahres durchwandert. Die Planeten bewegen sich mit unterschiedlicher Geschwindigkeit durch den Tierkreis, einige brauchen einen Monat (der Mond) andere mehrere Menschenleben (Neptun und Pluto). Das Horoskop wird unterteilt in Häuser, in denen sich die Planeten befinden. Die Beziehung, die diese Planeten zueinander und zu den einzelnen Sternzeichen in der Geburtsstunde hatten, bestimmt die inneren Qualitäten der betreffenden Person. Die Zukunft wird dadurch bestimmt, wie die Planeten sich weiterbewegen.

Ein Geburtshoroskop ist ein „eingefrorener" Moment. Es zeigt das wahrscheinliche Verhalten, die Reaktion auf Herausforderungen, welche Erwartungen man hat, ob man extrovertiert oder introvertiert ist und welche Interessen man entwickelt. Das Horoskop ist aber nicht statisch, sondern verändert sich, da auch die Planeten sich bewegen. Diese Bewegungen, die Transite, öffnen Potenziale und neue Möglichkeiten.

Was man wird

Ein Horoskop ist wie ein Samen. Aus einem Apfelsamen kann zwar keine Rose wachsen, aber er kann der schönste und größte Apfelbaum der Welt werden. Mit anderen Worten, ein Samen kann sein Potenzial vollkommen ausschöpfen. Wenn er gut gepflegt wird und viel Licht bekommt, wird er sich gut entwickeln. Wenn er vernachlässigt wird und im Dunkeln wachsen muss, wird er verkümmern. Bei den Menschen ist es genauso. Wenn ein Kind darin bestätigt wird, ganz es selbst zu sein, wird es erblühen.

Freier Wille und Astrologie

Im Laufe der Entwicklung gibt es immer wieder entscheidende Momente, in denen der freie Wille wichtige Veränderungen einleiten und den Menschen zur Vollkommenheit heranwachsen lassen kann – sei es zu einer Rose oder zu einem Apfel. Jemand, der fatalistisch denkt, nimmt diese entscheidenden Momente als von außen gegeben hin, als etwas, über das er keine Kontrolle hat. Aber durch den freien Willen werden diese Momente doch zu einer Möglichkeit der Kontrolle.

Das Geburtshoroskop

Das Geburtshoroskop errechnet sich aus Datum, Ort und Zeit der Geburt. Gegenüber sehen Sie das Horoskop dieses Buches. (Der erste Kontakt mit dem Verleger.) Meine Bücher sind für mich „Kinder", die ich geboren habe. Das Horoskop hat einen metaphysischen Skorpion-Aszendenten (wie es sich zeigt) und die Himmelsmitte (Mc = Medium coeli) in der analytischen Jungfrau (wohin es strebt). Der weitsichtige Wassermann ist das kommunikative Dritte Haus, und Merkur, der den Geist repräsentiert, sitzt im magischen Achten Haus. Meister Pluto versteckt sich im fragenden Zeichen Schütze, im Ersten Haus. Perfekt für ein Buch, das die Geheimnisse der Zukunft ergründen will! Die Sonne befindet sich im Löwen, im Neunten Haus der Veröffentlichung. Die Idee hat viel Triebkraft und Energie, vor allem durch den ausdehnenden Planeten Jupiter, der im Fünften Haus der Kreativität sitzt. Der weitsichtige, durchdringende

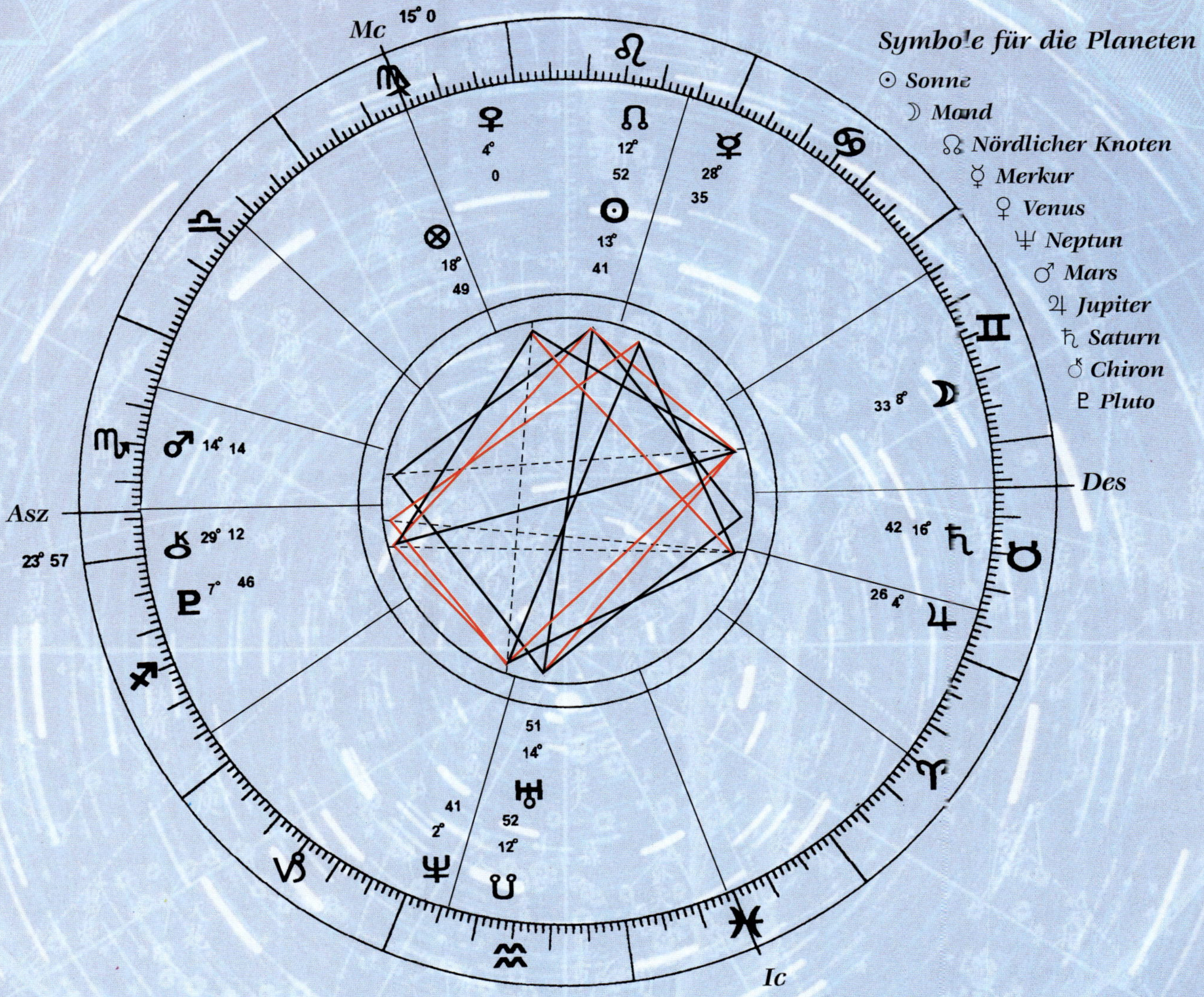

Die Sternzeichen (Äußerer Ring) Die Position der Sternzeichen richtet sich nach der Geburtszeit.

Der Aszendent (Asz) Das ist das Sternzeichen, das zur Geburtszeit am Horizont aufgeht.

Die Planeten (Mittlerer Ring) Die Stellung der Planeten richtet sich nach der Geburtszeit.

Die Häuser (Symbole im mittleren Ring) In diesem Horoskop wird die Placidus-Methode verwendet, würde man gleiche Häuser verwenden, ergäbe sich eine etwas andere Struktur.

Die Aspekte (Innerer Ring) Die geometrischen Verbindungen zwischen den Planeten zur Geburtszeit.

Neptun bedeuten die persönlichen Mittel, die ich mitbringe (das Zweite Haus), während Merkur im Krebs die Betreuung durch den Verleger repräsentiert. Das Buch scheint eine große Zukunft vor sich zu haben.

Die Häuser

In der Astrologie gibt es verschiedene Systeme der Häusereinteilungen. Hier wird die „schnelle" Methode der gleichen Häuser angewandt. Gezeigt wird der Hintergrund, durch den sich die Planeten bewegen. Es gibt noch andere Methoden, die hier aber nicht von Bedeutung sind. Das Beispiel-Horoskop wendet die Placidus-Methode an. Jedes Haus bezieht sich auf einen Lebensbereich:

Erstes Haus Individualität, Beginn der Inkarnation.
Zweites Haus Persönliche Mittel und Werte.
Drittes Haus Kommunikation, Kurzreisen, Geschwister.
Viertes Haus Familie und Wurzeln.
Fünftes Haus Kreativität, Liebesaffären, Kinder.
Sechstes Haus Gesundheit und Berufung.
Siebtes Haus Partnerschaft und Ehe.
Achtes Haus Erbe, geteilter Besitz, Metaphysik, Tod und Wiedergeburt.
Neuntes Haus Philosophie, Erziehung, lange Reisen
Zehntes Haus Familie, Arbeit, Umgebung.
Elftes Haus Gruppen, Hoffnungen, Wünsche.
Zwölftes Haus Das Verborgene.

Planeten und Sternzeichen

Planeten aktivieren und energetisieren. Wenn Sie durch die Zeichen wandern, nehmen sie deren Qualitäten an. So funktionieren sie:

Ungestüm und feurig im ***Widder***
Produktiv und konkret im ***Stier***
Überzeugend und mannigfaltig im ***Zwilling***
Schützend und weitschweifend im ***Krebs***
Sprudelnd und stark im ***Löwen***
Kritisch und logisch in der ***Jungfrau***
Kooperativ und ausgleichend in der ***Waage***
Scharfsinnig und intensiv im ***Skorpion***
Fragend und enthusiastisch im ***Schützen***
Autoritär und konservativ im ***Steinbock***
Sachlich und weitsichtig im ***Wassermann***
Formlos und fantasievoll in den ***Fischen***

Progressives Horoskop

Da die Horoskope nicht fest und statisch sind, benutzen Astrologen die sogenannte Progression, um zu sehen, wie unser Leben sich entwickelt und welche neuen Einflüsse wichtig werden, aber das würde den Rahmen dieses Buches sprengen.

Transite

Wenn die Planeten sich am Himmel weiterbewegen, haben sie einen Einfluss auf die Planeten im Geburtshoroskop. Diese Transite helfen Ihnen in diesem Buch, bestimmte Dinge besser zu planen und Möglichkeiten wahrzunehmen.

Sternzeichen in der Astrologie

Während Ihr Horoskop das Bild einer einzigartigen Person zeigt, nämlich Sie, haben die Sternzeichen eine Tendenz zu einem gewissen Verhalten, zu einer Persönlichkeit mit bestimmten Charakterzügen. Der Widder ist beispielsweise ungestüm, der Steinbock vorsichtig. Andere Faktoren in Ihrem Horoskop können diese Tendenzen verdecken oder verstärken, aber sie werden immer da sein. Sie kommen an die Oberfläche, wenn der betreffende Planet durch Ihr Sternzeichen wandert und äußere Ereignisse in Ihrem Leben hervorruft, die sehr viel zu tun haben mit Ihrem inneren Wachstum.

Widder
21. März–20. April
Initiative, Mut, Impulse, Unternehmungen, Stoßkraft, Leidenschaft, Anführer, Geltungsbedürfnis.

Stier
21. April–21. Mai
Ausdauer, Standhaftigkeit, Produktivität, praktischer Sinn, Sicherheit, Fixiertheit, Sensibilität, Dickköpfigkeit.

Zwilling
22. Mai–21. Juni
Vielschichtigkeit, Anpassungsfähigkeit, Dualität, Falschheit, Vielseitigkeit, Neugier, Geselligkeit, Oberflächlichkeit.

Krebs
22. Juni–23. Juli
Emotionalität, Mitgefühl, Pflege, Verteidigung, Verletzlichkeit, Klammern, Hartnäckigkeit, Ehrgeiz.

Löwe
24. Juli–23. August
Herrschaftswesen, Stolz, Enthusiasmus, Schauspiel, Selbstsicherheit, Großzügigkeit, Überheblichkeit, Ausgelassenheit.

Jungfrau
24. August–23. September
Unterscheidung, Analyse, Kritik, Tüchtigkeit, Perfektionismus, Dienst, Reinheit, Fruchtbarkeit.

Waage
24. September–23. Oktober
Verwandtschaft, Partnerschaft, Zusammenarbeit, Diplomatie, Versöhnung, Unentschiedenheit, Kompromiss, Urteil.

Skorpion
24. Oktober–22. November
Intensität, Herrschaft, Anziehungskraft, Durchdringung, Macht, Sexualität, Geheimnisse, Umwandlung.

Schütze
23. November–21. Dezember
Suche, Befragung, Abenteuer, Spontanität, Optimismus, Taktlosigkeit, Philosophie, Freiheit.

Steinbock
22. Dezember–20. Januar
Autorität, Disziplin, Bewahrung, Vorsicht, Verantwortung, Stetigkeit, Sündenbock, Gesellschaft.

Wassermann
21. Januar–19. Februar
Loslassen, Revolution, Vernunft, Exzentrizität, Idealismus, Brüderschaft, Weitsicht.

Fische
20. Februar–20. März
Mitgefühl, Mystik, Beeindruckbarkeit, Aufnahmefähigkeit, Schwanken, Fantasie, Geschmeidigkeit, Übersinnlichkeit.

Der Tierkreis

Der Tierkreis, ein Band ineinander fließender Energien, ist anfangs etwas schwer zu lesen, denn man beginnt beim Sternzeichen Widder, das sich auf einer Uhr bei neun Uhr befinden würde, und liest dann gegen den Uhrzeigersinn.

Das äußere Band des Kreises zeigt die Symbole der einzelnen Sternzeichen. Man sagt, dass die Symbole den Charakteristika der Sternzeichen entsprechen, die Waage wägt Dinge ab wie ihr Symbol, die Waage.

Jedes Zeichen entspricht einem Element, das auf dem dritten Band eingezeichnet ist. Es gibt vier Elemente: Feuer, Erde, Luft und Wasser. Zu jedem Element gehören vier Zeichen. Die Zeichen des gleichen Elements teilen bestimmte Charakteristika und beschreiben, wie derjenige in die Welt tritt. Wenn die Sonne also in einem Feuerzeichen steht (Widder, Löwe und Schütze), sind Sie feurig und extrovertiert, positiv und ungestüm. Mit der Sonne in der praktischen Erde (Stier, Jungfrau und Steinbock) sind Sie viel zurückhaltender. Erdzeichen stehen für Sicherheit und sorgfältige Planung. Luftzeichen (Zwilling, Waage und Wassermann) sind rege, kommunikativ und innovativ. Die Wasserzeichen (Krebs, Skorpion und Fische) sind emotional und gefühlsorientiert.

Das vierte Band zeigt, ob ein Zeichen kardinal, fest oder beweglich ist. Es gibt ein kardinales Feuerzeichen: Widder, ein festes: Löwe, und ein bewegliches: Schütze und so weiter. Die Qualitäten beschreiben, wie die Energien der jeweiligen Person fließen.

Kardinale Zeichen sind aktiv, unternehmerisch und extrovertiert und suchen die Herausforderung. Das kardinale Zeichen des Elements ist am eindringlichsten, relativ gesehen. Steinbock ist also das autoritärste und wagemutigste Erdzeichen, aber immer noch vorsichtig wegen seiner Erdnatur. Die festen Zeichen sind genau das, was der Name ausdrückt. Steif, hartnäckig gegen Veränderungen, und sie lieben die Routine. Der standfeste Stier ist am verwurzeltsten unter den Erdzeichen. Die beweglichen Zeichen lieben die Veränderung, sind flexibel und anpassungsfähig. Die Jungfrau, das bewegliche Erdzeichen, durchbricht ihre natürliche Resistenz gegen Veränderung aufgrund dieses beweglichen Elements.

Außerdem werden die Zeichen auch noch in „positiv" und „negativ" aufgeteilt, das ist aber keine bewertende Qualität. Positiv heißt hier nach außen gehend, negative Zeichen sind passiv und reflektierend. Die Zeichen stehen so, dass die Feuer- und Luftzeichen positiv sind und die Erd- und Wasserzeichen negativ.

Jedes Horoskop ist ein komplexer, ineinander fließender See an Energien. Viele Planeten in einem kardinalen Zeichen können zum Beispiel ein passives Sternzeichen überdecken. Andere sind vielleicht beweglich und negativ und halten so ein ansonsten draufgängerisches Sternzeichen zurück. Deshalb ist ein individuelles Horoskop so wichtig.

Der Schlüssel

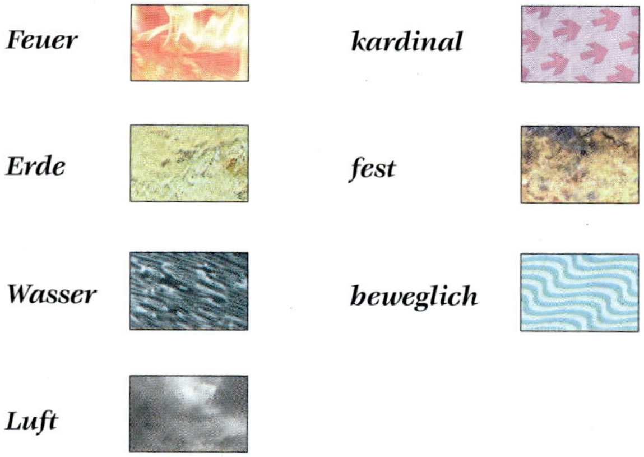

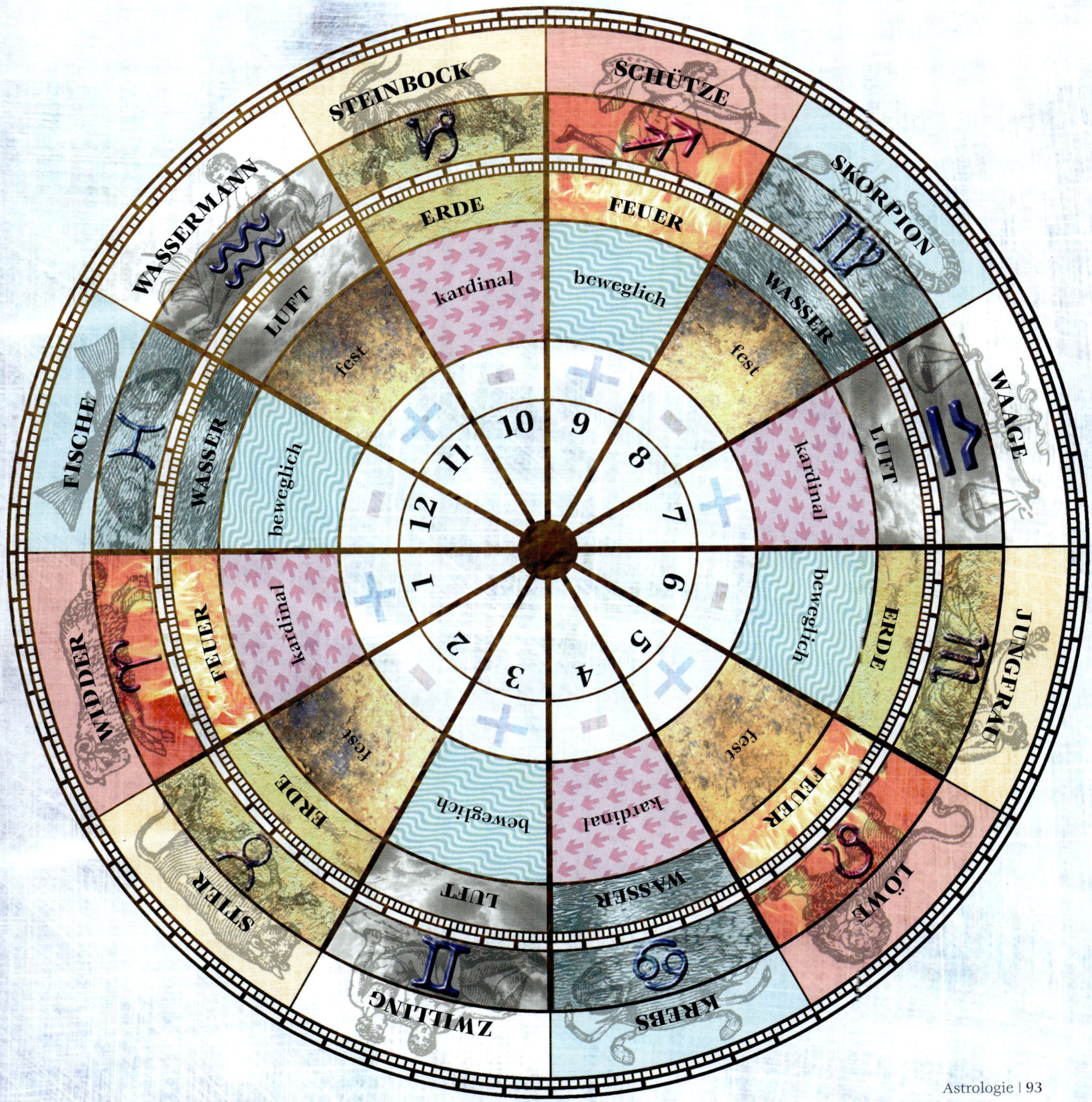
STEINBOCK
SCHÜTZE
SKORPION
WAAGE
JUNGFRAU
LÖWE
KREBS
ZWILLING
STIER
WIDDER
FISCHE
WASSERMANN
ERDE
FEUER
WASSER
LUFT
ERDE
FEUER
WASSER
LUFT
ERDE
FEUER
WASSER
LUFT
kardinal
beweglich
fest
kardinal
beweglich
fest
kardinal
beweglich
fest
kardinal
beweglich
fest
1
2
3
4
5
6
7
8
9
10
11
12

Was ist los in meiner Familie?

Denkt meine Familie oft an mich?

Werden mich meine Eltern unterstützen bei dem, was ich vorhabe?

Verheimlichen mir einige Familienmitglieder etwas?

Oft kommen Zweifel auf, wenn man längere Zeit von der Familie getrennt war. Vielleicht haben auch Sie ein Geheimnis, von dem die Familie nichts weiß – in dem Fall können die Dominosteine Ihnen die Angst vor der Mitteilung nehmen. Vielleicht haben Sie auch das Gefühl, dass einige Familienmitglieder etwas vor Ihnen verheimlichen oder verstecken. Mit dem Ägyptischen Tafel-Orakel, dem 36-Quadrat-Orakel und dem Rad des Schicksals finden Sie heraus, ob etwas verheimlicht wird, und was es ist.

Ägyptisches Tafel-Orakel

Die Tafeln helfen vor allem herauszufinden, ob etwas verborgen wird. Schlagen Sie die Seite 74 auf, und wählen Sie nach dem Zufallsprinzip irgendeine Hieroglyphe aus. Lesen Sie dann die Bedeutung; einige Antworten sind vielleicht etwas unklar, aber die meisten können Ihnen weiterhelfen, so wie beispielsweise diese hier unten.

4 Könnte Arbeitslosigkeit oder Aktienverluste bedeuten.

5 Eine Trennung wird in Betracht gezogen.

11 Untreue oder ein anderer Betrug könnte Probleme verursachen.

20 Vielleicht wurde ein Alkoholproblem aufgedeckt.

Das 36-Quadrat-Orakel

Die Spielkarten können aufzeigen, ob Sie von Ihrer Familie getäuscht werden und was Sie tun sollten. Das Spiel mischen und in sechs mal sechs Reihen auslegen. Schauen Sie die Karte in der Position 20 (Betrug) an.

Herz Jemand in Ihrer Familie könnte etwas gegen Sie aushecken, wird aber selbst in die Grube fallen.

Pik Decken Sie auf, was Sie bewegt, sonst könnte Ihr Ruf schwer beschädigt werden.

Karo Bleiben Sie ruhig, was immer es auch sein wird, es hat wenig Bedeutung und ist bald vorbei.

Kreuz Wenn Sie vermuten, dass etwas vor sich geht, sollten Sie mit einem vertrauten Familienmitglied darüber reden.

Das Rad des Schicksals

Das Rad des Schicksals hilft Ihnen zu verstehen, was in der Familie vor sich geht und wie Sie davon beeinflusst werden. Schlagen Sie Seite 132 auf, und legen Sie Ihren Finger unter die Familienabteilung. Mit geschlossenen Augen stecken Sie über Ihrem Finger eine Nadel in das Buch. Dann lesen Sie die Antwort.

1, ***2*** und ***3*** Es könnte eine finanzielle Intrige im Anzug sein.
4 Gestörte Verhaltensmuster, die Sie von Ihrer Familie übernommen haben, halten Sie zurück. Eine Therapie könnte Erleichterung verschaffen.

6 Hier ist ein Tod angezeigt, aber im Orakel muss das nicht der wirkliche Tod sein, sondern könnte das Ende von irgendetwas bedeuten. Falls jemand die Familie verletzt, sollten Sie jetzt die Zeit nutzen und alles sagen, was gesagt werden muss, damit Sie in Zukunft nichts bedauern.

Dominosteine

Die Dominosteine sagen Ihnen, ob Sie von Ihrer Familie unterstützt werden. Legen Sie die Steine verdeckt auf den Tisch. Konzentrieren Sie sich auf die Frage, mischen Sie und decken Sie einen auf:

Doppelsechs Hilfreiche, unterstützende Eltern.

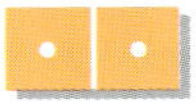
Doppeleins Die Eltern helfen vor allem, wenn eine Entscheidung Mut verlangt.

Vier-Zwei Familienumbruch. Antwort vielleicht das Gegenteil von dem, was Sie erwarten.

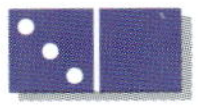
Drei-Leer Schwäche oder Eifersucht in der Familie könnte zu wenig Unterstützung führen.

Ist die Zeit günstig für einen Umzug?

Können wir jetzt gut verkaufen?

Ein Umzug ist eine wichtige Angelegenheit. Eine schnelle Antwort erhalten Sie mit Hilfe der Runen, während die Numerologie Ihnen sagen kann, in welchem Lebenszyklus Sie sich momentan befinden. Die Numerologie ist nicht fest und statisch, sie richtet sich nach einem Neunjahreszyklus, der einen bestimmten Einfluss auf jedes Jahr ausübt, also für die Zeit von Geburtstag zu Geburtstag. Wenn Sie sich auf diese sich entwickelnden Zyklen einstimmen, können Sie das Beste aus den gegebenen Möglichkeiten machen, können im richtigen Moment richtig handeln und erkennen, wann es besser ist, auf einen günstigeren Zyklus zu warten.

Viele Menschen wollen umziehen, wenn sie spüren, dass sich in ihrem Leben etwas verändern muss. Sie glauben, durch den Umzug alle Probleme hinter sich zu lassen. Es ist sicher unnötig zu sagen, dass die Probleme bald wieder auftauchen werden. Es ist deshalb sinnvoller, zuerst ein Orakel zu befragen, welche Veränderungen man durchführen sollte, als erst umzuziehen und dann zu hoffen, dass in einem neuen Haus alles besser wird.

Runen

Wenn Sie wissen möchten, ob die Zeit günstig ist für einen Umzug, nehmen Sie eine Rune aus Ihrem Runenbeutel (s. S. 166-169). Ist es eine von diesen?

Othila (Umgedreht) Könnte ein Zeichen für Probleme mit Grundbesitz sein. Es wäre besser, noch ein bisschen zu warten.

Ehwaz Seine Verbindung zum Reisen könnte einen Umzug in eine entfernte Gegend oder eine Arbeit im Ausland bedeuten.

Thurisaz Es wäre wohl besser, sich auf innere Umstellungen zu konzentrieren, als sich äußerlich zu verändern.

Ansuz Zeit für einen Umzug.

Jera Ein Neustart. Gute Zeit für die Suche nach einem Haus.

Eithwaz Warteperiode. Verkauf oder Kauf dauert lange; es könnte etwas dazwischen kommen.

Numerologie

Mit dem Neunjahreszyklus der Numerologie können Sie das günstigste Jahr für einen Umzug oder für ein neues Projekt wählen. Ihre Jahresschwingungszahl zeigt Ihnen, in welcher Phase Sie sich befinden. So können Sie das Potenzial des jeweiligen Jahres maximieren.

Ihre Persönliche Jahresschwingungszahl erhalten Sie, indem Sie Tag und Monat Ihrer Geburt und die aktuelle Jahreszahl niederschreiben. Dann zählen Sie die einzelnen Ziffern zusammen, bis eine einzelne Ziffer übrig bleibt.

Beispiel

Wenn Sie am 14. März geboren sind, und wir haben 2001, dann ist Ihre persönliche Jahreszahl 2 (1 + 4 + 3 + 2 + 1 = 11 = 1 + 1 = 2).

Der Neunjahreszyklus

Jahr 1 Neubeginn Zyklus beginnt. Planen, Pflanzen. Auf eigenen Beinen stehen. Initiieren, unterscheiden. Selbstvertrauen, Unabhängigkeit. Mentor suchen. Gute Zeit für Umschulung oder Hauskauf.

Jahr 2 Kooperation Keimzeit. Arbeit mit anderen. Große Entscheidungen vermeiden. Persönliche Bedürfnisse nach der Partnerschaft richten. Möglicher Betrug. Nicht geeignet für Umzug.

Jahr 3 Aktivität Wachstum. Soziales, Reisedrang. Ideen ausführen. Ernten, was gesät wurde. Verletzlichkeit. Gewichtszunahme. Gut für Miete.

Jahr 4 Stabilität Fester Grund. Wurzeln schlagen. Rückschau halten, reflektieren. Auf die Arbeit konzentrieren. Erwerb von Geld und Besitz. Klären, was über den Kopf gewachsen ist. Kaufen.

Jahr 5 Gelegenheit Erste Früchte. Aktiv in allen Bereichen. Möglichkeiten, Wahl. Freiheit von Routine. Beste Kommunikation. Sexueller Magnetismus; neue Beziehungen. Vorsicht vor Energieverlust. Gut für Umzug.

Jahr 6 Vision Früchte teilen. Fülle und Großzügigkeit. Heim und Familie – mehr Verantwortung. Heirat möglich. Gerichtsurteil bringt Harmonie. Gute Zeit für Kauf. Schwierigkeiten bereinigen, sonst Trennung.

Jahr 7 Dankbarkeit Rückzug. Entspannen, Früchte der Arbeit genießen. Gesundheit. Bedürfnis nach Einsamkeit. Rückschau. Gut für Studium. Bleiben oder mieten.

Jahr 8 Fülle Früchte ernten. Karmischer Ausgleich: Fortschritt oder Verlust. Druck, Verantwortung. Erbe oder Geldgewinn. Intensive sexuelle und spirituelle Verbindungen. Ein Jahr warten mit dem Umzug.

Jahr 9 Vollendung Ende des Zyklus. Runterkommen, loslassen, ruhiges Reflektieren. Arbeits- oder Ortswechsel. Unvermeidlicher Wechsel. Gemeinnützige Arbeit. Nicht am Alten klammern, gut für Umzug.

Ist das der richtige Ort für mich?

Wohin soll ich ziehen?

Die japanische Neun-Sterne-Astrologie ist sehr hilfreich für einen Umzug. Sie zeigt Ihnen, in welche Himmelsrichtung Sie sich am besten entfalten und welche Sie vermeiden sollten. In bestimmten Richtungen und Gebieten können Sie auch neue Energien schöpfen, die Sie vielleicht für einen neuen Weg benötigen, beruflich oder privat.

Neun-Sterne-Astrologie

Dieser Zyklus geht davon aus, dass jedes Jahr, abhängig vom Geburtsjahr, eine günstige Richtung anbietet. In jedem Jahr ist eine andere Richtung günstiger für Sie, so dass Sie einen Umzug präzise planen können. Ein Wechsel in eine ungünstige Richtung wird nur Probleme verursachen.

Zuerst müssen Sie Ihre Geburtszahl herausfinden. Schlagen Sie auf Seite 183 nach. Wenn Sie zum Beispiel im März 1949 geboren sind, ist Ihre Geburtszahl 6.

Dann bestimmen Sie die Richtung Ihres neuen Hauses, von Ihrem jetzigen Wohnort aus gesehen. Schauen Sie auf der Tabelle auf Seite 184 nach, ob dies eine günstige Richtung für Sie ist. Im Jahr 2002 sind die Richtungen Nord-Nordost, Ost-Nordost und Süd günstig für die Nummer 6.

Magische Umzüge

In der Neun-Sterne-Astrologie wird jede der neun Zahlen mit einer bestimmten Energie (Ki) assoziiert. Wenn Sie einen Umzug planen, sollten Sie vorher überprüfen, ob die Qualitäten der Zahl sich darauf unterstützend auswirken. Dann ziehen Sie in die Richtung, in der sich die Zahl auf dem Magischen Quadrat befindet (s. S. 107).

1 Unabhängigkeit, Zurückgezogenheit, Ungestörtheit, Verschwiegenheit, Genesung, Heilen.

2 Praktisches Wesen, Teamarbeit, Festigung, Freundschaften, harmonisches Familienleben.

3 Ehrgeiz, Vertrauen, Enthusiasmus, neues Unternehmen starten, Expansion.

4 Kreativität, Fantasie, Ausdauer, Verlässlichkeit, neue Beziehungen, Karriere, Geschäfte.

5 Starke Energie mit unvorhersehbarem Resultat, möglicherweise eine langsame Verschlechterung von Gesundheit und Karriere. Vermeiden Sie in Richtung 5 zu ziehen oder davon wegzuziehen.

6 Kontrolle, Würde, Autorität, Beförderung, Führerschaft, größere Verantwortung.

7 Zufriedenheit, Vergnügen, Liebesaffären, verbesserte finanzielle Position, neue Arbeitsstelle.

8 Motivation, Klarheit über Richtung, Wechsel, selbständige Arbeit.

9 Leidenschaft, Emotion, Anerkennung, besseres öffentliches Ansehen, Selbstausdruck, Geselligkeit.

Günstige Zahlen

Ihre Hausnummer beeinflusst Ihre Zukunft. Bestimmte Zahlen sind besonders günstig, andere wirken sich nur auf bestimmte Aktivitäten gut aus. Für Ihre Hauszahl bilden Sie die Quersumme der Ziffern Ihrer Hausnummer, bis eine einzelne Ziffer übrig bleibt (ausgenommen die Meisterzahlen 11, 22, 33).

Bei mehrstelligen Zahlen sollte der Wert der Ziffern eher ansteigen als abnehmen – 135 ist also günstiger als 531. Wenn Ihr Haus einen Namen hat, bilden Sie den numerologischen Wert des Namens (s. S. 22–24) und vergleichen ihn mit den Zahlen links.

1 Neuanfang. Individualität. Allein leben. Das Selbst entwickeln.

2 Partnerschaft. Zusammenleben. Harmonische Ehe zweier Gegensätze.

3 Ausdehnung. Geselligkeit. Vorsicht vor Geldverschwendung.

4 Sicherheit und Stabilität. Gemeinnützigkeit.

5 Freiheit. Überwinden der Stagnation. Verbesserte Kommunikation und Sexappeal.

6 Familie. Soziale Verantwortung. Gut für Arbeit zu Hause.

7 Nachdenken, Innenschau. Schwierig für mehr als eine Person.

8 Wohlstand und Fülle. Bringt Freunde, Familie und reiche Leute. Vollständigkeit und Anerkennung.

9 Menschenliebe und Mitgefühl. Vollendung: Ende des Zyklus. Verbindet lose Enden.

11 Meisterzahl der Kreativität. Vor allem gut für metaphysische Studien.

22 Meisterzahl des unbegrenzten Potenzials. Exzellent, um Stärke zu entwickeln.

33 Alles ist offen für Sie.

Neun-Sterne-Astrologie

Die japanische Neun-Sterne-Ki-Methode basiert auf der Verbindung zwischen Geburtsjahr und aktuellem Jahr. Neun bezieht sich auf die neun Zahlen und Ki ist das japanische Wort für Energie. Jede der neun Zahlen hat eine bestimmte Energie, die sich dem Neun-Jahres-Zyklus entsprechend in verschiedenen Richtungen befindet. Die vorherrschende Energie Ihres Geburtsjahres spiegelt sich in Ihrem Horoskop – das Quadrat mit Ihrer Geburtszahl im Zentrum (nächste Seite). Ihre Geburtszahl befindet sich immer wieder in anderen Richtungen, nehmen auch Sie diese Merkmale an. Mit Hilfe der Richtungen können Sie einen Umzug so planen, dass Sie eine bessere Arbeitsstelle, eine harmonischere Beziehung oder ein angenehmeres Zuhause finden können. Aber auch Ihre Ferien und Geschäftsreisen können Sie den günstigen Richtungen entsprechend planen. Die Tabellen auf der Seite gegenüber zeigen den Energiefluss für die Jahre 2000–2017. Nutzen Sie die günstigen Richtungen für Ihre Pläne.

Das magische Quadrat

In der Neun-Sterne-Astrologie zeigt ein magisches Quadrat (mit der 5 im Zentrum) die kosmische Ordnung und Bewegung auf. Magisch deswegen, weil jede Reihe in diesem Quadrat – diagonal, waagrecht und senkrecht – immer 15 ergibt. Die Zahlen stehen in Häusern, die mit Richtungen und Jahreszeiten assoziiert werden. Das magische Quadrat funktioniert als Landkarte und als Zeittafel, wie bei traditionellen japanischen Landkarten befindet sich der Norden unten.

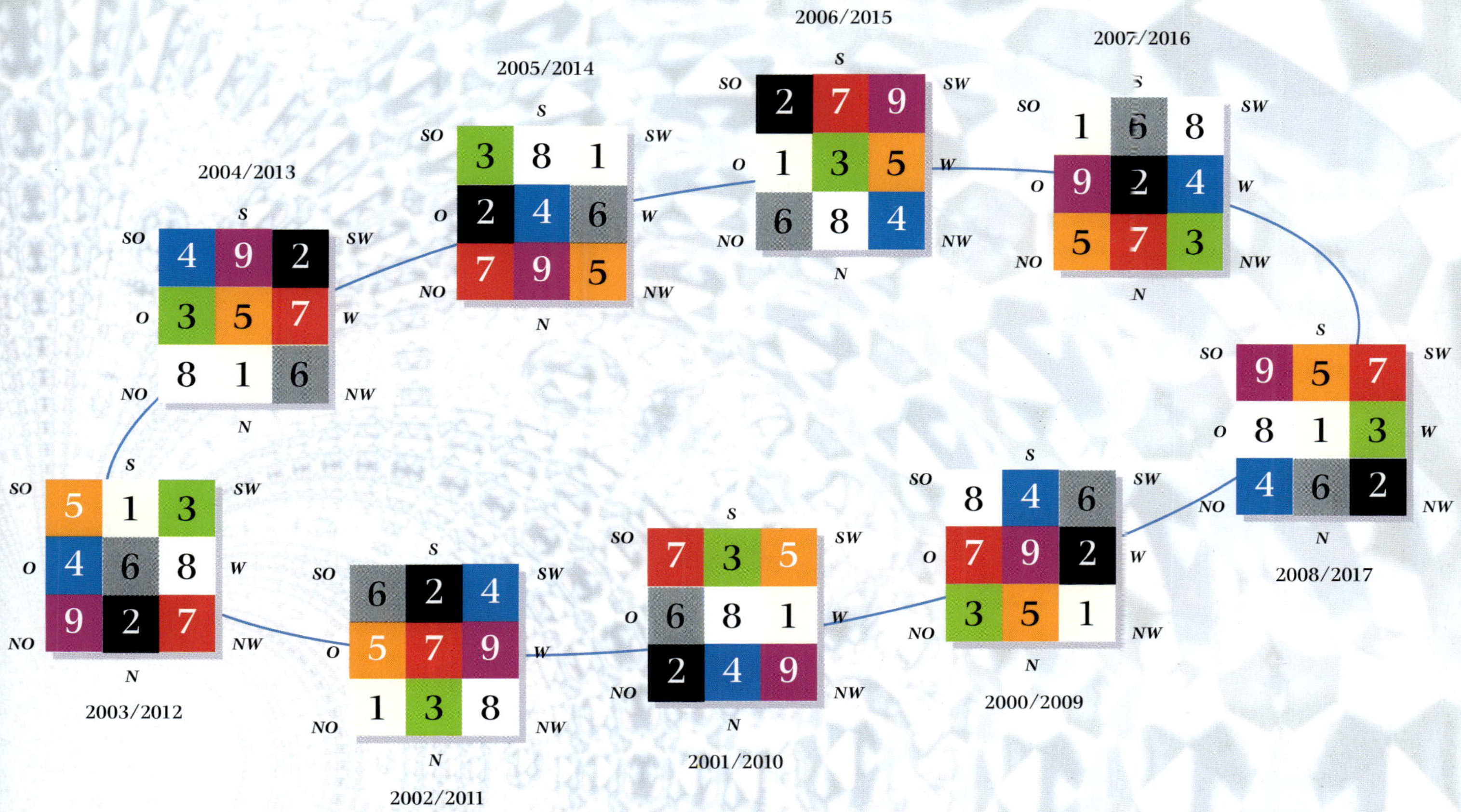

Südost *Spätfrühling* Greifbare Resultate vergangener Handlungen. Handeln, wenn die Zeit reif ist. (Schauen, denken, handeln.) Gute Kommunikation.

Süd *Sommer* Ruhm und Vermögen. Neue Freunde und Interessen. Was Sie verbergen möchten, wird vielleicht aufgedeckt. Nicht zu sehr expandieren.

Südwest *Spätsommer* Eine ruhige Zeit. Reserven anlegen, aber keine neuen Unternehmungen starten. Grübelei und Überbesorgtheit anderen gegenüber.

West *Herbst* Entspannung und leichter Fluss. Am Boden bleiben. Nicht von Erscheinungen verführen lassen. Vorsicht in Geldsachen

Nordwest *Spätherbst* Bewegung nach vorne. Vergangene Anstrengungen machen sich bezahlt. Nicht drängen. Unfälle und zu viel Hitze vermeiden.

Nord *Winter* Wenig Bewegung. Zu viel Aktivität vermeiden. Meditieren und Energien sparen. Finanzielle Schwierigkeiten. Tendenz zum Rückzug.

Nordost *Spätwinter* Innere Tiefe und Ruhe. Nicht drängen. Nach innen schauen. Alte Muster loslassen. Notwendige Veränderungen durchführen.

Osten *Frühling* Neue Energien erwachen. Kreativität ist stimuliert. Geistig aktiv – auf Details achten. Handeln oder Frustration setzt ein.

Zentrum *Gefährliches Haus*. Entweder Glück oder Unglück. Vielleicht eine karmische Abrechnung. Wenn die Geburtszahl hier steht, sollten Sie reflektieren, einschätzen und aus der Erfahrung planen. Noch nicht handeln.

Geld Ausbildung und Beruf

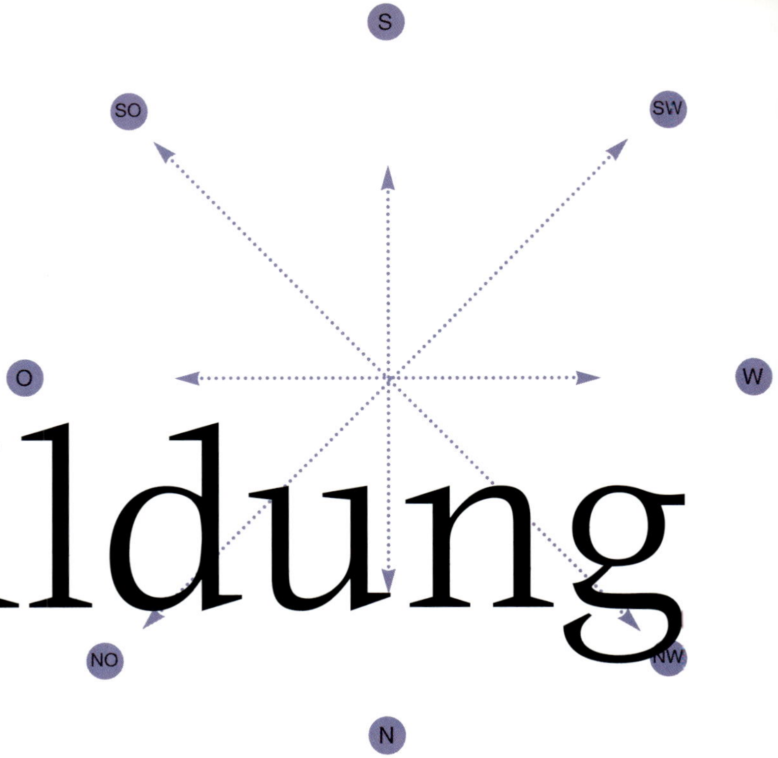

Früher machten die meisten Menschen ihr Leben lang die gleiche Arbeit. Sie folgten der Familientradition, in der der Beruf vom Vater an den Sohn weitergegeben wurde. Als Berufung wurden meist nur die Kirche oder das Militär akzeptiert. Die meisten Menschen erhielten keine oder nur eine kurze offizielle Ausbildung. Nur wenigen war es möglich, ihre Talente oder Fähigkeiten zu nutzen. Eine berufliche Ausbildung in den Handwerkszünften war zwar möglich, aber die Mehrheit tat das, was ihr aufgetragen wurde. Trotzdem wurden bestimmte Handwerke im Westen und im Osten mit bestimmten Tierkreiszeichen in Verbindung gebracht.

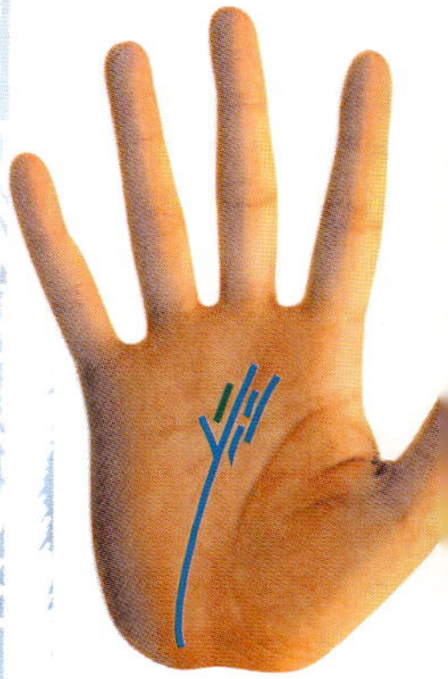

Der Herrscher der jeweiligen Planeten bestimmte diese Assoziationen. Der Gott des Krieges, Mars, ist zum Beispiel der Herrscher des aggressiven und anmaßenden Zeichens Widder. Man geht deshalb nicht nur davon aus, dass Widdergeborene gute Soldaten abgeben, auch scharfe, schneidende Werkzeuge und Berufe wie Metzger und Waffenschmied wurden damit in Verbindung gebracht. Auch die Metallverarbeitung, Zahnmedizin und normale Chirurgie gehörte dazu. Mars bestimmte auch das geheimnisvolle Zeichen Skorpion. Es überrascht daher nicht, dass Skorpione als gute Feinchirurgen und Gynäkologen betrachtet werden. Die spätere Entdeckung des Planeten Pluto, des Herrschers von Skorpion, hat dann interessante Verbindungen zu Abwasser- und Installationsarbeiten und zu Spionage und Überwachung ergeben. Die grobe Marsenergie wird hier also verfeinert, neue Berufsaussichten ergeben sich jederzeit. Heutzutage wechseln die Menschen nicht nur oft ihre Arbeit, ihnen stehen auch ein ganzes Leben lang Weiterbildungsmöglichkeiten offen. Durch die Befragung eines Orakels können Sie solche Chancen ergreifen, vielleicht bringen Sie ja ein bei Ihnen bisher unentdecktes Talent zum Blühen.

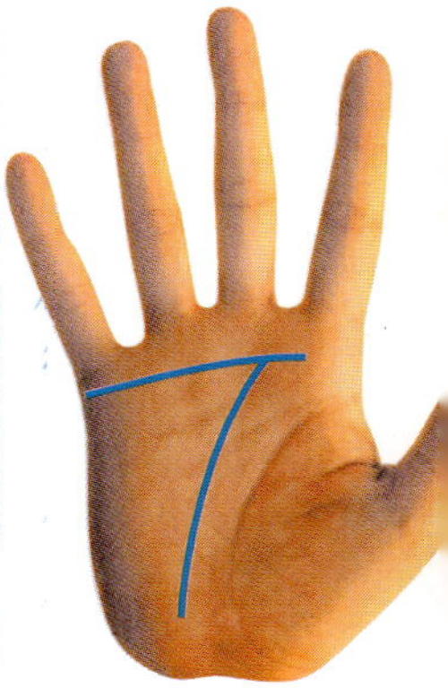

Geld ist natürlich ein Thema, was immer Interesse findet. In diesem Kapitel erhalten Sie Rat, wie Sie Ihr Geld maximieren und die Risiken dabei minimieren. Es gibt Orakel, die eigens für diesen Zweck entstanden sind.

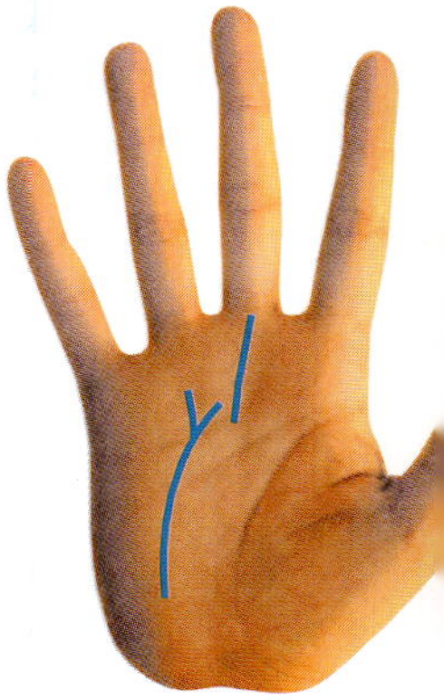

Was soll ich studieren?

Welche Ausbildung passt am besten zu mir?

Wo liegen meine Fähigkeiten?

Idealerweise sollten Sie eine Ausbildung machen, die zu Ihren Fähigkeiten und Talenten passt. Viele Menschen wissen aber nicht, was sie selbst oder was ihre Kinder in der Schule oder Universität oder sogar in Abendkursen lernen sollen. Das Neun-Sterne-Ki zeigt Ihre Stärken auf. Die Merkmale, die mit jeder Zahl in Verbindung stehen, werden mit dem Älterwerden immer stärker. Sie sind nicht unbedingt leicht zu entdecken, aber Sie sollten daran arbeiten, denn sie sind Teil Ihrer eigenen Entwicklung: das zu werden, was Sie sein können. Wenn Sie diese Stärken erst einmal entdeckt haben, können Sie eine entsprechende Ausbildung einschlagen. Auch mit dem Pendel auf einer Liste mit verschiedenen Ausbildungsmöglichkeiten können Sie eine schnelle Entscheidung treffen.

Pendeln

Sie können ein Pendel so programmieren, dass es auf verschiedene Fragen nur mit „Nein“ oder „Ja“ antwortet. Dann schreiben Sie eine Liste mit den verschiedenen Möglichkeiten und pendeln die Antworten aus.

Neun-Sterne-Ki

Ihre Neun-Sterne-Ki-Zahl gibt Auskunft über Ihren Charakter und Ihre Werte. Sie zeigt auf, wie Sie in Ihrem Leben erfolgreich werden und Ihre Stärken entwickeln können. Eine entsprechende Ausbildung, die diese Stärken nutzt, wird die Berufsaussichten verbessern (s. S. 112) und letztlich zu einem glücklicheren Leben führen. Ihre Neun-Sterne-Ki-Zahl können Sie auf S. 183 nachschlagen. Wenn Sie zum Beispiel 1985 nach dem 6. Februar geboren sind, haben Sie die Zahl 6. Wenn Sie aber im gleichen Jahr zwischen 1. Januar und 6. Februar geboren sind, haben Sie die Zahl 7.

1

Stärken Tiefgründiges Denken, anpassungsfähig, Fähigkeit, Grenzen zu setzen, motivierend, kann Mittel verwalten und verteilen, Risikoanalyse.
Ausbildung Spiritueller Lehrer, Heilen, Kunst, Philosophie, praktische Fähigkeiten, Pflanzenheilkunde, Jura, Musik.

2

Stärken Management, unterstützend, stabilisierend, anpassend, stärkend, leitend, Gruppenarbeit.
Ausbildung Psychologie, Körper-Geist-Arbeit, Freie Kunst, Beratung, Geschichte, Management, Musik.

3

Stärken Ideen, unabhängiges Denken, Planen, Brainstorming, Ideengestalter, organisieren, öffentlich sprechen, Umwelt beobachten.
Ausbildung Ökologie, Wissenschaft, Informationstechnologie, Medien, kreatives Schreiben.

4 ***Stärken*** Wegbereiter, Entscheidungsträger, Klärung, Zeitplanung, Strukturierung, Zeit einhalten.
Ausbildung, Medienstudium, Psychologie, Marketing, Selbstentwicklung, kreatives Schreiben.

5 ***Stärken*** Festlegen, Führen, Katalysieren, Recyclen, Problemlösung, Erneuern.
Ausbildung Beratung, Umweltstudium, Künste, Religion, neueste Fächer.

6 ***Stärken*** Aktivieren, Initiieren, Inspirieren, moralische Führung und Ethik, Ausgleichen, Altruismus, Führerschaft.
Ausbildung Verhandlungstalent, Philosophie, Ethik, Goldschmied, Beratung, Alternativmedizin.

7 ***Stärken*** Bewerten, Buchhaltung, veränderungswillig, öffentliche Reden, Trends entdecken, Ästhetik.
Ausbildung Öffentliches Sprechen, Statistik, Konfliktlösung, Catering, Buchhaltung.

8 ***Stärken*** Pflegen, Unterstützen, Produzieren, Integrieren, Methodik, Zielstrebigkeit, Informationsverteilung.
Ausbildung Künste, Medienstudium, Bankwirtschaft, praktische Fähigkeiten, Informationstechnologien.

9 ***Stärken*** Prioritäten setzen, Netzwerk, Problemlösung, Teamaufbau, Koordination, Verbinden, Führen, Kommunizieren, Veranstalten.
Ausbildung Medienstudium, Gartenbau, Modedesign, Künste, Informationstechnologie.

Soll ich weiter zur Schule gehen?

Soll ich mich weiterbilden?
Soll ich mich umschulen lassen?

Nach den Umwälzungen durch die neuesten Technologien fragen sich viele Menschen, ob sie sich umschulen oder weiterbilden lassen sollen. Wichtig ist natürlich, den richtigen Zeitpunkt zu erfahren. Die Numerologie mit ihren Neunjahreszyklen hilft hier, sich auf den eigenen Rhythmus einzustellen. Auch das Neun-Sterne-Ki gibt den richtigen Zeitpunkt an, und die Astrologie kann viele offene Fragen beantworten.

Westliche Astrologie

Traditionell hängt das Neunte Haus mit der höheren Bildung zusammen. Wenn Jupiter oder Merkur dieses Haus durchwandern, ist die Zeit günstig für ein weiterführendes Studium. Merkur beschleunigt und Jupiter erweitert den Geist. Wenn Sie vorhaben, eine Abendschule zu besuchen oder zu Hause zu studieren, wäre es schön, wenn einer dieser Planeten das Dritte Haus durchwandert.

Wenn Sie den Kurs nur zum Vergnügen besuchen, ist das Fünfte Haus günstig dafür. Wollen Sie vielleicht ein Hobby zum Beruf machen? Wenn es um eine Umschulung geht, zeigt das Sechste Haus Ihre Berufung. Jupiter und Merkur können hier hilfreich sein, und Saturn in diesem Haus befiehlt Ihnen, Ihrer Berufung zu folgen. Wenn Sie Ihr Geburtshoroskop kennen, schauen Sie dort nach, ansonsten zählen Sie Ihr Sternzeichen als eins und dann gegen den Uhrzeigersinn die verlangte Häuserzahl zurück. Auf den Astrologischen Tabellen auf Seite 185–188 sehen Sie, wann die Planeten aktiv sind.

Häuser

Zählen Sie Ihr Sternzeichen als Nummer 1

Drittes Haus Abendschule oder Heimstudium.
Fünftes Haus Studieren zum Vergnügen.
Sechstes Haus Berufung oder Umschulung.
Neuntes Haus Höhere Ausbildung winkt.

Sternzeichen

♈ ***Widder***
♉ ***Stier***
♊ ***Zwilling***
♋ ***Krebs***
♌ ***Löwe***
♍ ***Jungfrau***
♎ ***Waage***
♏ ***Skorpion***
♐ ***Schütze***
♑ ***Steinbock***
♒ ***Wassermann***
♓ ***Fische***

Beispiel
Das Dritte Haus von Widder ist Zwilling

Numerologie

Im Laufe Ihres persönlichen Neunjahreszyklus' sind bestimmte Jahre – 1, 5 und 7 – besonders geeignet fürs Studium. Andere Jahre haben andere Qualitäten. Auf Seite 97 finden Sie die ausführliche Erklärung des ganzen Zyklus. Ihre Persönliche Jahreszahl können Sie feststellen, indem Sie die Quersumme bilden aus Geburtsmonat, Geburtstag und der aktuellen Jahreszahl. Wenn Sie also am 10. Mai geboren sind, und das aktuelle Jahr ist 2002, so ist Ihre persönliche Jahreszahl 1, ein günstiges Jahr, um wieder zur Schule zu gehen.

1 ***tes Jahr*** Ein ausgezeichnetes Jahr für eine Weiterbildung oder Umschulung, denn ein neuer Zyklus beginnt. In diesem Jahr finden Sie leicht einen Mentor, der Sie begleitet.

5 ***tes Jahr*** Ein aktives Jahr, in dem die Kommunikation eine große Rolle spielt und sich neue Möglichkeiten ergeben. Geeignet vor allem, falls Sie für die Ausbildung von zu Hause weggehen müssen.

7 ***tes Jahr*** Würde sich eignen für einen einzigen Kurs, bei dem Sie nach Ihrem eigenen Rhythmus und zu Hause studieren können, denn das ist das Jahr der Ruhe und Erholung.

Neun-Sterne-Ki

Dieses antike System ist ein ausgezeichneter Indikator für den richtigen Zeitpunkt einer Ausbildung. Auf Seite 183 können Sie Ihre Neun-Sterne-Ki-Zahl feststellen. Wenn Sie zum Beispiel 1972 am oder nach dem 5. Februar geboren sind, haben Sie die Zahl 1. Wenn Sie im gleichen Jahr davor geboren sind, haben Sie die Zahl 2.

Das Dritte Haus, Ost, auf dem „Magischen Quadrat" (unten) ist ein kreatives Haus. Wenn Ihre Neun-Sterne-Ki-Zahl dahinfällt, fließen Ideen, und der Geist wird stimuliert. Wenn sich Ihre Zahl in diesem Haus befindet, dann ist es günstig, ein weitgefasstes, freies Studium anzufangen. Allerdings fördert dieses Haus nicht den organisierten, detaillierten Gedanken, das Jahr ist deshalb nicht geeignet für ein Fach, das wissenschaftlich und zielgerichtet ist. Warten Sie bis zum nächsten Jahr, dann fällt Ihre Zahl in das Vierte Haus, Südost. Auf Seite 100-101 können Sie die verschiedenen Zyklen nachlesen.

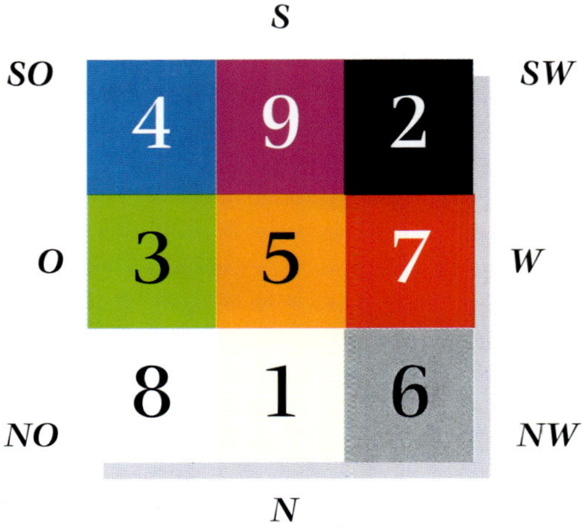

Chinesische Astrologie

Die verschiedenen Tiere der Chinesischen Astrologie haben unterschiedliche Qualitäten, die für eine erfolgreiche Karrierewahl genutzt werden können. Ihr Tierzeichen können Sie auf Seite 182 nachschlagen.

Ratte

Qualitäten Energetisch, anpassungsfähig, vielseitig, arbeitet an verschiedenen Projekten, starker Wille, ehrgeizig, verfolgt hartnäckig Ziele. Guter Umgang mit Menschen, überzeugend. Planer und Verkäufer.
Berufe Einkauf und Verkauf, Buchhaltung, Verlag, Musik und Tätigkeit im Freien.

Büffel

Qualitäten Logisch, organisiert, dickköpfig. Mag keine Konkurrenz oder Geschäftemacherei, zieht genaue Planung vor; steigert sich durch Herausforderung.
Berufe Gartenbau, Vermögensmanagement, Medizin, Lehrer oder Gerichtsvollzieher.

Tiger

Qualitäten Positiv, enthusiastisch, optimistisch. Liebt die Herausforderung, inspiriert durch Zufälle. Guter Leiter. Plant und packt Arbeit direkt an, kommt durch Nebensachen zum Ziel.
Berufe Politik, Design, Reise, Gerichtsvollzieher, Werbung und Geschäfte.

Hase

Qualitäten Fantasievoll, intelligent, empfindsam. Lehnt Konkurrenz, Druck, Risiken, Aggression und Finanzgeschäfte ab. Arbeitet gut in kreativen Organisationen.
Berufe Künste, Literatur, Design, Öffentlichkeitsarbeit, Beratung, Jura.

Drache

Qualitäten Charismatisch, lebhaft, selbstsicher. Liebt Verantwortung. Zeigt natürliche Autorität und Führerschaft. Braucht Herausforderung und Freiheit, um sich zu entfalten. Energie kann umwerfen.
Berufe Jura, Künste, Religion, Management, Medizin.

Schlange

Qualitäten Entschieden, unabhängig, logisch. Gut in Organisation, Situationseinschätzung und Verhandlung. Problemfindung und -lösung.
Berufe Politik, Öffentlichkeitsarbeit, Jura, Psychologie, Catering, Archäologie.

Pferd
Qualitäten Vertrauensvoll, unabhängig, freundlich. Inspirierter Führer. Starke Konstitution passt zu körperlich und geistig anspruchsvoller Arbeit. Zielgerichtete Energien. Teamarbeit, solange Anerkennung von Mitarbeitern kommt.
Berufe Sport, Bau, Politik, Schauspieler, Verkaufs- oder Werbeleiter.

Ziege
Qualitäten Nachdenklich, kreativ, sensibel. Fähigkeit, Dinge in letzter Minute zu wenden. Hasst Routine, feste Zeitpläne, Konkurrenz, zu viele Entscheidungen. Hang zu Kunst und kreativer Arbeit. Braucht bequeme Nische.
Berufe Werbung, Forschung, Künste, Bibliothekswissenschaft, Philosophie.

Affe
Qualitäten Vielseitig, intelligent, schlagfertig. Geeignet für große Bandbreite von Berufen. Erreicht immer sein Ziel. Gut in der Einschätzung von Risiken und Finanzen. Genießt Herausforderung und sucht Lösungen. Exzellente Organisationsfähigkeit.
Berufe Finanzen, Medien, Management, Öffentlichkeitsarbeit, Gerichtsvollzieher, Handwerker, Design, Planung.

Hahn
Qualitäten Charmant, unabhängig, logisch. Selbstsichere Fassade verbirgt Verletzlichkeit. Hasst Druck. Braucht Freiheit, um kreativ zu sein. Geeignet für Selbständigkeit.
Berufe Verkauf, Politik, Öffentlichkeitsarbeit, Schreiben, Unterhaltung, Armee.

Hund
Qualitäten Ehrlich, mutig, verantwortungsvoll. Mag keine Aggression, Konkurrenz und keinen Termindruck. Verlässlich und gewissenhaft, exzellenter Teamarbeiter. Verteidiger des Guten.
Berufe Forschung, Lehre, Jura, soziale oder karitative Arbeit, Medizin, Kampagnen, Beratung.

Schwein
Qualitäten Ehrlich, loyal, unterstützend. Kein Ehrgeiz, arbeitet stetig, vermeidet Risiken. Hasst Konkurrenz, braucht menschlichen Kontakt.
Berufe Sozialarbeit, Medizin, Jura, Musik, Wissenschaft, Landschaftsgärtner, Bibliothekswissenschaften.

In welchem Beruf habe ich Erfolg?

Wo mache ich Karriere?
Welche Arbeit passt zu mir?

Die Geomantie gibt viele Berufsinformationen, und auch östliche und westliche Astrologie sind hilfreich, wenn Sie vor der Berufswahl stehen oder sich umschulen wollen. Wenn bei allen drei Möglichkeiten das Gleiche herauskommt, sollten Sie diesen Beruf auf jeden Fall ergreifen.

Geomantie

Malen Sie mit einem Stift vier gepunktete Linien untereinander auf ein Papier. Dann setzen Sie einen Punkt an das Ende einer Linie mit ungerader Punktzahl und zwei Punkte bei gerader Punktzahl und vergleichen die entstandene Figur mit unten:

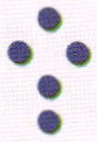
Puella Arbeit mit Kindern.

Populus Umgang mit Menschen.

Via Arbeit allein.

Laetitia Unterhaltungsindustrie.

Rubeus Militär.

Andere Geomantie-Figuren finden Sie auf Seite 80–83.

Sternzeichen

Widder Feuerwehr, Waffenhändler, Gießerei, Metallarbeit, Goldsucher, Automechaniker, Entdecker, Psychiater, Ingenieur, Astronaut, Metzger, Zahnarzt, Chirurg, Unternehmer, Geschäftemacher, Gewerkschafter, Sportler, Rennfahrer, Testpilot, LKW-Langstreckenfahrer, Elektriker, Elektroingenieur, Umweltschützer.

Stier Restaurantkritiker, Restaurateur, Masseur, Sänger, Musiker, Landschaftsgärtner, Gartenbau, Biolandwirt, Landmesser, Bauunternehmer, Kunst- oder Antiquitätenhändler, Körperkunst, Juwelier, Bildhauer, Architekt, Handwerker, Geschäftsmann, Regierungsangestellter, Verwaltungsangestellter, Finanzberater, Bankkaufmann, Börsenmakler, Rentenbeamter, Immobilienmakler, Büromanager.

Zwilling Journalist, Fernsehsprecher, Lektor, Lehrer, Linguist, Seefahrer, Bauingenieur, Kommentator, Postbote, Verkaufsleiter, Persönlicher Assistent, Reisekaufmann, Handwerker, Bote, Geschäftemacher, Buchhändler, Werbeagent, Vorführer, Imageberater, Internetverkäufer, Handyverkäufer, Kommunikationsexperte.

Krebs Sozialarbeiter, Kinderkrankenschwester, Kindermädchen, Hebamme, Heimarbeit, Pflegedienst, Sozialarbeit, Wohnungsamt, Krankenschwester, Krankenpflegelehrer, Hotelier, Caterer, Chef, Bootsbauer, Antiquitätenhändler, Fischer, Segler, Museumskurator, Geschäftsmann, Historiker, Immobilienmakler, Innendesign, Textildesigner.

Löwe Schauspieler, Tänzer, Filmproduzent, Fernsehsprecher, Fotomodell, Rockstar, Modedesigner, Dekorateur, Solaringenieur, Goldschmied, Goldhändler, Juwelier, Sportler, Jugendarbeit, Lehrer, Politiker, Präsident, Manager, Anwalt, Fondverwalter, Richter, Spieltherapeut, Aktienhändler, Kardiologe, Herzchirurg.

Jungfrau Gesundheitsdienst, Hygieniker, Persönlicher Assistent, Analytiker, Wissenschaftler, Inspektor, Schriftsteller, Handwerker, Gärtner, Kritiker, Verkäufer, Steuerberater, Lehrer, Linguist, Apotheker, Forscher, Bibliothekar, Computerfachmann, Buchhalter, Diätetiker, Ernährungsberater, Datenverarbeiter, Marktforscher, Managementtrainer, Feng-Shui-Berater, Yogalehrer, Statiker.

Waage Innendekorateur, Bühnenausstatter, Grafikdesigner, Imageberater, Kosmetikerin, Fotomodell, Immobilienschätzer, Modedesigner, Diplomat, Frisör, Sozialarbeit, Anwalt, Richter, Rezeptionist, Kunsthändler, Musikgeschäft, Einkaufsberater, Makler, Heiratsvermittler, Managementberater, Unterhändler, Tierarzt, Sextherapeut, Vertreter, Flugbegleiter,

Skorpion Gerichtsmedizin, Privatdetektiv, Hebamme, Arzt, Pathologe, Gynäkologe, Psychiater, Psychologe, Unternehmer, Bestatter, Versicherungsmakler, Apotheker, Geschäftsmann, Metzger, Militär, Gerichtsvollzieher, Alternativmedizin, Sextherapeut, Atomwaffenentwurf, U-Boot-Fahrer, Taucher.

Schütze Philosoph, Philosophielehrer, Jockey, Pferdeausbilder, Croupier, Lektor, Lehrer, Übersetzer, Verleger, Schriftsteller, Professor, Reiseleiter oder Reisekaufmann, Bibliothekar, Priester, Guru, Anwalt, Sportler, Buchhändler, Öffentlichkeitsarbeit, Persönlichkeitstrainer, Sporttrainer, Feng-Shui-Berater, Kosmologe, Verkehrspilot.

Steinbock Manager, Regierungsangestellter, Politiker, Verwaltungsbeamter, Gerichtsvollzieher, Lehrer, Bauunternehmer, Bankmanager, Planer, Mathematiker, Ingenieur, Geologe, Landwirt, Landvermesser, Architekt, Orthopäde, Osteopath, Chiropraktiker, Zahnarzt, Wissenschaftler, Musiker, Archäologe, Historiker, Biograf, Rentenfachmann, Altenpfleger, Versicherungsagent, Komödiant.

Wassermann Wissenschaftler, Quantenphysiker, Elektroingenieur, Technologe, Umweltberater, Vulkanologe, Röntgenarzt, Schriftsteller, Astrologe, Astronom, Astronaut, Erfinder, Soziologe, Archäologe, Anthropologe, Forscher, Sozialarbeiter, Reformer, Kognitiver Therapeut, Systemanalytiker, Zauberer, Zukunftsforscher.

Fische Schauspieler, Tänzer, Künstler, Zauberkünstler, Dichter, Schriftsteller, Fotograf, Animateur, Hypnotherapeut, Intuitiver Heiler, Tarotkartenleser, Schuhdesigner, Hersteller oder Verkäufer, Fußpfleger, Priester, Krankenschwester, Drogenberater, Seemann, Schiffsarzt, Kreuzfahrtenorganisateur, Fischhändler.

Neun-Sterne-Ki

Auch diese Art östlicher Astrologie kann bei der Berufswahl helfen. Jede der neun Zahlen zeigt bestimmte Fähigkeiten (s. S. 104). Wenn Sie einen Beruf wählen, der zu diesen Fähigkeiten passt, werden Sie viel Erfolg darin haben. Ihre Neun-Sterne-Ki-Zahl erfahren Sie auf Seite 183. Wenn Sie zum Beispiel am oder nach dem 7. Februar 1977 geboren sind, ist Ihre Zahl 5, wenn Sie im gleichen Jahr davor geboren sind, ist die Zahl 6.

1 Heiler, Sozialarbeiter, Drucker, Chemiker, Masseur, Philosoph, Schriftsteller, Ölarbeiter, Restaurantbesitzer, Kellner, Anwalt, Wartungsmonteur, Berater, Musiker, Künstler.

2 Schamane, Arzt, Antiquitätenhändler, Gärtner, Supermarktverkäufer, Bauingenieur, Landwirt, Gewerkschafter, Beamter im öffentlichen Dienst, Personalberater, Immobilienmakler, Musiker, Rekrutierung.

3 Erfinder, Technischer Zeichner, Elektroingenieur, Bauarbeiter, Fernsehteam, Ingenieur, Musiker, Sportler, Chirurg, Lehrer, Schriftsteller, Umweltberater, Wissenschaftler, Architekt, Informatiker.

4 Werbung und Öffentlichkeitsarbeit, Designer, Filmregisseur, Verleger, Schriftsteller, Reisekaufmann, Geschäftsmann, Kommunikator, Lehrer, Handwerker, Möbelpacker, Konstrukteur, Medienressortleiter, Marketingberater.

5 Politiker, Vermittler, Unternehmer, Bauarbeiter, Börsenmakler, Militärangestellter, Gerichtsvollzieher, Müllmann, Altwarenhändler.

6 Manager, Militärkommandant, Regierungsbeamter, Managementberater, Maschinenführer, Anwalt, Juwelier, Verkäufer, Lehrer, Berater, Wahlkämpfer, Entschädigungsfachmann, Politiker, Heiler, Veranstalter.

7 Öffentlichkeitsarbeit, Unterhaltungsindustrie, Nachtclubbesitzer, Bankkaufmann, Lektor, Gastwirt, Zahnarzt, Lebensmittelproduktion, Diplomat, Qualitätskontrolle, Personalchef, Berater, Börsenangestellter, Juwelier.

8 Schriftsteller, Künstler, Kunsthandwerker, Buchhändler, Beamter, Politiker, Jura, Werbung und Öffentlichkeitsarbeit, Gartenbau, Kosmetiker, Verkaufsleiter, Modedesigner, Schauspieler, Komödiant.

9 Finanzhändler, Bildhauer, Regierungsbeamter, Gerichtsvollzieher, Bankkaufmann, Lehrer, Schönheitstherapeut, Geistlicher, Häuserspekulant, Versicherungshändler, Schauspieler.

Werde ich bald eine Arbeit finden?

Geomantie

Mit der schnellen Methode der Geomantie erfahren Sie die Antwort. Mit einem Stift zeichnen Sie vier gepunktete Linien untereinander auf ein Blatt Papier. Dann setzen Sie einen großen Punkt für eine Linie mit ungerader Punktzahl und zwei Punkte für eine gerade. Anschließend vergleichen Sie mit unten:

Albus Eine neue Arbeitsmöglichkeit.

Fortuna Major Sie bekommen diese wichtige Stelle.

Dominosteine

Auch mit den Dominosteinen können Sie diese Frage schnell beantworten. Legen Sie alle Steine umgedreht aus, und drehen Sie dann einen um.

Sechs-fünf Arbeitslos: bald eine neue Stelle. Wenn schon angestellt: Beförderung.

Doppelsechs Sehr günstig für die Berufskarriere.

Sechs-Zwei Die neue Stelle muss ehrlich und offen sein, damit Sie Erfolg haben.

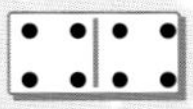
Doppelvier Nur günstig für handwerkliche Arbeit.

Vier-Eins Schauen Sie sich nach versteckten Möglichkeiten um.

Auf der nächsten Seite finden Sie mehr Information dazu.

Die Rückkehr von Saturn

Der Planet Saturn herrscht über das Karma. Er ist ein großer Lehrer und kehrt ungefähr alle achtundzwanzig Jahre im Horoskop zurück an die Stelle der Geburt. Die meisten Menschen erleben mindestens zweimal die Rückkehr von Saturn, die sich meist als Neubeurteilung des Lebens auswirkt. Sie blicken zurück, was Sie bisher erreicht haben und überlegen, ob das mit Ihrem Lebensweg und Ihren Vorsätzen übereinstimmt. Wenn das nicht so ist, müssen Sie vielleicht drastische Veränderungen durchführen.

Bei der ersten Rückkehr von Saturn gehen Sie vielleicht noch einmal in die Ausbildung oder wechseln den Beruf. Oder Sie werden plötzlich ehrgeizig oder beschließen, sesshaft zu werden. Sie trennen sich vielleicht von Ihrem Partner oder finden neue Freunde.

Bei der zweiten Rückkehr, im Alter von 57 oder 58, denken Sie vielleicht schon an die Pensionierung, haben aber noch viele aktive Jahre vor sich. Sie können jetzt eine karitative Arbeit übernehmen oder sich weiterbilden.

Was auch immer passiert bei der Rückkehr; Saturn ist ein strenger Lehrmeister, und wenn Sie Ihren Lebensplan nicht erfüllen, könnte es passieren, dass Sie apathisch werden. Tatsächlich erleben viele Menschen zu diesem Zeitpunkt eine Depression. Schauen Sie dann nach innen, um zu erkennen, welche Veränderungen von Ihnen erwartet werden.

Dominosteine

Dominosteine gehören zu den ältesten Spielen der Welt, sie wurden schon von den Ägyptern benutzt. Es ist anzunehmen, dass sie auch schon früh zur Wahrsagerei verwendet wurden. Es heißt, dass man mit den Dominosteinen nur einmal im Monat und nie an Montagen oder Freitagen weissagen darf. Mit einem einzelnen Stein können Sie sich schnellen Rat holen, drei Steine bieten aber viel mehr Informationen.

Methode
Legen Sie die Steine umgedreht auf den Tisch. Dann mischen Sie sie und konzentrieren sich auf die Frage. Drehen Sie dann einen oder drei Steine um.

Doppelsechs Günstig für Beruf und Geschäfte. Liebe und Finanzen gedeihen. Glückliche Beziehung, Kind. Hilfreiche, umsorgende Eltern. Günstig für Eigentum.

Sechs-Fünf Aufstieg. Opposition von Freunden; vielleicht Sorgen mit den Kindern. Wenn arbeitslos, bald neue Stelle. Beziehung gut, aber es muss daran gearbeitet werden.

Sechs-Vier Vermögen vor Ihnen, aber Vorsicht vor denen, die es rauben könnten. Frühe, glückliche und sichere Heirat, bald folgen Kinder. Gerichtliche Angelegenheit steht bevor.

Sechs-Drei Starker Wille gewinnt. Stabile Beziehung, Heirat mit vertrauenswürdigem Partner Erfolgreiche Reise. Gute Nachricht über Fahrzeug. Krankheit in mittleren Jahren möglich.

Sechs-Zwei Gute Dinge warten. Fleißiger, vernünftiger Partner. Günstig für Liebesaffäre und Heirat. Nützliches Geschenk kommt. Ungesetzliche Geschäfte misslingen.

Sechs-Eins Die Dinge sind nie so schlecht, wie sie sein könnten. Zwei Ehen, die zweite glücklicher. Kinder gedeihen und reisen. Probleme gelöst. Glücklich im mittleren Alter.

Sechs-Leer Liebesaffäre bringt Glück. Eifersucht und Geschwätz. Unfall möglich. Nachricht von einem Tod.

Doppel-Fünf Baldige Veränderung. Günstiger Umzug. Gesundheitliche Verbesserung. Gute Berufslaufbahn. Glück. Geld, glückliche Ehe.

Fünf-Vier Geldprobleme, eventuell wegen Partner. Arbeit verleiht Unabhängigkeit und Reichtum.

Fünf-Drei Geld wird durch harte Arbeit verdient, obwohl niemals Geldmangel herrschen wird. Beziehung ziemlich glücklich. Angenehmer Besuch.

Fünf-Zwei Heirat kann Trost sein; eine Geldheirat bleibt kühl. Eventuell nicht erwiderte Liebe. Nachricht einer Geburt. Neue Unternehmungen.

Fünf-Eins Glück wartet: Partys, Geselligkeiten. Familienbande oder Reichtum, aber nicht beides. Geldprobleme können lange dauern. Charismatische, kurzlebige Beziehung.

Fünf-Leer Vermeiden Sie Spekulation und Liebesaffären, Sie verbrennen sich die Finger. Freunde müssen sich eventuell ausweinen.

Doppelvier Entscheidung dauert sehr lange. Günstig für Handwerk. Junge Leute, Partys, Sport und Geselligkeit am Horizont.

Vier-Drei Finanzielle Situation verändert sich. Enttäuschung in Bezug auf Kinder. Krankheit möglich. Schwierigkeiten mit Fahrzeug.

Vier-Zwei Reisen bringt Erfolg und Vergnügen. Unerwarteter Vorfall bezüglich Heim und Familie – gut oder schlecht. Vorsicht vor Flirt.

Vier-Eins Achten Sie auf einen Weg zum Erfolg, den Sie leicht verpassen könnten. Gute Ehe, aber vielleicht keine Kinder. Rechnungen zu bezahlen.

Vier-Leer Achtung in Liebesdingen. Beziehung verursacht Probleme, vorübergehende Versöhnung. Zwillinge in der Familie. Neue Aussichten.

Doppeldrei Leben bietet große Möglichkeit. Baldige Geldeinnahme: Gericht, Gewinn oder Gutschrift. Vermasseln Sie die Chancen nicht. Einflussnahme von außen führt zu kurzfristigen Problemen in der Beziehung.

Drei-Zwei Ausgezeichnet für neue Unternehmung. Bleiben Sie über den Dingen. Liebesleben floriert. Angenehme Reise. Fordern Sie Ihr Glück nicht heraus. Unehrlichkeit wird aufgedeckt.

Drei-Eins Gute Neuigkeiten, Überraschung. Geschäfte verursachen Besorgnis, aber es geht gut aus. Mögliche Liebesaffäre bringt Probleme.

Drei-Leer Häusliche Probleme wegen schwachem Partner oder Familienmitglied. Eifersucht, Freundschaft zerbricht. Herz offen halten.

Doppelzwei Beziehung floriert. Ehe und Familie machen Sie glücklich. Auf Gesundheit achten.

Zwei-Eins In Eile geheiratet, in Muße bereut. Verlust des Geschäfts, eventuell auch des Hauses. Leidenschaftliche, aber verheerende Liebesaffäre.

Zwei-Leer Entwirren von Ehe und Geldangelegenheiten. Vorsicht, Diebe. Vorsichtig vorangehen, Beziehung nicht gut. Erfolgreiches Ende einer Reise. Verkauf und Kommunikation gut.

Doppeleins Sie sind glücklich, wo Sie sind. Entscheidung braucht Mut. Glückliches Familienleben, hilfreiche Eltern. Glück, Geld, Liebe.

Eins-Leer Glück kommt unerwartet. Gefahr, Geld oder Reserven zu verschwenden. Besuch aus Übersee. Besserung der Gesundheit.

Doppelleer Baldige Schwierigkeiten könnten Arbeit, Gesundheit oder Beziehung gefährden. Vorsicht vor Unfällen. Enttäuschung, Verlust, Diebstahl.

Habe ich nicht den richtigen Beruf?

Soll ich lieber etwas anderes machen?

Gibt es Schwierigkeiten ?

Vielleicht fragen Sie sich schon länger, ob Sie Ihren Beruf wechseln sollen. Das Handlesen kann hier eine schnelle Hilfe sein, aber auch die Astrologie gibt Gewissheit. Das I Ging und das 36er-Quadrat beantworten viele Fragen zu Arbeit und Beruf.

Handlesen

Bestimmte Handlinien zeigen, ob Sie ein Mensch sind, der ein Leben lang die gleiche Arbeit macht, oder ob Sie Ihren Beruf wechseln sollten.

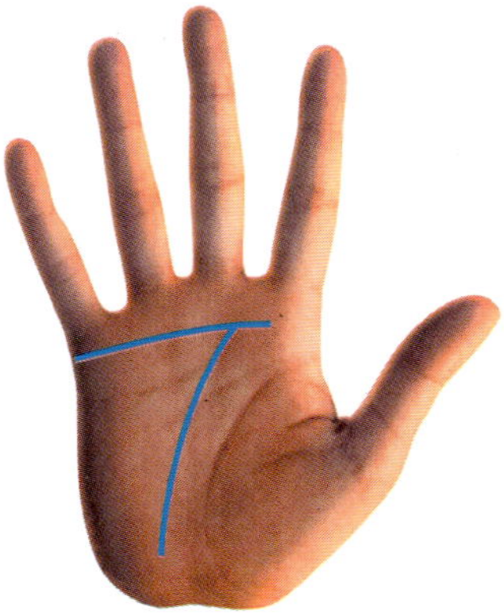

Arbeit fürs Leben

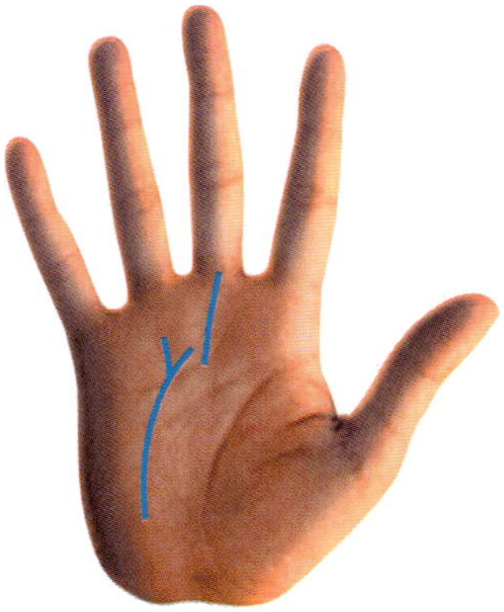

Berufswechsel

I Ging

Die Figuren dieses Orakels können Probleme in Ihrem Berufsleben aufzeigen. Für ein Hexagramm werfen Sie sechsmal drei Münzen. Jedes Mal, wenn es mehr Köpfe sind, ziehen Sie eine durchgehende Linie, wenn es mehr Zahlen sind, eine unterbrochene. Beginnen Sie unten, und vergleichen Sie anschließend.

18 Arbeit am Verdorbenen Ein falscher Eindruck muss korrigiert werden.

20 Wachsamkeit Auf das Ganze konzentrieren, nicht auf Details.

22 Anmut Zeit, Ihr Image zu verbessern.

33 Rückzug Geben Sie zu, dass Ihre Entscheidung falsch war, und ziehen Sie sich zurück.

35 Fortschritt Beförderung.

40 Entwirren Die Situation spitzt sich zu, Sie wissen, wo Sie stehen.

44 Begegnung Jemand schwächt Ihre Stellung.

48 Der Brunnen Vielleicht haben Sie eine Situation falsch eingeschätzt.

52 Stillhalten Bleiben Sie außer Sicht, Sie sollten nicht bemerkt werden.

60 Beschränkung Seien Sie bescheiden. Falsche Zeit für ehrgeizige Pläne.

63 Letzte Vollendung Verlieren Sie nicht durch Dummheit das, was Sie erworben haben.

Westliche Astrologie

Die Astrologie zeigt Ihnen, ob Ihr Beruf angemessen ist und Sie Erfolg haben werden. Das Sechste Haus beschreibt Ihre Berufung, das Zehnte Haus Ihre Karriere. Wenn Sie den Stand von Jupiter in Ihrem Horoskop kennen, wissen Sie, wo der Erfolg steckt. Wenn er in Ihrem Sechsten oder Zehnten Haus ist, können Sie eine große Karriere erwarten. Wenn der Jupiter in einem Transit das Zehnte Haus durchwandert, öffnen sich oft ungeahnte Gelegenheiten. Wenn Sie Ihr Geburtshoroskop nicht kennen, können Sie Ihr Sternzeichen als Erstes Haus nehmen und dann vorwärtszählen. Danach schlagen Sie in den astrologischen Tabellen auf den Seiten 185–188 die Daten von Jupiter nach.

Häuser

Zählen Sie Ihr Sternzeichen als Nummer 1

Sternzeichen

♈ ***Widder***
♉ ***Stier***
♊ ***Zwilling***
♋ ***Krebs***
♌ ***Löwe***
♍ ***Jungfrau***
♎ ***Waage***
♏ ***Skorpion***
♐ ***Schütze***
♑ ***Steinbock***
♒ ***Wassermann***
♓ ***Fische***

Beispiel
Das Sechste Haus von Widder ist Jungfrau.

Das 36-Quadrat-Orakel

Dies ist ein spezielles Kartenlegesystem, das sehr nützlich sein kann in der Beantwortung von Fragen zur Arbeit. Mischen Sie das Spiel, und legen Sie sechs Reihen mit jeweils sechs Karten aus.

Die folgenden Fragen beziehen sich auf die angegebenen Positionen. Überprüfen Sie die Bedeutung der Karten auf diesen Positionen auf den Seiten 118–122.

4, ***24*** „Werde ich befördert?“

34 „Bekomme ich eine Gehaltserhöhung?“

27 „Ist die Zeit günstig, meine Kündigung einzureichen?“

21 „Werde ich diese Entscheidung noch bereuen?“

25, ***29*** „Wird mein Chef mich unterstützen?“

Das 36-Quadrat-Orakel

Das 36er Quadrat ist eine traditionelle Methode des Kartenauslegens, die verschiedene Lebensbereiche beleuchtet. Sie können spezifische Fragen stellen oder eine „Gesamtsicht" des Lebens erkunden.

Methode

Stellen Sie die Frage, und behalten Sie sie im Kopf. Dann mischen Sie ein Kartenspiel und legen sechs Reihen mit jeweils sechs Karten.

Jede Position beantwortet einen bestimmten Aspekt. Schauen Sie nach, welche Positionen für Ihre Frage wichtig sind und lesen Sie dann auf den folgenden Seiten, was welche Karte auf der jeweiligen Position bedeutet. Ein Herz auf Position 16, der Heiratsposition, bedeutet eine glückliche Ehe. Bilder auf den jeweiligen Positionen können für bestimmte Menschen stehen (s. S. 43); wenn das Herz in Position 16 ein Bube ist, wird Ihr Partner ein blonder junger Mann, mit blauen, grauen oder haselnussbraunen Augen sein!

Die Positionen

1 ***Aussichten (sofortige)*** Momentane Projekte.

2 ***Vollendung*** Was Sie gewinnen.

3 ***Anerkennung*** Ausmaß des Erfolges.

4 ***Erwartungen*** Hoffnungen im Gleichgewicht.

5 ***Vermutungen*** Risiken, die Sie eingehen.

6 ***Wunschdenken*** Was Sie nicht durch eigene Leistung erringen können.

7 ***Unrecht*** Beschwerden/Unrecht, und wie Sie es korrigieren können.

8 ***Undankbarkeit*** Sorgen.

9 ***Kontakte*** Arbeitskollegen, Geschäftspartner usw.

10 ***Rückschläge*** Warnende Karten.

11 ***Probleme*** Geringer persönlicher Ärger in geschäftlichen Angelegenheiten.

12 ***Anlagen*** Persönliche Wirkung, Sicherheit der Arbeitsstelle, Eigentum, Verpflichtungen.

13 ***Freude*** Woher sie kommt.

14 ***Liebe*** Beziehung zu nahen Gefährten.

15 ***Wohlstand*** Unmittelbarer und zukünftiger.

16 ***Ehe*** Zukünftige oder jetzige (altersabhängig).

17 ***Sorgen*** Vom banalen bis zum tief verwurzelten Kummer.

18 ***Harmonie*** Wo man sie finden kann.

19 ***Glücksfall*** Unerwartetes Glück.

20 ***Betrug*** Je höher die Karte, desto größer der Betrug. Bilder weisen auf den Täter hin.

21 ***Opposition*** Konkurrenz oder Konflikt.

22 ***Geschenk*** Zeichen der Achtung.

23 ***Freundschaft*** Abhängigkeit von vertrauten Personen.

24 ***Beförderung*** Statusverbesserung oder Erwerbungen.

25 ***Zusammenarbeit*** Wie sehr Sie sich unter Druck auf Hilfe von außen verlassen können.

26 ***Erfolg*** Langfristige Unternehmungen.

27 ***Veränderung*** Vorteile und Nachteile.

28 ***Traurigkeit*** Ende, Verderben und Disaster.

29 ***Belohnung*** Anerkennung für geleistete Dienste.

30 ***Skandal*** Vorkommnisse, die Ihren Ruf lädieren.

31 ***Aussichten (langfristige)*** Möglichkeiten und glückliche Umschwünge.

32 ***Fülle*** Geld, Reichtum und Zahlungsfähigkeit.

33 ***Missachtung*** Ignorierte Gelegenheiten.

34 ***Anerkennung*** Wohlwollen, Gehaltserhöhung,usw.

35 ***Einfluss*** Wie weit der Ehrgeiz Sie trägt.

36 ***Gesundheit*** Unfälle oder Krankheiten.

Das 36-Quadrat-Orakel *(Fortsetzung)*

Herzen

1 Weiter zum Erfolg.

2 Befriedigung größer als erwartet.

3 Erfolg und Anerkennung.

4 Erwartungen besser erfüllt als angenommen.

5 Unerwarteter Gewinn, folgen Sie Ihrem Gefühl.

6 Die tiefsten Wünsche werden schneller wahr als erwartet.

7 Das Unrecht klärt sich gleich auf und wird zu Ihrem Vorteil.

8 Bald wird Anerkennung ausgedrückt.

9 Alles kehrt sich zum Besten, Gewinn ist sicher.

10 Verlust von etwas, von dem Sie zu sehr abhängig waren.

11 Auseinandersetzung mit Freunden/Familie könnte ernst sein. Seien Sie taktvoll.

12 Plötzlicher Aufschwung.

13 Inspiration und Anerkennung der schönen Dinge im Leben.

14 Äußerste Zufriedenheit und gegenseitiges Verständnis.

Herzen

15 Suchen Sie sich große Ziele. Sie werden reich und haben es verdient.

16 Glückliche Heirat, gleiche Interessen, gutes Verständnis. ***Ass*** Liebesaffäre.

17 Sorgen um Zuhause verschwinden bald.

18 Enge Freundschaften nicht vernachlässigen, denn sie nützen allen.

19 Ausstehendes Geschenk oder Gelegenheit, je länger es dauert, desto besser wird es sein.

20 Intrige gegen Sie trifft den Verursacher.

21 Vollständiger Triumph über alle Behinderungen.

22 Ehre und schöne Geschenke übertreffen alle Erwartungen.

23 Enge Freunde oder Geliebte sind äußerst vertrauenswürdig.

24 Plötzliche Beförderung, Gehaltserhöhung und Ruhm. Umgebung ändern, falls Erfolg dadurch behindert wird.

Herzen

25 Einfach fragen. Hilfe von unerwarteter Seite.

26 Erfolg in gut geplanten Projekten, je ehrgeiziger, desto besser.

27 Günstige Veränderung. Folgen Sie Ihrem Gefühl.

28 Weil jemand gestorben ist, lernen Sie etwas völlig Unerwartetes.

29 Belohnung größer als erwartet.

30 Kritik von anderen wegen Fehler legt sich bald.

31 Glückssträhne, nutzen Sie den Vorteil.

32 Geschäft oder Spekulation bringt viel Geld.

33 Gleichgültigkeit anderen gegenüber bringt eigene Nachteile. Lassen Sie es.

34 Je wohlhabender die Verbindungen, desto mehr Belohnung.

35 Einfluss und Macht, soviel Sie wollen.

36 Unpässlichkeit ist von kurzer Dauer.

Kreuz

1 Aussichten gut, aber Hilfe von Freunden nötig.

2 Starke Freundschaft wiegt unsichere Faktoren auf.

3 Verdiente Anerkennung kommt von Freunden.

4 Hoffnungen abhängig von alten und neuen Freunden. Dranbleiben.

5 Glück, falls Sie den guten Ratschlägen von Vertrauten folgen.

6 Wenn Sie nicht kriegen, was Sie wollen, versuchen Sie das zu wollen, was Sie kriegen können.

7 Freunde schalten sich ein, um Missverständnisse zu klären.

8 Schalten Sie gemeinsame Freunde ein, um von den Undankbaren Anerkennung zu erhalten.

9 Freundlich bei Verhandlungen, um Verluste zu vermeiden.

10 Sie könnten einen guten Freund verlieren, ein Rückschritt für Ihre Pläne.

11 Große Missverständnisse könnten einen Bruch herbeiführen.

Kreuz

12 Gedeihen durch eigene Anstrengung und Hilfe von guten Freunden.

13 Alltagsgeschäfte werden gestärkt durch Freundschaft und Stolz auf die Arbeit.

14 Ihre Liebsten sind zuverlässig und ehrlich.

15 Weiter hart arbeiten, Hilfe akzeptieren, um wohlhabend zu werden.

16 Von Freunden arrangierte Hochzeit.

17 Konflikt mit Freunden muss bereinigt werden.

18 Freundschaft pflegen, sie wird nützen.

19 Freunde denken an sie. Ein Geschenk lässt schon das nächste ahnen.

20 Rat suchen, falls Sie Betrug vermuten. Der Spieß dreht sich.

21 Starke Rivalität. Freunde helfen Gegner zu überwinden.

22 Großzügige Freunde bringen praktische Geschenke.

23 Verlassen Sie sich vollkommen auf einen engen Freund.

24 Fortschritt abhängig von Ihrer Arbeit und von Freunden.

Kreuz

25 Ehrliche Freunde helfen, nicht überstrapazieren.

26 Angebot von Freunden akzeptieren, Rat suchen bei fremdem Angebot.

27 Rückhalt bei Freunden bringt Erfolg in Finanzen. Alleingang unklug.

28 Ende einer Freundschaft oder Bekanntschaft.

29 Treue Freunde zeigen sehr verdiente Anerkennung.

30 ***10, B, D, K, Ass*** Schande eines Freundes verursacht Probleme. Niedrige Karten: Eigene Schande.

31 Gelegenheit durch Freunde.

32 Harte Arbeit, Köpfchen und gute Geschäfte steigern das Einkommen.

33 Sie vernachlässigen Freunde, glauben aber, selbst vernachlässigt zu werden. Alte Bekanntschaften erneuern.

34 Ehrliche entfernte Freundschaften und Freunde belohnen Sie.

35 Einfluss kommt durch Freunde.

36 Drohende Krankheit.

Karo

1 Hindernisse in Geschäften oder Finanzen.

2 Befriedigung durch kleine Boshaftigkeiten geschmälert.

3 Teilerfolg kann Weg ebnen.

4 Je leichtfertiger Sie mit der Hoffnung umgehen, desto geringer der Erfolg.

5 Verlust ausgeglichen durch unerwarteten Gewinn. Forderungen einziehen oder abschreiben.

6 Wildeste Wünsche trotz Hilfe von Freunden nur teilweise erfüllt.

7 Freundlich sein zu denen, die Unrecht taten, sie werden sich bessern.

8 Eigentliche Ursache für Undankbarkeit suchen, Schritte unternehmen.

9 Nicht Partei ergreifen, Sie werden sonst beschuldigt. Taktvoll bleiben.

10 Drohender Geld- oder Eigentumsverlust.

11 Streitereien um Geld oder Verpflichtungen.

12 Vorsicht, Opposition oder Probleme wegen Eigentum. Durch Zeitvergeudung Verpassen von Gelegenheit.

Karo

13 Sorgen und persönliche Konflikte überwinden, um wieder Freude zu haben.

14 Interessenskonflikt führt zu Misstrauen und Groll.

15 Wohlstand gefährdet durch neidische Intriganten. Wachsamkeit.

16 Glückliche Ehe, wenn Eifersucht und Konflikte überwunden werden.

17 Zorn, Unsicherheit und Streit bringen Disharmonie.

18 Eifersucht und Streit vermeiden, sonst Ende der Freundschaft.

19 Rechtsstreit. Je wichtiger der Fall, desto größer die Kosten: Zufrieden sein mit dem, was Sie haben.

20 Ruhig bleiben, Komplott scheitert mit geringem Verlust.

21 Streit zwischen Rivalen bringt Ihnen Vorteile und überwindet Schwierigkeiten. Triumph über Unglück.

22 Nicht gewolltes Geschenk verpflichtet, zurückgeben!

23 Unstimmigkeiten unter Freunden bringt Nachteile. Humorvoll sein.

Karo

24 Kritik und Konkurrenz entschieden entgegentreten. Klug handeln, sonst keine Chance.

25 Keine Zusammenarbeit, wenn Sie nicht ehrlich.

26 Veränderung vermeiden, es klappt nicht und könnte Streit bringen.

27 Konkurrenz vermeiden. Erfolg woanders suchen. Alle Partner müssen zufrieden sein, Streit bringt Verluste.

28 Änderung der Pläne durch plötzlichen Tod.

29 Plötzlicher Ruhm könnte durch jemand herabgesetzt werden.

30 Aufregung durch Groll, Boshaftigkeit und Eifersucht. Bedeckt geben.

31 Eifersucht gegen Sie bringt Ihnen Vorteile.

32 Geld gewonnen, könnte aber nicht ankommen.

33 Sorgloses Verhalten gefährdet eigene Position, stärkt andere.

34 Jemand leiht Geld und bietet Möglichkeit statt Rückzahlung. Annehmen.

35 Ziel durch Neid verhindert. Ehrgeiz dämpfen, kein voller Erfolg.

36 Ausbruch einer schon vertrauten Krankheit.

Pik

1 Verspätung, Fehler durch falsches Vertrauen.

2 Unehrliche Taktik oder Betrug mindert Zufriedenheit.

3 Gegensätze und Taktiken mindern Zufriedenheit.

4 Erfüllung nicht möglich. Loslassen, oder es kommt schlimmer.

5 Jedes Risiko vermeiden – Bankrott oder Raub möglich. Versicherung halten.

6 Keine Chance.

7 Unrecht wird schlimmer beim Versuch, es rückgängig zu machen.

8 Zu viel Großzügigkeit gegenüber Undankbaren.

9 Nur sich selbst vertrauen. Gewinn einstreichen, keine Versprechen. Andere nehmen Sie aus.

10 Vorsicht vor Geschäftemacherei. Mangelnde Voraussicht bringt Unglück.

11 Neid und Feinde verursachen Ängste.

12 Große Opfer, bis Sie doppelt soviel arbeiten.

13 Wer anderen hilft, hilft sich selbst. Loyalität wird von höherer Stelle belohnt. ***Ass*** Enttäuschung.

Pik

14 Liebe ist unbeständig. Ausdauer könnte helfen, aber lohnt es sich?

15 Fortschritt wird durch Einmischung behindert. Eingreifen.

16 Ehe kann wegen anderer zerbrechen. ***7, 8*** oder ***9*** Scheidung.

17 Bösartige Kritiker oder tödliche Feinde. Unnötige Aktion. Warten, bis Situation sich entschärft.

18 Oberflächliche Freundschaften, weitermachen, Möglichkeiten der Erneuerung offen halten.

19 Sie sind vielleicht um vergessenen Besitz betrogen worden. Für Aufklärung sorgen.

20 Ruf ruiniert durch doppeltes Spiel oder Betrug.

21 Sie sind überlistet oder übertroffen worden.

22 Geschenke haben einen Haken. Zwielichtige Pläne vermeiden.

23 Vorsicht vor falschen Freunden. Guten Freunden vertrauen.

24 Rivalen blockieren mit boshaften Tricks dazwischen, Ruhm wird verhindert. Weniger Pflichten nachgehen, etwas Besseres kommt.

Pik

25 Konkurrenten reißen angebotene Hilfe an sich. Auf sich selbst verlassen oder woanders hingehen.

26 Unerwartete Schwierigkeiten. Risiken anderen überlassen.

27 Jetzige Position halten, skrupellose Menschen wollen Sie austricksen.

28 Plötzlicher Tod löst drückende Probleme.

29 Sie erhalten nicht den Lohn, den Sie erwarten.

30 Harte Zeiten im Guten oder Schlechten.

31 Vorsicht, Gefahr. Freunde helfen, aber die Nerven liegen blank.

32 Gewinn nicht möglich. Nehmen Sie was Sie können und behalten Sie es.

33 Auf den Besitz aufpassen oder alles verlieren.

34 Sie werden nichts bekommen.

35 Ihr Ehrgeiz hat keine Chance.

36 Krankheit könnte soziales und geschäftliches Umfeld beeinträchtigen.

Wo soll ich nach Arbeit suchen?

Wenn Sie Schwierigkeiten haben, eine Arbeit zu finden, hilft Ihnen Ihr chinesisches Tierzeichen, die Richtung zu finden. Wenn Sie Ihr Tierzeichen nicht kennen, schlagen Sie auf Seite 182 nach.

Chinesische Astrologie

Ratte Nord

Büffel Nord-Nordost

Tiger Ost-Nordost

Hase Ost

Drache Ost-Südost

Schlange Süd-Südost

Pferd Süd

Ziege Süd-Südwest

Affe West-Südwest

Hahn West

Hund West-Nordwest

Schwein Nord-Nordwest

Soll ich ein neues Geschäft eröffnen?

Ist die Zeit günstig für eine Erweiterung?

Die Eröffnung eines eigenen Geschäftes ist risikoreich. Das 36-Quadrat-Orakel und die Zukunfts-Münzen geben Ihnen eine schnelle Antwort. Die Astrologie und die Numerologie helfen Ihnen, die Möglichkeiten zu maximieren. Diese Zyklen verraten Ihnen auch den günstigsten Moment für eine Erweiterung oder den Verkauf.

Handlesen

Haben Sie sich schon oft gefragt, ob Sie der Richtige sind für ein eigenes Geschäft? Die Antwort liegt auf der Hand. Wenn Sie diese Handlinien haben, liegen Sie richtig. Wenn nicht, sollten Sie Ihren Plan noch einmal überdenken oder einen Partner suchen, der fehlende Erfahrung ausgleichen kann.

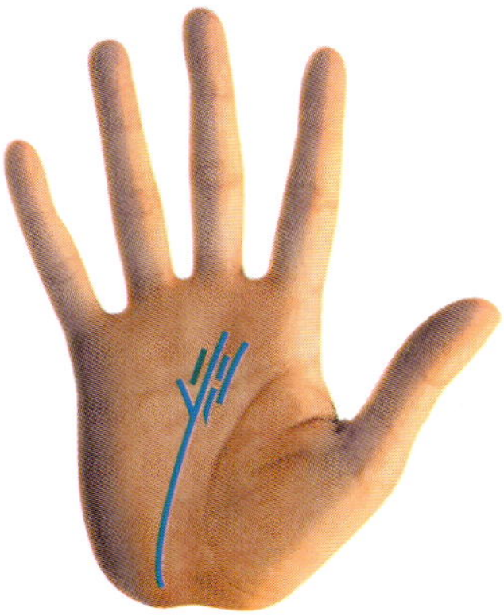

Das 36-Quadrat-Orakel

Mit diesem Kartenlegesystem erfahren Sie etwas über mögliche Berufskarrieren. Das Spiel mischen und in Sechserreihen mit je sechs Karten auslegen. Vor allem die Positionen 1, 15, 24, 26 und 31 sind wichtig.

1 Ein Herz ist sehr günstig für den Beruf, den Sie im Kopf haben.

15 Ein Kreuz deutet an, dass Sie sehr hart arbeiten müssen für den Erfolg.

24 Ein Kreuz zeigt nicht nur harte Arbeit an, sondern auch hilfreiche Freunde und könnte ein nützlicher Ansporn zur Kultivierung guter Kontakte sein.

26 Ein Herz hier besagt, dass Sie umso mehr Erfolg haben je ehrgeiziger Ihre beruflichen Pläne sind.

31 Ein Kreuz hier deutet auf eine Gelegenheit durch Freunde.

Westliche Astrologie

Die Astrologie zeigt günstige Momente auf. Jupiter, der Planet der Expansion und der Chancen, braucht zwölf Jahre, bis er das Horoskop durchwandert hat. Der günstige Zyklus beginnt, wenn Jupiter Ihr Sternzeichen betritt, jeder Teil des Zyklus dauert drei Jahre. Um diese Zyklen zu bestimmen, schauen Sie nach der augenblicklichen Position von Jupiter (siehe Astrologische Tabelle S. 185–188).

Beginn des Zyklus: Ein neuer Zyklus beginnt, wenn Jupiter in Ihr Sternzeichen eintritt. Das ist dann eine Periode guter Gelegenheiten. Starten Sie jetzt neue Projekte oder expandieren Sie.

Erstes Viertel vollendet Drei Jahre sind vergangen. Sie sehen, ob das Projekt funktioniert. Das ist eine Zeit der Stärkung, jetzt nur kleine Verbesserungen durchführen.

Zweites Viertel beendet Sechs Jahre sind vergangen. Die nächsten drei Jahre werden Sie maximal belohnt werden.

Drittes Viertel beendet Der Zyklus lässt nach. Zeit der Vollendung und Vorbereiten für einen neuen Zyklus. Günstig für Verkauf und Pensionierung.

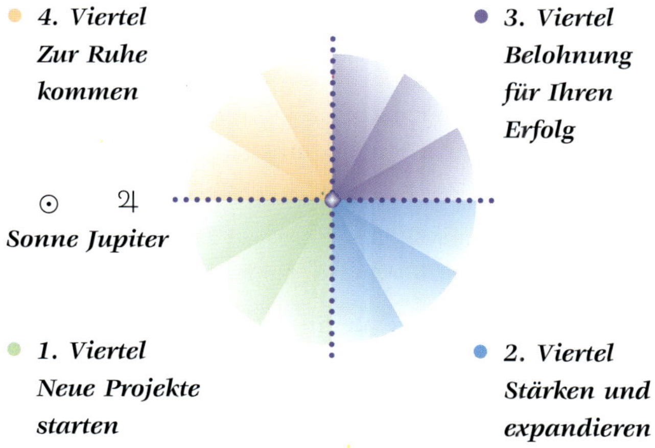

Numerologie

Es gibt bestimmte Jahre in Ihrem Persönlichen Jahreszyklus, die sich für neue Projekte, für Expansion oder Pensionierung besonders eignen. Bilden Sie die Quersumme aus Tag und Monat ihres Geburtsdatums und des fraglichen Jahres, bis Sie eine Ziffer erhalten – Ihre Persönliche Jahresschwingungszahl. Wenn Sie am 10. Juli geboren sind und das Jahr 2003 bestimmen wollen, dann ist die Zahl 4 (1 + 7 + 2 + 3 = 13 = 4) – eine Zeit der Stärkung. Der kompletter Zyklus steht auf Seite 97.

Jahr 1 Geschäft eröffnen.

Jahr 2 Geschäft expandieren.

Jahr 4 Stärkung.

Jahre 7–9 Ernte und Pension.

Zukunfts-Münzen

Das Werfen von Münzen gibt es, seit es Münzen gibt. Mit der Legemethode auf der nächsten Seite erfahren Sie mehr als nur „Ja“ und „Nein“, vor allem, wenn Sie wissen möchten, ob Sie eröffnen, expandieren oder verkaufen sollten.

Wenn Ihre Münze zum Beispiel mit der Zahl nach oben auf der unten gezeigten Karte landet, wird sich bald ein gutes Geschäft ergeben – fangen Sie an, darauf zu sparen!

Zukunfts-Münzen oder Münzorakel

Das Münzorakel war schon in der Antike bekannt. Damals wurden die Münzen in Quadrate geworfen, die auf der Erde aufgezeichnet waren. Heute ist es einfacher, statt der Quadrate Spielkarten auszulegen. Dieses vielseitige Orakel bringt Licht in verborgene Schwierigkeiten und gibt gute Ratschläge für die Zukunft.
Sie brauchen eine glänzende Münze, auf der man deutlich Zahl oder Kopf erkennt und neun Spielkarten.

Methode

- Die Karten mischen und neun Karten verdeckt in Dreierreihen auslegen. Zwischen den einzelnen Reihen muss ausreichend Platz für die Münze sein.

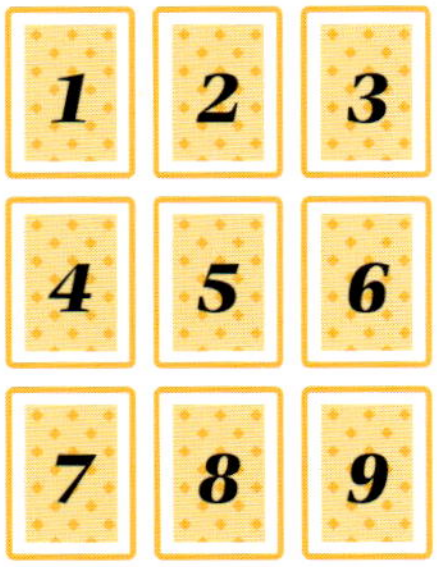

- Halten Sie die Münze an den Rändern etwa 30 cm über dem Zentrum des Kartenquadrats.
- Lassen Sie die Münze fallen.
- Schauen Sie nach, ob Sie Kopf oder Zahl geworfen haben.
- Wenn die Münze auf einer Karte gelandet ist, lesen Sie die Bedeutung. Ist sie in die Zwischenräume gefallen, warten Sie ein paar Tage, bevor Sie es wieder probieren.

Karte 1
Kopf Es ist Zeit, entschieden und unabhängig zu handeln, um das zu erreichen, was Sie wollen.
Zahl Lassen Sie sich auf keinen Fall zu etwas überreden, was Sie nicht möchten. Jemand versucht, Sie zu seinem Vorteil zu benutzen.

Karte 2
Kopf Entscheiden Sie sich, es wird gut ausgehen. Zeit, um eher Ratschläge zu geben, als sie anzunehmen.
Zahl Sie können momentan keinem helfen, der schlechter dasteht als Sie. Sonst beschuldigt man Sie, Probleme hervorzurufen.

Karte 3
Kopf Überprüfen Sie Ihre Planung. Verbessern Sie, es könnte sonst schief gehen.
Zahl Behalten Sie Ihre Ideen bei sich, jemand könnte sie für sich beanspruchen oder sich darüber lustig machen.

Karte 4
Kopf Eine Aufgabe vollenden, bevor Sie mit der nächsten beginnen. Gefahr, eine sichere Sache für eine riskante aufzugeben.
Zahl Sie haben die praktische Fähigkeit, verrückte Ideen anderer in profitable Projekte umzuwandeln.

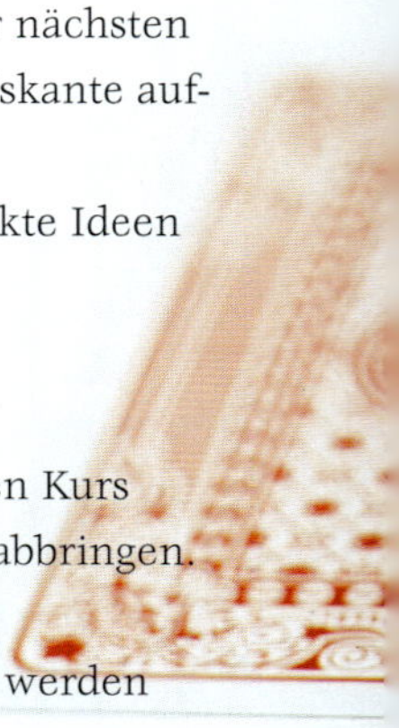

Karte 5
Kopf Lassen Sie sich von Ihrem eingeschlagenen Kurs nicht durch Nervosität oder Vergnügungssucht abbringen. Sie könnten es bereuen.
Zahl Vermeiden Sie Spiel oder Spekulation, Sie werden sonst übervorteilt werden.

Karte 6

Kopf Ausgezeichnete Zeit, sich zur Ruhe zu setzen, vor allem, wenn Sie jemand anderen glücklich gemacht haben.
Zahl Akzeptieren Sie keine zu großen Forderungen an sich. Sie waren leichtsinnig. Bleiben Sie standfest.

Karte 7

Kopf Folgen Sie Ihrer Intuition, aber forcieren Sie nichts. Wenn Sie nicht wissen, was Sie tun sollen, warten Sie erstmal ab.
Zahl Schrecken Sie Menschen, die Ihnen helfen wollen, nicht durch Verzagtheit und Düsternis ab. Heiterkeit zieht die an, die Ihre Pläne unterstützen.

Karte 8

Kopf Ihre Pläne sind zu bescheiden. Ausweiten, vor allem wenn es um Geld geht.
Zahl Bald wird sich eine geschäftliche Gelegenheit ergeben. Legen Sie so viel Geld beiseite wie möglich, damit Sie bereit sind, wenn es soweit ist.

Karte 9

Kopf Ihre Überzeugungskraft ist jetzt am stärksten. Sie können damit erreichen, was Sie wollen, aber der Vorsatz muss redlich sein, sonst werden Sie es später büßen.
Zahl Lassen Sie sich durch nichts aus dem Gleichgewicht bringen. Stellen Sie sich den Dingen, dann werden Sie gewinnen.

Wie kann ich mein Geld am besten vermehren?

Ich verdiene viel, aber es reicht nie aus – warum?

Erbe ich mal etwas?

Geld war schon immer eine wichtige Angelegenheit. Die Menschen wollen wissen, wie man es bekommt, wie man es behält, was damit machen kann und gelegentlich auch, wie man es ausgeben kann. Für all diese Fragen gibt es Orakel. Die Astrologie beispielsweise kann Ihnen wertvolle Hinweise geben – wenn Sie Ihr Geburtshoroskop kennen und das Glück haben, Jupiter in Ihrem Zweiten Haus zu haben, dann werden Sie immer so viel Geld haben, wie Sie benötigen. Wenn die Planeten günstige Häuser durchwandern, kann das für Sie Glück mit Geld bedeuten, Ihr Sternzeichen sagt Ihnen dann mehr dazu.

Westliche Astrologie

Das Zweite Haus ist das Haus der persönlichen Reserven, und das Achte Haus steht für Erbschaft und gemeinsames Geld. Planeten, die diese Häuser durchwandern, stimulieren die Geldangelegenheiten. Jupiter kann ein „Wie gewonnen, so zerronnen" hervorrufen. Wenn Saturn durch das Zweite Haus wandert, werden Sie an dem festhalten, was Sie haben, denn Saturn weist auf starke Einschränkungen in den persönlichen Finanzen hin. Aber wenn er das Achte Haus durchwandert, besteht die große Chance, durch ein Testament zu erben.
Wenn Sie Ihr Horoskop nicht kennen, zählen Sie Ihr Sternzeichen als 1 und gehen dann gegen den Uhrzeigersinn eines oder sieben Zeichen zurück. Schauen Sie in den Astrologischen Tabellen (S. 185–188) nach, wann Jupiter und Saturn durch diese Häuser wandern.

Häuser

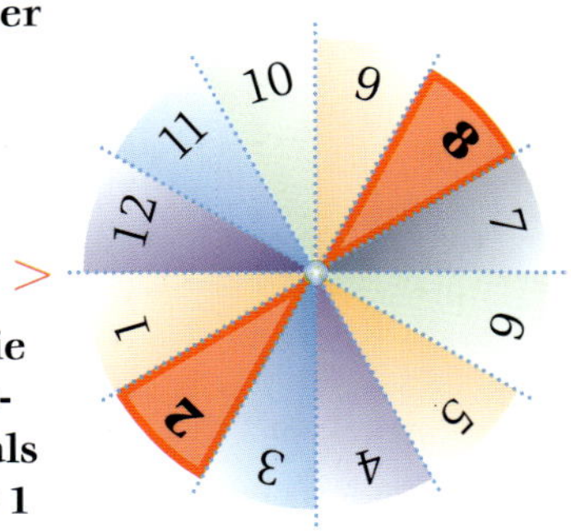

Zählen Sie Ihr Sternzeichen als Nummer 1

Sternzeichen
♈ ***Widder***
♉ ***Stier***
♊ ***Zwilling***
♋ ***Krebs***
♌ ***Löwe***
♍ ***Jungfrau***
♎ ***Waage***
♏ ***Skorpion***
♐ ***Schütze***
♑ ***Steinbock***
♒ ***Wassermann***
♓ ***Fische***

Beispiel
Das Zweite Haus von Widder ist Stier

Sternzeichen

Widder Kauft impulsiv, denkt selten an die Zukunft.

Stier Häuft Geld auf der Bank an.

Zwilling Wie gewonnen, so zerronnen.

Krebs Fühlt sich pleite, solange er nicht einige Tausender auf der Bank hat.

Löwe Großzügig.

Jungfrau Plant und rechnet.

Waage Sorgfältig, zahlt für Qualität.

Skorpion „Was mein ist, bleibt mein".

Schütze Verschwender, Spieler.

Steinbock Legt immer etwas zur Seite für schlechtere Zeiten.

Wassermann Geizkragen.

Fische Alles ist im Fließen.

Vorhersagen und Wahrsagen

Obwohl die beiden Begriffe oft verwechselt werden, stehen sie für unterschiedliche Konzepte. Die Vorhersage schätzt die Möglichkeit ein, ob etwas eintritt. Sie beruft sich auf Jahrtausende der Beobachtung und auf den Zusammenhang von bestimmten Mustern mit bestimmten Ereignissen. Volkswirte und Kapitalanleger benutzen Statistiken und finanzielle Merkmale, um Trends vorherzusagen. Sie müssen zukünftige Ereignisse wie einen Börsenkrach voraussehen, um Schäden zu begrenzen. Die Finanzastrologie ist eine exakte Wissenschaft, die auf der gleichen genauen Beobachtung beruht. Ein Astrologe benutzt andere Tabellen als ein Volkswirt, kann aber genauso, wenn nicht noch genauer, das Auf und Ab der Börse vorhersagen. Die Wahrsagerei beruft sich indessen auf göttliche Führung. Sie wird mit Mitteln durchgeführt, die ihre Ergebnisse anscheinend zufällig auswählen. Wenn Sie das Rad des Schicksals (S. 132) über eine Spekulation befragen, erraten Sie, was die Zukunft für Sie bereithält. Im alten Zeiten glaubte man, dass Gott (oder die Götter) das Ergebnis beeinflussten. Heute geht man eher davon aus, dass das Unterbewusstsein das Orakel beeinflusst.

Soll ich mein Glück versuchen?

Soll ich einen Lottoschein kaufen?
Soll ich ein Kasino besuchen?
Soll ich spekulieren?
Soll ich Aktien kaufen?
Soll ich ein Risiko eingehen?

Alle träumen davon einmal im Spiel zu gewinnen. Viele fragen sich, ob sie ein Lotterielos kaufen sollen, während andere überlegen, ihr Glück beim Roulette zu versuchen. Die beste Fragestellung ist sicher: „Werde ich gewinnen, wenn ich mein Glück versuche?", denn sonst könnten Sie eine positive Antwort erhalten und doch nicht gewinnen!
Andere Spekulationen sind der Kauf von Aktien, die Investition in risikoreiche neue Projekte, das kalkulierte Warten auf die Wertsteigerung eines Gegenstands oder die Zusammenarbeit mit einem neuen Geldberater. Vielleicht wollen Sie auch einfach nur erfahren, ob ein günstiges Kaufangebot tatsächlich günstig ist. Die Orakel können eine glückliche Periode in Ihrem Leben vorhersagen. Eine schnelle Antwort erhalten Sie schon mit Dominosteinen, das Rad des Schicksals gibt dagegen sehr genaue Ratschläge. Wenn Sie dort ein Ja erhalten, können Sie mit den Schwimmenden Zahlen die Glückszahlen herausfinden.

Dominosteine

Es reicht, einen Dominostein umzudrehen, um eine schnelle Antwort zu erhalten. Legen Sie die Dominosteine verdeckt auf den Tisch, und mischen Sie sie. Dann drehen Sie einen Stein um. Die folgenden Kombinationen sind Glückstreffer. Die Antwort auf andere Kombinationen finden Sie auf S. 114–115.

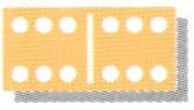

Doppelsechs Extrem günstig, kündigt Erfolg an.

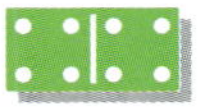

Doppelvier Ihnen kommt Geld entgegen.

Sechs-Vier Reichtum in Sicht.

Orakel für Glückstage

Dieses System kombiniert Astrologie und Numerologie, um die günstigsten Wochentage zu bestimmen. Wenn Ihr Geburtsdatum und Ihr aktuelles Datum harmonisieren, werden Sie großes Glück haben.

Um Ihre Geburtszahl zu finden, müssen Sie die einzelnen Ziffern von Tag, Monat und Jahr Ihres Geburtsdatums summieren, bis eine Ziffer übrig bleibt.
Dann bilden Sie die Quersumme der einzelnen Ziffern des befragten Datums.
Anschließend schauen Sie auf den Tabellen auf Seite 139-156 nach. Zuerst suchen Sie nach Ihrer Geburtszahl, dann nach der Tageszahl und schließlich nach dem jeweiligen Wochentag.
Wenn Ihre Geburtszahl 1 ist und die Tageszahl 5 und der Tag Dienstag, dann können Sie Ihr Glück herausfordern!

Rad des Schicksals

Die Wahrsagung mit einer Nadel ist eine anerkannte Methode, eine Auswahl zu treffen. Das Rad des Schicksals (nächste Seite) konzentriert Ihre Fragen auf bestimmte Lebensbereiche. Wenn Sie zum Beispiel wissen wollen, ob Sie ein Lotterielos kaufen oder pokern sollen, müssen Sie das Spekulationsfeld benutzen. Da nicht alle Antworten zutreffen, können Sie Ihr Glück trotzdem versuchen.

Um das Rad zu benutzen, setzen Sie einen Zeigefinger unter das Spekulationsfeld (oder Glücksfeld).
Schließen Sie die Augen, und stecken Sie eine Nadel in den Platz über Ihrem Finger.
Jetzt prüfen Sie auf der Liste auf der nächsten Seite, was die Zahl aussagt – ob Sie Ihr Glück versuchen sollen oder nicht.

Welche Zahlen soll ich wählen?

Schwimmende Zahlen

Es ist mindestens genauso wichtig, zu wissen, welche Zahlen Sie in der Lotterie ankreuzen oder am Roulettetisch auswählen sollen, als nur zu wissen, ob Sie Ihr Glück überhaupt versuchen können. Mit dieser einfachen Methode erfahren Sie, welche Zahlen Ihnen Glück bringen.
Reißen Sie weißes Papier in so viele Stückchen, wie es Nummern gibt. Wenn Sie also im deutschen Lotto spielen wollen, brauchen sie 49 Papierstückchen, für ein Roulettespiel brauchen Sie 38 – die Zahlen 1 bis 36, plus 0 und 00.
Mit einem wasserfesten Stift schreiben Sie jetzt eine Zahl auf jedes Papierstück. Dann legen Sie die Zahlen in eine Schüssel, und gießen Sie einen Krug Wasser darüber.
Fischen Sie die Zahlen heraus, die als erste hochsteigen. Diese haben die größte Chance zu gewinnen.
Sie können diese Schwimmenden Zahlen auch für Pferdewetten oder andere Spiele anwenden.

Das Rad des Schicksals

Dieses Orakel kann bestimmte Fragen beantworten, aber auch ganz generell aufzeigen, was die Zukunft für Sie bereithält.
Das Rad des Schicksals ist eingeteilt in acht Felder, neben jedem Feld stehen sechs Zahlen in einer bestimmten Sequenz. Um die Antwort auf eine bestimmte Frage zu erfahren, müssen Sie zuerst das richtige Feld finden. Wenn Sie zum Beispiel wissen möchten, ob die Zeit günstig ist, in ein Geschäft einzusteigen, wählen Sie das Feld des Handels. Unter gewissen Umständen, etwa wenn Sie wissen möchten, ob Sie Ihren Arbeitsplatz wechseln sollten, sind mehrere Felder betroffen, in diesem Fall Glück und Handel.

Methode

Wenn Sie Ihre Frage gestellt haben, legen Sie einen Zeigefinger auf das entsprechende Feld. Dann schließen Sie die Augen und stecken eine Nadel in die Zone über Ihrem Finger. Sie sollte eine der Zahlen berühren. Dann lesen Sie nach, was diese Zahl bedeutet.

Spekulation

1 Erfolg in der Lotterie
2 Niemals spekulieren.
3 Glück versuchen.
4 Glück im Kartenspiel.
5 Erfolgreiches Geschäft.
6 Glück in einer Wette.

Glück

1 Veränderungen alle 7 Jahre.
2 Ein stetiges Leben.
3 Plötzlicher Reichtum.
4 Verhängnisvolle Verschwendung.
5 Erfolgreicher Handel.
6 Plötzlicher Fall, großer Aufstieg.

Liebe

1 Viele Liebhaber.
2 Ein ehrlicher und ein unehrlicher Geliebter.
3 Ein reiner Flirt.
3 Unbeständige Einbildung.
5 Ein Geliebter ohne Mut, sich zu bekennen.
6 Sie lieben, werden aber nicht geliebt. Abbrechen.

Werben

1 Verehrer meint es ehrlich.
2 Hat keine Ehe im Sinn.
3 Zwiespältig.
4 Ein langes Techtelmechtel endet im Nichts.
5 Führt zu einer Hochzeit.
6 Plötzliches Ende.

Ehe

1 Glücklich, lange Dauer.
2 Kurz, aber glücklich und friedlich.
3 Verspätet, aber glücklich.
4 Endet nicht so gut, wie am Anfang gedacht.
5 Trennung oder Scheidung.
6 Glückselige Verbindung.

Kinder

1 Große und glückliche Kinderschar.
2 Viele, darunter Rosen und Dornen.
3 Mindestens eins.
4 Nicht viele.
5 Eines wird Sie reich machen, alle werden geliebt.
6 Außereheliche Kinder können Probleme machen.

Familie

1 Sie wird Sie bereichern.
2 Sie wird Sie arm machen
3 Sie werden unterstützt.
4 Eine nicht funktionierende Familie behindert.
5 Ein wertvolles Erbe kommt.
6 Ein Tod in der Familie.

Handel

1 Keine Schulden.
2 Plötzlicher Eintritt in den Handel.
3 Freundschaft mit einem Händler.
4 Sie werden durch einen Handel verlieren.
5 Sie werden eine Partnerschaft beginnen.
6 Sie werden ein Vermögen machen.

SPEKULATION
GLÜCK
LIEBE
WERBEN
EHE
KINDER
FAMILIE
HANDEL

Freizeit und Gesundheit

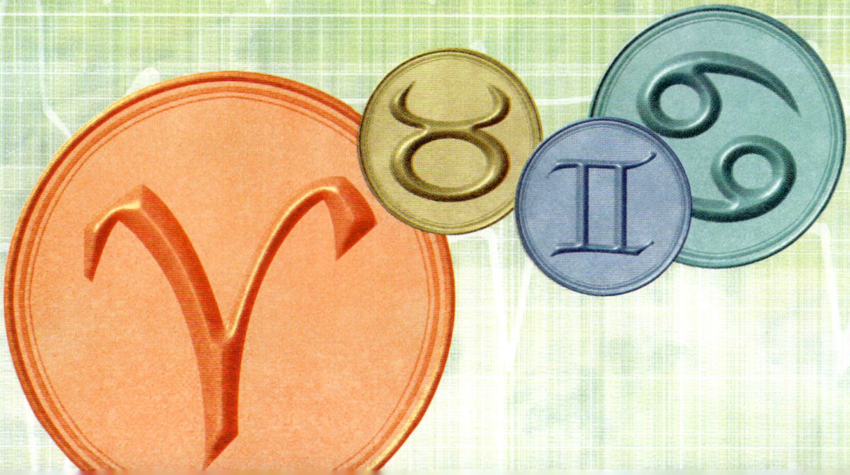

Die Freizeit wird jetzt mit dem 21. Jahrhundert immer wichtiger werden. Ständig eröffnen sich neue Möglichkeiten. Viele der antiken Orakel sagen Ihnen, wie Sie Ihre Freizeit am besten gestalten oder Ihr Hobby sogar zum Beruf machen können.

Viele Menschen wissen oft nicht, wohin sie in ihrem Urlaub fahren sollen – welcher Ort am besten zu ihren Energien passt. Mit Hilfe der Astrologie können Sie die günstigsten Plätze und die richtige Reisebegleitung aussuchen. Die Astrologie hilft auch bei der Entscheidung, ob Sie sich besser an einen stillen Ort zurückziehen oder lieber einen Abendkurs zu Ihrem Lieblingsthema besuchen sollen.

Die Gesundheit war natürlich schon immer ein wichtiges Thema für alle Wahrsager, und viele Orakel wie das Handlesen oder die medizinische Astrologie haben sich entwickelt, um Fragen zur Gesundheit beantworten zu können. Sie beruhen auf jahrhundertelanger Beobachtung und helfen Ihnen, zu entscheiden, welche Beschwerden Sie besser sofort von einem Arzt untersuchen lassen müssen. Andere Techniken wie das Pendeln sind zwar kein Ersatz für eine medizinische Behandlung, können aber Ursachen wie Stress oder ein Ungleichgewicht in der Ernährung feststellen und dann helfen, eine Lösung zu finden.

Wo ist es?

Wo ist der verlorene Gegenstand?
Wo ist er/sie hingegangen?
Welches ist der richtige Ort?

Die häufigsten Fragen beginnen mit „Wo ist …?". Dabei ist vielleicht ein verlorener oder verlegter Gegenstand gemeint oder ein Mensch, der verschwunden ist, oder ein Ort, den man sucht. Einige Orakel können Ihnen bei der Suche nach verlorenen Gegenständen helfen, das Neun-Sterne-Ki gibt Ihnen die Suchrichtung an, aber nur das Pendel kann Ihnen den exakten Ort verraten.

Pendeln

Wenn Sie die Kunst des Pendelns beherrschen (gegenüberliegende Seite) ist es ganz einfach, über einer Landkarte oder über einem Plan zu pendeln, um verschwundene Menschen oder verlorene Gegenstände wieder zu finden. Sie können auch nach einem Ort suchen, der zu Ihnen passt – beruflich oder persönlich (Umzug, Beruf oder Urlaub).

Wenn Sie verlorene Gegenstände suchen, fragen Sie das Pendel, ob sich der Gegenstand im Haus, Auto, Garten, Büro, etc. befindet. Dann fragen Sie spezifischer nach Küche, Esszimmer, etc. Dort stellen Sie sich dann hin, drehen sich langsam und bitten das Pendel, die Richtung anzuzeigen – es wird Sie direkt dorthin führen. Oder Sie halten das Pendel über eine Landkarte oder einen Plan und bewegen den anderen Finger langsam „fragend" darüber. Das Pendel wird über dem Ort in ein „ Ja" einschwingen.

Neun-Sterne-Ki

Das zyklische Wesen dieses japanischen Astrologiesystems geht davon aus, dass es in jedem Jahr ganz bestimmte günstige Richtungen für Sie gibt. Das sind die Richtungen, in denen Sie nach verlorenen Gegenständen oder vermissten Personen suchen können und an denen Sie die idealen Orte für Reisen und Urlaub finden. Die Tabelle auf Seite 184 zeigt die günstigen Richtungen der nächsten zehn Jahre. In der Tabelle auf Seite 183 können Sie Ihre Neun-Sterne-Ki-Zahl herausfinden. Wenn Sie 1969 nach dem 4. Februar geboren sind, ist Ihre Zahl 4, wenn Sie im gleichen Jahr, aber davor geboren sind, ist die Zahl 5.

Pendeln

Niemand kann genau sagen, wie ein Pendel funktioniert. Es könnte sein, dass es minimale elektrische Schwingungen aufnimmt und in die Hand überträgt, die das Pendel hält. Sie können ein Pendel kaufen oder einfach einen kleinen Gegenstand an eine Kette oder Kordel hängen.

Methode

Halten des Pendels: Nehmen Sie die Kette oder Kordel so zwischen Daumen und Zeigefinger, dass das Pendel etwa 15cm nach unten hängt. Jetzt programmieren Sie Ihr Pendel: Schwingen Sie das Pendel diagonal in eine Richtung und wiederholen Sie einige Male: „ Das ist ein Ja“. Dann schwingen Sie diagonal in die andere Richtung und wiederholen: „ Das ist ein Nein“. Zur Überprüfung sagen Sie Ihren Namen und fragen das Pendel: „Ist das mein Name?“. Es sollte jetzt „ Ja“ anzeigen. Dann sagen Sie andere Namen und stellen die gleiche Frage. Jetzt sollte es „ Nein“ angeben.

Sobald Sie Ihr Pendel programmiert haben, können Sie es in vielfältigster Weise anwenden – zur Auswahl eines Ferienortes oder eines Heilmittels (S. 170–171) oder sogar als Allergietest, siehe unten.

Wenn Sie die Ursache für eine Allergie herausfinden möchten, breiten Sie die Nahrungsmittel, die Sie testen wollen (oft sind es Milchprodukte und Weizen) vor sich aus. Dann legen Sie im Uhrzeigersinn nacheinander den Finger auf jedes Nahrungsmittel und fragen: „ Ist das zur Zeit schlecht für mich?“. Wenn die Antwort „ Nein“ ist, gehen Sie weiter. Aber auch bei „ Ja“ gehen Sie weiter, da Sie noch auf weitere Nahrungsmittel allergisch reagieren könnten.

Wann soll ich Urlaub nehmen?

Soll ich eine Reise machen?
Oder soll ich lieber total ausspannen?

Jeder Mensch möchte sich dann und wann ausruhen und entspannen. Dann kann man ein Orakel konsultieren, um die günstigste Zeit für einen Urlaub herauszufinden. Die Astrologie kann die richtige Zeit für verschiedene Aktivitäten angeben, und auch das Orakel für Glückstage zeigt die günstigsten Daten auf.

Westliche Astrologie

Das Dritte Haus im Horoskop bezieht sich auf Kurzreisen, das gegenüberliegende Neunte Haus auf längere Reisen. Wenn entweder Jupiter oder Venus diese Häuser durchwandern, können Sie einen spaßigen Urlaub planen. Die romantische Venus würde außerdem eine Reisebegleitung vorschlagen!
Wenn Sie sich nach einem Rückzug sehnen, sollten Sie sich das Achte Haus anschauen. Das ist das Haus der Innenschau und des höheren Bewusstseins. Das Neunte Haus ist das religiöse Haus. Wenn Jupiter oder Saturn diese Häuser beeinflussen, ist die Zeit günstig für einen Rückzug von der Welt – traditionell im Neunten Haus, im Achten Haus geht es mehr in Richtung „New Age".

Wenn Sie Ihr Geburtshoroskop kennen, schauen Sie dort nach dem Dritten, Achten oder Neunten Haus. Sonst nehmen Sie Ihr Sternzeichen als Erstes Haus und zählen gegen den Uhrzeigersinn dann die anderen Häuser. Die Astrologischen Tabellen auf Seite 185–188 zeigen Ihnen, wann Jupiter, Venus und Saturn aktiv sind.

Häuser

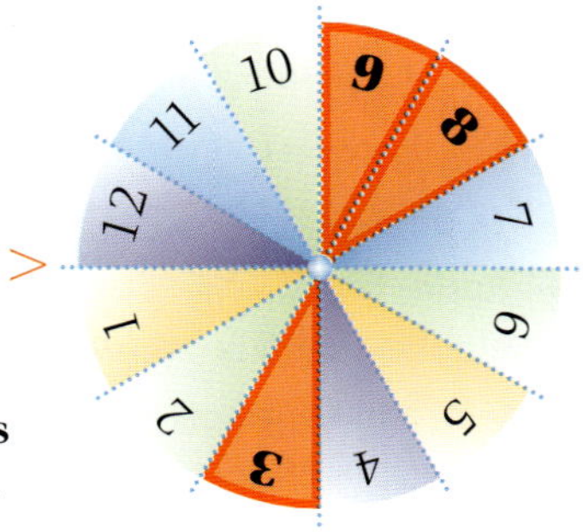

Zählen Sie Ihr Sternzeichen als Nummer 1

Sternzeichen
♈ ***Widder***
♉ ***Stier***
♊ ***Zwilling***
♋ ***Krebs***
♌ ***Löwe***
♍ ***Jungfrau***
♎ ***Waage***
♏ ***Skorpion***
♐ ***Schütze***
♑ ***Steinbock***
♒ ***Wassermann***
♓ ***Fische***

Beispiel
Das Achte Haus von Widder ist Skorpion.

Orakel für Glückstage

Dieses System kombiniert die Astrologie und Numerologie, um günstige und ungünstige Tage für bestimmte Aktivitäten herauszufinden. Bilden Sie die Quersumme Ihres Geburtsdatums, bis eine Ziffer übrigbleibt, das ist Ihre Geburtszahl. Dann bilden Sie die Quersumme des in Frage kommenden Tages und schauen nach, was für ein Wochentag das ist. Wenn Ihre Geburtszahl zum Beispiel 6 ist, die Tageszahl 5 und Sie nach einem Dienstag fragen, dann erfahren Sie auf den folgenden Seiten, dass Sie unbedingt frei nehmen sollten!

Orakel für Glückstage

In diesem System hat jede Zahl eine einzigartige Schwingung, die auf das Geburtsdatum und auf den aktuellen Tag bezogen werden kann. Wie die Schwingungen dieser zwei Zahlen miteinander harmonisieren, entscheidet, ob der Tag günstig ausfällt oder nicht.

Eine Befragung, die Geburtszahl, Tageszahl und Wochentag einbezieht, kann die nächsten Tage voraussagen. Sie können für heute oder für einen zukünftigen Tag fragen, allerdings müssen Sie wissen, was für ein Wochentag das ist.

Methode

Ihre Geburtszahl bestimmen Sie, indem Sie die einzelnen Ziffern zusammenzählen.

Beispiel Wenn Sie am 17. Februar 1968 geboren sind (17.02.1968), entspricht das

|1|7|0|2|1|9|6|8| = 34 = 3 + 4 = 7

Die Tageszahl bestimmen Sie, indem Sie die einzelnen Ziffern des entsprechenden Tages zusammenzählen.

Beispiel 1. Januar 2001

|0|1|0|1|2|0|0|1| = 5

Anschließend bestimmen Sie den Wochentag, auf den der entsprechende Tag fällt – Sonntag, Montag, etc.
In den folgenden Tabellen finden Sie die Geburtszahlen von 1-9 und die Tageszahlen. Sie müssen jetzt nur Ihre Geburtszahl und die Tageszahl suchen und dann noch unter dem Wochentag nachschauen.

Geburtszahl 1

Tageszahl 1

Sonntag Sofortige Aussichten sehr gut. Taktik ändern, um Streit zu umgehen.

Montag Routine, kleinere Sachen und Korrespondenz erledigen.

Dienstag Sich für etwas, das Sie wollen, ins Zeug legen, bevor jemand anderes es tut.

Mittwoch Geschäftliche und persönliche Kontakte aufbessern. Bei anderen Vertrauen in die Zukunft wecken.

Donnerstag Nur gut durchdachte Pläne befolgen, sonst warten. Keine emotionalen Entscheidungen.

Freitag Was heute beginnt ist erfolgreich. Lohnenswerte Projekte vorantreiben.

Samstag Persönlichen Ehrgeiz, nicht das Ego fördern. Andere den Wert einschätzen lassen.

Tageszahl 2

Sonntag Nicht zögern, sonst misslingen Pläne. Jetzt handeln, sonst war alles umsonst.

Montag Nicht auf andere oder auf Gerüchte hören. Selbst urteilen.

Dienstag Vor Entscheidungen Rat suchen. Gefälligkeiten erwidern.

Mittwoch Keine Partei ergreifen und Pläne nicht ändern, Missverständnisse möglich.

Donnerstag Suchen Sie neue Freunde oder Dinge, die Sie brauchen. Lohnenswerte Pläne gelingen.

Freitag Mit Plänen warten. Anderen helfen, Ehrgeiz zu entwickeln. Ein guter Verlierer sein.

Samstag Guten Rat suchen, um Erfolg zu haben, jetzt müssen Sie eine Entscheidung treffen.

Tageszahl 3

Sonntag Neues ausprobieren, Ausdauer. Kurzreise klärt den Geist für schnelle Entscheidung.

Montag Freunden Hilfe anbieten. Sie werden lange dankbar sein.

Dienstag Mit anderen zusammenarbeiten, die ebenfalls Ergebnisse sehen wollen. Ideenaustausch eröffnet neue Möglichkeiten.

Mittwoch Ziel trotz schwerer Enttäuschung beibehalten. Jemand wird Ihre Fähigkeiten erkennen und helfen.

Donnerstag Prüfen, ob die Richtung stimmt. Wird das Ziel zu schnell erreicht, könnte etwas anderes zerstört werden.

Freitag Talent entwickeln und zeigen. Arbeit und Umgebung sollten zu den Fähigkeiten passen.

Samstag Je mehr Sie erfahren wollen, was zu tun ist, desto verwirrter werden Sie. Abwarten.

Tageszahl 4

Sonntag Harmonisch arbeiten, Reibung vermeiden. Dinge werden besser.

Montag Nicht über Kleinigkeiten brüten. Routine fröhlich ausführen.

Dienstag Sache heute gut machen, denn sie hat Konsequenzen. Nicht vom Ziel abbringen lassen.

Mittwoch Fortschritt sicher, wenn Projekte gut betreut und abwechslungsreich gestaltet werden.

Donnerstag Neue Möglichkeit in vertrautem Gebiet vorteilhaft nutzen. Szenewechsel bringt Energie.

Freitag Nicht unterkriegen lassen von momentanen Sorgen. Wunschdenken bringt bessere Zukunft.

Samstag Plan ausführen, bevor Sie darüber sprechen, sonst wird man Sie austricksen.

Tageszahl 5

Sonntag Arbeit und Aufregung sind beste Medizin gegen Depressionen. Verstimmt? Ausgehen und Spaß haben.

Montag Mehr Geschäfte, mehr Erfolg. Bei Neubeginn auf das eigene Urteil vertrauen.

Dienstag Neue Erfahrungen sind Schritt zum Ziel hin. Guter Tag für Chancen und Forderungen.

Mittwoch Zeit, den Dingen ins Auge zu schauen. Vernachlässigte Freunde und Verpflichtungen jetzt berücksichtigen.

Donnerstag Alles, was Sie heute tun, werden Sie bereuen. Vermeiden, was Kummer bringen könnte.

Freitag Durch momentane Interessen wird jemand vernachlässigt. Zeit nehmen für Freundschaft und Liebe.

Samstag Spekulationsprojekt zeigt sich profitabel; Zeit opfern dafür. Auf den eigenen Anteil achten.

Tageszahl 6

Sonntag Heute Freunde gewinnen und Menschen beeinflussen. Konservativ handeln, optimistisch sein.

Montag Vernachlässigte Freunde kontaktieren. Aufregende Neuigkeiten führen zu etwas Größerem.

Dienstag Nicht ablenken lassen. Zu Freunden höflich, aber neutral sein. Ideen nicht verraten.

Mittwoch Pläne durch höhere Ereignisse behindert. Interessenskonflikte vermeiden, bis Sie wissen, wem Sie folgen.

Donnerstag Vorsicht vor falschen Freunden, die Sie zu ihrem eigenen Vorteil aufhalten wollen.

Freitag Je mehr Sie vorschlagen, desto mehr wird man verlangen. Machen Sie es auf Ihre Art.

Samstag Anderen mit neuen Ideen folgen und das Leben genießen, solange es kein finanzielles Risiko ist.

Tageszahl 7

Sonntag Intensivkurs ist Schritt in große Zukunft.

Montag Nicht von Rückschlägen aufhalten lassen. Mutlosigkeit überwinden. Ein ruhiger Weg erwartet Sie.

Dienstag Entscheidung abwägen, Gleichgewicht finden zwischen Arbeit und Entspannung. Kultur suchen.

Mittwoch Planungen zeitlich einhalten. Nicht auf beschränktes Wissen oder festgesetzte Meinungen verlassen.

Donnerstag Harte Arbeit löst momentane Probleme. Vergangenheit vergessen, nach vorne schauen. Ergebnisse häufen sich.

Freitag Achtung: schlaue Intrigen, die Sie schwächen sollen.

Samstag Sofortige Resultate auf intellektueller Ebene. Geschäfte, Liebe und Freundschaften abhängig von geistiger Übereinstimmung.

Tageszahl 8

Sonntag Momentane Pläne werden finanziell sehr belohnt, nicht ausreden lassen.

Montag Große Hoffnungen, Sie könnten aber enttäuscht werden. Nicht entmutigen lassen, neu beginnen.

Dienstag Heutige Entwicklung könnte enttäuschend sein, zu viele Menschen involviert. Glücklich sein über alles, was kommt.

Mittwoch Konkurrenz zu stark. Nicht entmutigen lassen, Erfahrung ist lohnenswert.

Donnerstag Eher Glück als harte Arbeit bringt finanzielle Belohnung oder Fortschritt. Etwas, was Ihnen gehört, wird wertvoll.

Freitag Vorsicht bei Ausgaben. Kein Geld verschwenden mit Kontakten, die nichts bedeuten und noch weniger nutzen.

Samstag Vielleicht sind Sie zu vertrauensvoll. Erkundigungen einziehen vor Unterschrift und Investition.

Tageszahl 9

Sonntag Zeit für Selbstbeurteilung. Korrigieren, was Sie falsch gemacht haben Popularität gewinnen.

Montag Je mehr Sie gesehen und gehört werden, desto glücklicher werden Sie. Das Beste aus künstlerischem Drang machen.

Dienstag Gefälligkeiten der Beliebtheit wegen vermeiden. Offen sein beim Ablehnen, Freunde haben Verständnis.

Mittwoch Nur auf sichere Angebote eingehen. Reisen sind vorteilhaft, aber nicht das Unmögliche suchen.

Donnerstag Keine Vorgesetzten kritisieren, ihre Pläne sind besser, mitmachen.

Freitag Durch Aufheitern der Freunde Düsternis vertreiben.

Samstag Bekanntheit ist schnellster Weg zu Profit. Vergangene Mühen durch die richtigen Leute zu Geld machen.

Geburtszahl 2

Tageszahl 1

Sonntag Pläne verlangen harte Arbeit. Legen Sie los. Je früher, desto besser.

Montag Nicht von momentanen Problemen beunruhigen lassen. Brief, Anruf oder zufälliges Treffen löst Dilemma.

Dienstag Kurs, den Sie besuchen, sollte von Freunden anerkannt werden, nachprüfen, um spätere Enttäuschung zu vermeiden.

Mittwoch In wichtigen Dingen könnten Sie missverstanden werden. Vor dem nächsten Schritt sorgfältig überprüfen.

Donnerstag Zu viele Dinge wurden aufgeschoben. Die unwichtigsten vergessen, auf den Rest konzentrieren, vor allem auf Geld.

Freitag Den Freunden Rat anbieten, aber nicht aufdrängen, so haben Sie in jedem Fall Recht.

Samstag Sache entscheidet sich selbst durch plötzliche Änderung der Umstände.

Tageszahl 2

Sonntag Ehrliches Gespräch bringt langlebiges Glück durch gegenseitiges Verständnis.

Montag Mit niemandem über Sachen reden, die nicht sicher sind. Die Leute übertreiben und blamieren Sie.

Dienstag Schöne Seite der Dinge betrachten, düstere Sicht verdirbt das Glück.

Mittwoch Gut für Entscheidung in Geschäft oder Finanzen. Impulsive Ausgaben vermeiden: Vor Kauf ausprobieren.

Donnerstag Andere Leute entscheiden, Antworten parat legen.

Freitag Den Leuten sagen, was sie hören möchten und sie glücklich machen, aber keine schnelle Entscheidung erwarten.

Samstag Auseinandersetzung zwischen Kollegen, die nur von Außenstehenden geschlichtet werden kann.

Tageszahl 3

Sonntag Talente gut nützen. Sie selbst sein, andere werden Sie mögen.

Montag Mutlosigkeit überwinden, auf die Zukunft konzentrieren. Fremden Sachverhalt untersuchen.

Dienstag Auf Talente hören, damit Mühen belohnt werden.

Mittwoch Gutes Urteil, Fähigkeit und Willen für sofortige Resultate einsetzen.

Donnerstag Verschiedene, reizvolle Kurse bieten sich an; den wählen, der am meisten bietet.

Freitag Verpflichtungen beachten. Verbindung abbrechen, die Sie alte Freunde vergessen lässt.

Samstag Taktvoll sein. Interessenskonflikt bedroht seelisches und finanzielles Wohlbefinden. Endgültige Entscheidung muss bald folgen.

Tageszahl 4

Sonntag Wichtige Dinge nicht aufschieben, Schwierigkeiten führen bald zu Verzweiflung.

Montag Schlechte Zeit für neue Unternehmungen. Hart arbeiten und auf Chancen achten.

Dienstag Nahe Vergangenheit enthält Lösung für Probleme. Falsche Entscheidung rückgängig machen und Vertrauen gewinnen.

Mittwoch Bei unerfüllten Wünschen gibt harte Arbeit Antwort auf drückende Probleme. Zuerst an eigenes Wohlbefinden denken.

Donnerstag Je mehr Zweifel Sie von Aufgaben abhalten, desto stärker werden Sie. Delegieren.

Freitag Keine Ratschläge geben und neue Verantwortung vermeiden, sonst Rückschlag.

Samstag Jemand plant, Ihre Mühen zum eigenen Vorteil zu verwenden. Projekte schnell zu Ende führen.

Tageszahl 5

Sonntag Hemmungen überwinden, Chance nützen. Nicht Glück, sondern Mühen werden belohnt.

Montag Schwierige Zeiten. Schlechte Situation aushalten, Probleme lösen, um letzte Hoffnungen zu retten.

Dienstag Freundschaften und Finanzen auseinander halten. Chancen mit eigenem Geld und Plänen nutzen, nicht mit dem von anderen.

Mittwoch Dogmatische Menschen vermeiden, keinen Rat geben lassen, sonst falsche Entscheidung möglich. Kurzreisen enttäuschend.

Donnerstag Stärkerer Einsatz in Spekulation oder Liebe hilft weiter in dieser Situation.

Freitag Wilde Ideen und abenteuerliche Wochenenden bringen Unheil. Lassen Sie das Tagträumen.

Samstag Ein Abenteuer auf das andere häufen. Gut planen und dann los.

Tageszahl 6

Sonntag Entscheidung treffen, Unterstützung von Freunden suchen, Ergebnisse vielleicht überraschend.

Montag Wenn andere Hilfe benötigen, „eine Hand wäscht die andere“ anbieten.

Dienstag An vergangene Erfahrungen denken. Nicht von anderen beeinflussen lassen.

Mittwoch Anderen zeigen, dass Sie zu Ende bringen, was Sie anfangen.

Donnerstag Arbeiten Sie an Ihrer Popularität, andere Leute wollen etwas von Ihnen.

Freitag Große Überraschung. Extraaufgabe eröffnet neue Möglichkeiten.

Samstag Wunderbares Wochenende. Gute Beziehungen ausspielen.

Tageszahl 7

Sonntag Mangel an Anerkennung ist unbefriedigend für Sie. Auf das konzentrieren, was Sie können.

Montag Heute nichts Neues beginnen. Studium hilft bei dem, was kommt.

Dienstag Heute alles leicht nehmen. Entscheidungen in der Liebe verschieben.

Mittwoch Das, was Sie getan haben, benötigt Extraarbeit.

Donnerstag Sorgen bedrücken. Zurückziehen und warten, bis es vorbei ist.

Freitag Missverständnisse bezüglich Geschäft, Vergnügen oder Liebe bereinigen.

Samstag Ehrgeiz genau untersuchen. Depressive Menschen vermeiden; Rat geben lassen von denen, die helfen können.

Tageszahl 8

Sonntag Versuchen, die Leute auf Ihre Seite zu bekommen, anstatt gegen Sie anzugehen.

Montag Endgültige Entscheidung treffen und für persönlichen Gewinn befolgen. Wichtig: guter Zeitplan.

Dienstag Gelegenheit sieht jetzt gut aus, stellt sich aber als schlecht heraus. Verzichten.

Mittwoch Altes gegen Neues umzutauschen, bringt lohnenswerte Überraschung.

Donnerstag Sorgfältige Planung und guter Rat macht aus momentanen Problemen Gewinn und Fortschritt.

Freitag Solide Planung schlägt fehl, falls keine Ersatzpläne zur Hand.

Samstag Vollendung unmittelbarer Ziele führt zu Größerem, aber gerichtliche Verwicklungen und dubiose Versprechen vermeiden.

Tageszahl 9

Sonntag Nur auf das große Ziel konzentrieren, solange sogar Teilerfolge Anerkennung bringen.

Montag Tag, an dem man sich im Kreis bewegt. Zu viel Ehrlichkeit heute vielleicht wertlos; gut überdenken.

Dienstag Große Versprechen bedeuten nichts. Falsche Freunde betrügen. Große Verpflichtung, Glück hilft dabei.

Mittwoch Wichtige Geselligkeiten, an so vielen wie möglich teilnehmen. Auf alte Freunde zählen, aber auch neue kennen lernen.

Donnerstag Ruhelosigkeit und Ungeduld vermeiden. Man glaubt sonst, Sie ziehen Vorteile daraus.

Freitag Guten Willen zeigen durch Nachbarschaftshilfe. Man wird sich erkenntlich zeigen.

Samstag Sichergehen, dass Sie sich nicht überfordern, bevor Sie ein neues Angebot annehmen. Versagen oder großer Rückschlag.

Geburtszahl 3

Tageszahl 1

Sonntag Aktivitäten ausweiten, statt sich auf eine zu konzentrieren.

Montag Gefälligkeiten von Freunden höflich zurückweisen, bis Sie sich großzügig bedanken können.

Dienstag Streit über Kleinigkeiten könnte Hoffnungen zerstören. Mit anderen Leuten gut auskommen, nicht über sie urteilen.

Mittwoch Verdacht der Intrige von anderen könnte gerechtfertigt sein, trotzdem nichts sagen.

Donnerstag. Zu viel reden stört die Pläne. Auf das konzentrieren, was Sie wollen, dann wird es kommen.

Freitag Einige der verpassten Gelegenheiten dieser Woche am Wochenende nachholen.

Samstag Alle Eier in einen Korb tun, aber auf den Korb aufpassen! Nichts wegnehmen lassen, was Ihnen gehört.

Tageszahl 2

Sonntag Erreichen, was Sie wollen, durch Befolgung festgesetzter Regeln, aber nicht andere dazu zwingen.

Montag Bei Interessenskonflikten keinen Kompromiss eingehen – entweder oder.

Dienstag Vorhaben könnte durch jemand anders angezweifelt oder herausgefordert werden. Wenn kein Sieg möglich ist, mitmachen.

Mittwoch Weitermachen, ohne Abkürzung zu Ruhm und Vermögen. Kumpelhafte Liebe könnte zu Leidenschaft entflammen.

Donnerstag Momentane Pläne lohnenswert bei Vertrauen auf eigene Mühen. Freunde, die sich nicht bewährt haben, aufgeben.

Freitag Gut überlegen, bevor Sie mit neuen Plänen weitermachen. Vorschlag könnte Ärger hervorrufen, bei Kritik ruhig bleiben.

Samstag Zeit, Träume wahr werden zu lassen. Dahin gehen, wo Sie gebraucht werden, mehr für die Allgemeinheit arbeiten.

Tageszahl 3

Sonntag Extreme könnten Ruin hervorrufen. Sie können sich nicht auf eine Sache konzentrieren? Das aufgeben, was am meisten Sorgen verursacht.

Montag Jegliches Ding braucht volle Aufmerksamkeit, denn Kleinigkeiten könnten eine große Sache ruinieren.

Dienstag Sorgfältig planen, einzelne Punkte genau kontrollieren, denn Vernachlässigung könnte zu Versagen führen.

Mittwoch Jemand versucht, Ihr Köpfchen zum eigenen Vorteil zu nützen, Plan durchkreuzen.

Donnerstag Niemand Ideen aufzwingen. Dem eigenen Kopf folgen und erst nach Meinung fragen, wenn die anderen nicht mehr zurückkönnen.

Freitag Was heute begonnen wird, bringt Erfolg. Lebenslust ausnutzen.

Samstag Nicht mehr an Dinge denken, die der Mühe nicht wert sind. Mehr Gewinn an anderer Stelle.

Tageszahl 4

Sonntag Langsam machen, hart arbeiten an dem, was am meisten verspricht und Ergebnis abwarten.

Montag Nicht von Routine irritieren lassen. Durch Anerkennung der Kollegen wird Größeres kommen.

Dienstag Nichts verraten von den Plänen; zu Ende bringen, bevor sich jemand dazugesellt. Eifersucht liegt in der Luft.

Mittwoch Unabhängig bleiben. Dahin gehen, wo etwas los ist. Freunde helfen bei Streitereien.

Donnerstag Neue Freunde verhelfen zu schnellem Erfolg. Genießen, aber Arbeit nicht vernachlässigen.

Freitag Vorsicht mit neuen Unternehmungen. Jemand möchte Sie übertreffen? Wenn das eine nicht klappt, das andere ausprobieren.

Samstag Dieses Wochenende gegen niemanden ankämpfen. Geschäfts- oder Vergnügungsreise kommt schwieriger Entscheidung zuvor.

Tageszahl 5

Sonntag Exzellenter Tag zum Ausgehen und Finden neuer Freunde. Kühne, entschiedene Aktion bringt Popularität.

Montag Aktivitäten ausweiten und neue Ideen ausprobieren; eigene Fähigkeiten voll nutzen.

Dienstag Reise bringt Erfolg und Vergnügen; vermissen Sie das zu Hause? Jemand nutzt es aus.

Mittwoch Nicht durch schmeichelnde Angebote vom Vorhaben abbringen lassen. Freunde um Rat fragen.

Donnerstag Plan allein ausführen, sonst wird jemand Ihre Lorbeeren einsammeln.

Freitag Reise oder persönliche Kontakte planen, um Sicht zu erweitern. Erfolg auf unbekanntem Gebiet.

Samstag Freunde oder Familie mit auf Reise nehmen. Impulsivität vermeiden.

Tageszahl 6

Sonntag Finanzielle Sorgen durch Aufgabe unnötiger gesellschaftlicher Aktivitäten beenden. Wirtschaftlich handeln.

Montag Überbetonung persönlicher Wünsche könnte Unheil in Geschäft oder Privatleben bringen. Zeit widmen.

Dienstag In Harmonie arbeiten, andere beglückwünschen, nach Rat fragen.

Mittwoch Kleinere Ideen genauso berücksichtigen wie größere, vor allem zu Hause.

Donnerstag Impuls nach etwas Neuem zurückhalten. Rat holen vor Aufgabe der gewohnten Arbeit.

Freitag Zuviel Zufriedenheit lässt Gelegenheiten ungenutzt. Auswählen.

Samstag Zeit, gesellschaftliche Verpflichtungen zu erwidern und Wege für Neues zu ebnen. Optimistisch bleiben.

Tageszahl 7

Sonntag Zeit für Persönliches nehmen. Überlegen, was bevorsteht. Entscheidungen und Ratschläge vermeiden, bevor Sie nicht wissen, was sich entwickelt.

Montag Nicht von Sorgen herunterziehen lassen. Falsches kann durch neuen Ansatz geklärt werden.

Dienstag Gute Ideen müssen entwickelt werden. Loslegen.

Mittwoch Noch mehr anstrengen und Ideen verwirklichen. Keine Zeit verschwenden mit falschen Leuten.

Donnerstag Nicht andere kritisieren. Durch Zuhören Ideen für eigenen Gebrauch entwickeln.

Freitag Nicht mehr planen, sondern anfangen. An etwas Praktisches erinnern und von dort aus beginnen.

Samstag Am Wochenende etwas Kreatives unternehmen. Sie haben Fähigkeiten, nutzen Sie diese.

Tageszahl 8

Sonntag Ratschlag für sich behalten, sonst werden Freunde davon profitieren.

Montag Geschäftliche Ideen zahlen sich aus, wenn Details ausgearbeitet werden. Vorschläge akzeptieren.

Dientag Nicht ungeduldig sein mit Menschen, die unfähig sind. Hilfe bringt bald benötigte Loyalität.

Mittwoch Das Familienleben nicht durch Geschwätz oder Außenseiter stören lassen.

Donnerstag Wenn alles gut geht, könnten Sie Neid hervorrufen. Nur langjährigen Freunden vertrauen.

Freitag Auf Geschäftsgewinn bauen. Interessen ausweiten und das befolgen, was sich auszahlt.

Samstag Name und Ruf ausbauen. Die Leute werden zu Ihnen kommen.

Tageszahl 9

Sonntag Keine Auszeichnung annehmen, die Arbeit, aber kein Prestige bringt. An andere weitergeben, auf Besseres warten.

Montag Naheliegendes beenden, bevor Sie Neues beginnen. Sie werden bald eine bessere Wahl treffen.

Dienstag Wohlergehen der Familie oder gemeinnützige Projekte brauchen Hilfe. Sie gewinnen Prestige dadurch.

Mittwoch Nicht durch Kleinigkeiten von großem Ziel ablenken lassen. Je größer der Rahmen, desto kleiner scheinen die Hindernisse.

Donnerstag Gemeinsamen Profit durch Fähigkeit und Popularität. Günstige Zeit für Interessenaustausch.

Freitag Zuviel Ehrgeiz führt zu vergeblichem Ziel. Die Opposition sondieren und dann entscheiden.

Samstag Nicht Durchsetzungskraft, sondern ruhige Ausdauer bringt die Leute auf Ihre Seite.

Geburtszahl 4

Tageszahl 1

Sonntag Methodischen Studienablauf planen. Kein sofortiges Ergebnis erwarten, andere bieten Zusammenarbeit an.

Montag Sorgen vergessen. Vertrauen zu Menschen in nächster Umgebung bringt Erfolg.

Dienstag Vielleicht handeln Sie lieber bedächtig, aber schnelle Entscheidung ist wichtig.

Mittwoch Nicht vor den Problemen wegrennen; die Anerkennung wird die Erwartungen bei weitem übertreffen.

Donnerstag Wenn Sie für andere arbeiten, tun Sie jetzt etwas für sich. Andere um Hilfe fragen zeigt wahre Freunde.

Freitag Hören Sie auf zu schwanken, und machen Sie weiter.

Samstag Neue Gebiete erschließen sich; ein Ziel suchen und auf eigene Fähigkeiten vertrauen.

Tageszahl 2

Sonntag Pläne für heute könnten schief gehen aufgrund von Desinteresse. Stattdessen auf zukünftige Probleme vorbereiten.

Montag Günstig, um einer natürlichen Neigung zu folgen und Gelegenheiten zu nutzen. Andere Tempo angeben lassen.

Dienstag Freunde und Kollegen geben Ihnen, was Sie brauchen; nicht widersprechen.

Mittwoch Aufs Ziel, nicht auf Gewinn konzentrieren. Schnelle Geschäftsentscheidungen vermeiden.

Donnerstag Große Dinge vermeiden, Sie erschöpfen sich und stoßen auf Widerstand. Günstig für Details.

Freitag Günstig für Verträge und gemeinsame Anstrengung.

Samstag Vernachlässigte Korrespondenz aufholen. Alte Bekanntschaften erneuern, Gelegenheiten entwickeln sich.

Tageszahl 3

Sonntag Korrespondenz, Details, Verpflichtungen und Daten abarbeiten.

Montag Aktive Periode, viele Gelegenheiten. Vermutungen bestätigen sich.

Dienstag Schnelle Geschäftsentscheidungen vermeiden und keinen Druck auf andere ausüben.

Mittwoch Neue Projekte oder Bearbeitung alter Projekte besprechen. Rechtliche Angelegenheiten überprüfen, Verträge.

Donnerstag Freunden auf den Zahn fühlen, sie könnten Ihnen geben, was Sie brauchen.

Freitag Kleinere Probleme überwachen und neue Projekte mit Teilhabern planen.

Samstag Früh aufstehen, denn heute viel Wechsel und Gelegenheiten.

Tageszahl 4

Sonntag In Projekte investieren, um anderen zu helfen. Harmonie und Inspiration suchen.

Montag Fähigkeiten anwenden, um Produktion und Kapital zu steigern. Auf Gesundheit achten.

Dienstag Unprofessionelle Aufgaben vermeiden. Günstig für konzentrierte und produktive Arbeit.

Mittwoch Geselligen oder öffentlichen Veranstaltungen, die Geld bringen, Zeit widmen.

Donnerstag Mit anderen, die Ihren Elan teilen, hart arbeiten.

Freitag Zukünftige Ereignisse planen, gesellschaftliche und geschäftliche Interessen kombinieren.

Samstag Ein rein geselliger Tag.

Tageszahl 5

Sonntag Initiative ergreifen, Ratschläge abwehren, große Gelegenheit wartet.

Montag Aufpassen, jemand könnte Ihre Leistung für sich selbst nutzen.

Dienstag Geselliger werden, Sie gewinnen dadurch mehr als über harte Arbeit.

Mittwoch Alleine vorgehen, sich auf Versprechen zu verlassen, bringt Unheil.

Donnerstag Weitermachen; das Glück kommt überraschend.

Freitag Heute ist die Freundschaft dran. Fördern.

Samstag Auf Erreichtes zurückblicken und versuchen, mit weniger Mühen besser zu werden.

Tageszahl 6

Sonntag Sie werden mit geistigem Frieden und Sicherheit belohnt, wenn Sie sich nicht behindern lassen.

Montag Alte Bekanntschaften erneuern. Freunde und Familie helfen Ihnen, einen Wunsch zu erfüllen.

Dienstag Unangenehmer Tag, cool bleiben. Diskussionen vermeiden, sie schmerzen später.

Mittwoch Schwieriger Tag, andere Methode ausprobieren, Unentschiedenheit vermeiden.

Donnerstag Erzieher suchen und ihre Philosophie erkunden. Gut für öffentliche Ereignisse.

Freitag Jeder hat Probleme, sie werden bald vergehen. Instabilität vermeiden.

Samstag Günstig, um Fähigkeiten einzubringen. Talente entwickeln für Erfolg.

Tageszahl 7

Sonntag Familie und Freundeskreis genießen.

Montag Erst wägen, dann wagen, es könnte viel Arbeit auf Sie zukommen.

Dienstag Initiative bringt Erfolg. Entscheiden, dann loslegen.

Mittwoch Soziale Kontakte nützlich für Pläne und Finanzierung. Präsentation wichtig.

Donnerstag Verantwortung scheint leichter, wenn Sie empfänglich bleiben. Düsternis vermeiden.

Freitag Vorsicht, harte Bandagen bei Kauf oder Verkauf. Details beachten.

Samstag Etwas riskieren, das über Ihre Vorstellungen hinausgeht. Gut fürs Geld.

Tageszahl 8

Sonntag Keine Veränderung mit Auswirkung auf finanziellen Status. Lieber stillhalten, als Geld zu verspielen.

Montag Nach Unerwartetem Ausschau halten. Neue Unternehmung könnte finanziell erfolgreich sein.

Dienstag Heiterkeit zahlt sich in Geld und Zeit aus.

Mittwoch Kritik vermeiden. Hart arbeiten, um Position zu halten.

Donnerstag Für zukünftige Ziele planen. Gegen Verlust schützen.

Freitag Eigenen Ideen folgen, aber jeden Schritt sorgfältig planen.

Samstag Etwas Kreatives tun; Forschung, Studium. Ungeduld vermeiden.

Tageszahl 9

Sonntag Langfristige Projekte oder Qualifikationen planen: volle Aufmerksamkeit.

Montag Pläne abwägen, Entscheidung zurückhalten. Dabei bleiben, was Sie tun und das Problem ist gelöst.

Dienstag Was Sie auch tun, Sie werden wünschen, Sie hätten etwas anderes getan – aber das wäre noch schlimmer gewesen.

Mittwoch Rückschlag durch den Versuch, schnelle Ergebnisse zu erhalten.

Donnerstag Große Ideen, die von anderen unterstützt werden, mit voller Kraft vorantreiben.

Freitag Sich mit Familie und Freunden einrichten, Familienleben verbessern.

Samstag An eine Veränderung denken. Überlegen, wie Sie mehr aus Ihrem Leben machen können.

Geburtszahl 5

Tageszahl 1

Sonntag Sie wollen sich vielleicht nicht anpassen, aber Originalität auf andere abstimmen.

Montag Erworbenes Wissen abwägen. Elan und Initiative nützen.

Dienstag Das Beste machen aus den Gelegenheiten aber naheliegende Arbeit und Rat von Vorgesetzten nicht übersehen.

Mittwoch Enthusiasmus darf nicht aggressiv werden.

Donnerstag Alles auf sofortige und nicht auf ferne Möglichkeiten hin untersuchen. Gute Aussichten.

Freitag Korrespondenz abarbeiten. Zuverlässigkeit wird belohnt.

Samstag Mit den Mächtigen gehen. Überzeugend sein, analysieren.

Tageszahl 2

Sonntag Mit persönlichen Zielen weitermachen, aber Konflikte mit Nahestehenden vermeiden.

Montag Budget erstellen für neue Projekte.

Dienstag Auf eigene Talente konzentrieren, Vielseitigkeit zeigen.

Mittwoch Impuls kann teuer werden, konstante Anstrengung lohnt sich, Wissenschaft befragen.

Donnerstag Veränderungen und unnötige Schulden vermeiden.

Freitag Eitles Geschwätz vermeiden. Für Erfolg Vertrauen in Menschen setzen.

Samstag Zur Finanzaufbesserung Studium mit praktischen Fähigkeiten kombinieren.

Tageszahl 3

Sonntag Zur Zukunftssicherung Finanzen überprüfen. Genießen, aber auch vorsorgen.

Montag Trotz Arbeitsproblemen Harmonie aufrecht erhalten.

Dienstag Guten Ratschlag geben, um anderen zu helfen und Harmonie zwischen Freunden zu erhalten.

Mittwoch Gelegenheiten nicht durch Ruhelosigkeit zerstören. Routineaufgaben erfordern Geduld.

Donnerstag In Gelddingen Rat suchen. Neue fortschrittliche Methoden suchen.

Freitag Trotz Sehnsucht nach neuer Umgebung Arbeit und Sicherheit behalten.

Samstag Günstig für Liebe, Familie und Freundschaft.

Tageszahl 4

Sonntag Schwieriger Tag. Mit Diplomatie Reibung vermeiden; Komplikationen anderen überlassen.

Montag Heftige Auseinandersetzung unter Nahestehenden. Nicht dazwischen gehen, wenn Sie nicht helfen können.

Dienstag Neues Projekt oder Arbeitsstelle sorgfältig überdenken.

Mittwoch Günstiger Tag für neue Arbeitsstelle. Andere nach neuen Ideen fragen.

Donnerstag Liebe eines Nahestehenden akzeptieren. Gemeinsames Glück macht alles leichter.

Freitag Vorsicht bei Reisen. Impulsivität führt zu Unerwartetem.

Samstag Persönliche Bedürfnisse beachten, um etwas netter zu sich selbst zu sein.

Tageszahl 5

Sonntag Freunde kontaktieren.

Montag Egal, welches Projekt, Sie werden von härterer Arbeit profitieren.

Dienstag Zeit lassen für Entscheidung, eigenen Standpunkt behalten.

Mittwoch Nächsten Monat planen. Neue Interessen suchen, die das Einkommen stützen.

Donnerstag Taktik ändern. Mehr Glück und weniger Ärger, wenn Sie bestimmte Leute vermeiden.

Freitag Mit Freund sprechen. Liebe hilft den Einsamen.

Samstag Nicht auf das Geschwätz, sondern auf die Wahrheit hören, bevor Sie schlecht denken.

Tageszahl 6

Sonntag Nicht über Eifersucht von anderen aufregen.

Montag Beim Geldverleih auf ausreichend Sicherheit achten.

Dienstag Schnelle Entscheidungen unterlassen.

Mittwoch Ausgezeichnet für neue Gruppen und Geselligkeit.

Donnerstag Sache zu Ende bringen. Neues ausprobieren.

Freitag Andere wissen lassen, was Sie brauchen. Um Hilfe oder finanzielle Unterstützung bitten.

Samstag Im eigenen Kreis bleiben. Studium und Besinnung.

Tageszahl 7

Sonntag Früh beginnen, um vorne zu bleiben. Nicht mehr ausgeben, als Sie können.

Montag Mit anderen zusammenarbeiten und besprechen. Sparsamkeit besser als Extravaganz.

Dienstag Nahe Freunde oder Familie besuchen, oder karitativ tätig werden.

Mittwoch Weltflucht vermeiden; da bleiben, wo Sie sind. Bald gute Nachrichten.

Donnerstag Auf persönliche Geschäfte achten. Nicht

von Meinungsverschiedenheiten abschrecken lassen.

Freitag Günstig für Liebe und Erholung. Einen wichtigen Menschen beachten.

Samstag Um Finanzen kümmern, Jahre voraus planen. Erspartes schützen, keine Einmischung dulden.

Tageszahl 8

Sonntag Alles genießen, was passiert. Die Familie kommt zuerst.

Montag Konservativ bleiben. Streitereien ausweichen. Abschweifungen schaden.

Dienstag Verwirrungen könnten stören, konstruktiv sein. Sorgsame Ernährung, auf Gesundheit achten.

Mittwoch Finanziell gute Zeiten kommen. Verlockende Angebote; Achtung, harte Geschäftsmethoden.

Donnerstag Geduld üben. Änderung von Wohnort oder alter Beziehung könnte Veränderung bringen.

Freitag Schlauheit bringt voran, verbesserte Lebensumstände.

Samstag Ideen mit anderen Menschen zum gegenseitigen Vorteil koordinieren. Entspannen.

Tageszahl 9

Sonntag Selbstvertrauen macht sich bezahlt. Störende Reibungen vermeiden.

Montag Meinungen für sich behalten; jemand könnte Vertrauen missbrauchen.

Dienstag Kreativ sein, Ziele verfolgen, aber mit Spaß.

Mittwoch Günstig für neue Ideen. Arroganz anderen überlassen.

Donnerstag Enthusiasmus und Erfahrung bringen Chancen. Wenn nötig Kredit aufnehmen.

Freitag Zuverlässigkeit gleicht Kritiksucht aus. Tüchtigkeit nicht stören lassen.

Samstag Routinearbeit und persönliche Erledigungen ausführen; komplexe Probleme lösen.

Geburtszahl 6

Tageszahl 1

Sonntag Gelegenheiten in häuslicher Umgebung beachten; Ergebnis überrascht.

Montag Mit anderen auskommen, auch wenn Sie in Kleinigkeiten nicht übereinstimmen. Die anderen werden sich fügen.

Dienstag Gerüchte überprüfen, jemand wolle Ihre Lorbeeren einstreichen.

Mittwoch Nicht zu schnell zusagen, wenn gegnerische Parteien um Sie werben. Die Dinge werden sich ändern.

Donnerstag Liebe und Reisen gleich um die Ecke.

Freitag Leute fallen lassen, die sich darauf verlassen, dass Sie sich immer alles aufladen.

Samstag Kurzreise unternehmen, die von Freunden oder Familie vorgeschlagen wurde.

Tageszahl 2

Sonntag Lassen Sie sich nicht von Sympathie hinreißen in der folgenden Woche, sie verlieren Prestige.

Montag Kurzen, aber kompletten Wechsel planen.

Dienstag Nicht über die Brücken gehen, bevor Sie dort sind; die meisten Probleme sind Einbildung, die restlichen lösen sich auf.

Mittwoch Andere beobachten, dann handeln.

Donnerstag Gut gemeinten Rat ignorieren, zuerst Arbeit vollenden.

Freitag Nicht versuchen, Leute zu überzeugen, wenn Sie einen Einfall haben. Erst ausprobieren

Samstag Wenn Sie überlegen, woanders hinzugehen, daran denken, dass es nirgends so schön ist wie Zuhause.

Tageszahl 3

Sonntag Neue Projekte gehen gut, wenn Erfahrungen und Fähigkeiten eingesetzt werden.

Montag Talente nicht aus Angst vor Unsicherheit opfern. Rat für Verbesserung der Umstände suchen.

Dienstag Ausgezeichnete künstlerische, literarische und erfindungsreiche Projekte bei Kontaktierung der richtigen Leute.

Mittwoch Soziale Kontakte und Hobbys zurückstellen, bis neuer Job sicher ist.

Donnerstag Möglichkeit, im Fernsehen aufzutreten; könnte feste Pläne durcheinander bringen.

Freitag Selbstzufriedenheit und Eigendünkel vermeiden, Freunde frequentieren, die Sie da herausbringen.

Samstag Heimstudium bringt bessere Stellung oder Hobby.

Tageszahl 4

Sonntag Keine Zeit für Details verschwenden; entscheiden, was wichtig ist. Amüsantes Ergebnis.

Montag Familienleben mehr beachten. Fachbücher lesen.

Dienstag Für sofortigen Gewinn Pläne sofort ausführen, nicht nur darüber reden.

Mittwoch Großzügig, aber andere profitieren von Ihnen. Denken Sie an sich.

Donnerstag Drehen Sie sich im Kreis? Auf den Boden kommen!

Freitag Ihre Arbeit macht Sie fertig. Langsam machen, auf Anerkennung warten.

Samstag Von eigenen Leistungen profitieren, die durch Familie oder Geschäft gesteigert werden.

Tageszahl 5

Sonntag Persönliche Probleme verursachen geschäftliche Probleme.

Montag Vor langer Reise oder neuen Projekten Geschäfte in Ordnung bringen.

Dienstag Urlaub nehmen, alte Freunde besuchen.

Mittwoch Aufhören, jemand anders sein zu wollen. Heim und Familie nicht vernachlässigen.

Donnerstag Unerwartete Anerkennung folgt. Wie viel hängt von verschiedenen Faktoren ab.

Freitag Nicht vom Weg zum Erfolg abdrängen lassen. Einmal an der Spitze können Sie ihre Probleme leicht lösen.

Samstag Vergangenem nicht nachtrauern. Neue Projekte versprechen schnellen Erfolg, wenn Erfahrungen genutzt werden.

Tageszahl 6

Sonntag Handwerk bringt Gewinn, wenn Sie durchhalten.

Montag Neue gewinnversprechende Erfahrungen, vor allem bei Reise. Sprachliche Fähigkeiten nutzen. Sozialen Neigungen folgen.

Dienstag Wichtige Einladung oder ein Angebot in nächster Zukunft ist ein Meilenstein zu Größerem.

Mittwoch Neue Möglichkeiten durch Studium oder Spezialausbildung; Angebote und Verträge gut überprüfen.

Donnerstag Freunde oder Verwandte vermitteln neue berufliche Möglichkeiten. Rat befolgen, aber nicht auf Versprechen verlassen.

Freitag Gute Intuition. Vermutung bestätigt sich, nicht übertreiben.

Samstag Langfristiger Plan oder Hoffnungen stehen vor Erfüllung. Wichtiger Brief, Anruf oder Nachricht.

Tageszahl 7

Sonntag Alter Freund oder Ratgeber reißt Sie durch aufregendes Angebot aus intellektuellem Koma. Annehmen!

Montag Wenn Sie mit Wohnort und Arbeit glücklich sind, weitermachen. Alles andere ist ein Rückschritt.

Dienstag Verantwortlichkeit hindert an künstlerischem oder intellektuellem Fortkommen. Entscheiden, was wichtig ist, und handeln!

Mittwoch Mit denen arbeiten, die Fähigkeit schätzen. Nehmen Sie sich Ihren Teil vom Erfolg.

Donnerstag Kollegen genauer ansehen.

Freitag Familienprobleme lösen; Geschäfte erledigen und Wochenende genießen.

Samstag Vor rechtlicher Auseinandersetzung hüten. Attraktive Geschäfte vermeiden.

Tageszahl 8

Sonntag Zeit für Glück. Wenn andere einstimmen, gut; wenn nicht, ignorieren.

Montag Freund oder Verwandter sucht vielleicht Rat. Helfen, was haben Sie zu verlieren?

Dienstag Was Sie auch planen, es wird erfolgreich, wenn Sie dranbleiben. Erfolg bringt Erfolg.

Mittwoch Alles kommt Ihnen entgegen. Neuigkeiten von alten Freunden, Angebot von neuen Bekannten; Ende der Familiensorgen.

Donnerstag So lange wie nötig auf eigene Pläne konzentrieren.

Freitag Häusliche und geschäftliche Dinge im Gleichgewicht. Jemand anders entscheiden lassen.

Samstag Kleiner Anfang bringt große Möglichkeiten. An alte Freunde denken.

Tageszahl 9

Sonntag Leute, die kleine Gefallen getan haben, erwarten große Revanche. Gefühle und Großzügigkeit nicht vermischen.

Montag In zu kurzer Zeit zu viel erwartet. Neue Taktik und Zeit lassen.

Dienstag Aktivitäten ausweiten, neue Freunde finden, Vertrauen wecken.

Mittwoch Freunden Gefallen tun, aber um Hilfe bei neuem Projekt bitten.

Donnerstag Geteiltes Interesse vereitelt Erfolg. Gruppen zusammenbringen.

Freitag Zeit verschwendet mit dem, was Sie mögen, statt mit dem, was Wert hat? Variieren.

Samstag Vor Entscheidung zu neuem Ziel erst alles abwägen. Je attraktiver die Aussicht, desto härter die Arbeit.

Geburtszahl 7

Tageszahl 1

Sonntag Innenschau führt zu großem Ziel; Handeln auf Ziel abstimmen.

Montag Wissen sofort einsetzen. Vernachlässigung führt dazu, dass andere das bekommen, was Ihnen zusteht.

Dienstag Böse Ahnungen durch Zuversicht ausgleichen. Glückliche Freunde vertreiben die Düsternis.

Mittwoch Gedanken zu Papier bringen.

Donnerstag Unangenehme Aufgaben nicht aufschieben. Erledigen, bevor es zu spät ist.

Freitag Bestehende Pläne für aufregende Zukunft opfern. Los geht's!

Samstag In harmonischer Umgebung sicherer Erfolg.

Tageszahl 2

Sonntag Große Gelegenheit nicht aufschieben; loslegen. Pläne mit hilfsbereiten Leuten ausführen.

Montag Unentschiedenheit bringt Hoffnungslosigkeit. Andere entscheiden lassen.

Dienstag Interessen streuen. Überraschung aus unerwarteter Ecke.

Mittwoch Um Arbeit zu erleichtern, delegieren.

Donnerstag Zu viel Studium lässt Interesse schwinden. Spaß mit Freunden überdeckt schwierige Aufgaben.

Freitag Konferenz mit wichtigen Menschen gestaltet Zukunft, die alle Erwartungen übertrifft.

Samstag Gegenwärtige Erfahrungen in produktiveren Feldern einsetzen. Kurzreise hilfreich.

Tageszahl 3

Sonntag Aggressive Zeit, Gefühlswallungen. Komplikationen vermeiden; ausruhen.

Montag Für andere schwierige Situationen lösen; eigene Aussichten verbessern sich.

Dienstag Gesellige Aktivitäten einschränken. Auf Aufgaben konzentrieren, die volle Aufmerksamkeit erfordern.

Mittwoch Gestaltende und wechselhafte Periode. Treffen erweitern Ausblick.

Donnerstag Überarbeitung erfordert Ruhe. Auf Arbeit konzentrieren; es zahlt sich aus.

Freitag Mit Energie haushalten. Keine Einmischung von Kollegen. Intuition folgen.

Samstag Gutes Urteil nutzen und mit Zielen fortschreiten. Gut fürs Fortkommen.

Tageszahl 4

Sonntag Situation durch Wissen verbessern. Extravaganz einschränken. Unterstützung von Freunden.

Montag Glück am frühen Morgen. Wichtige Aufgabe.

Dienstag Denen helfen, die Sie brauchen, aber nicht in persönliche Streitereien verwickeln lassen.

Mittwoch Geschäftsaussichten sehr günstig. Andere das wissen lassen und Pläne unterstützen.

Donnerstag In neue Gebiete vorwagen, in denen Talent sich entwickeln kann. Durch Initiative Ergebnisse erhalten.

Freitag Geduld. Möglichkeiten suchen, um finanziellen Gewinn zu erhöhen.

Samstag Gemeinsame Geldinteressen steigen. Spaß haben in der Nähe.

Tageszahl 5

Sonntag Unerwartete Reisemöglichkeit oder Aktivitäten führen vielleicht zu intensiver Arbeit. Aussichten gut abwägen.

Montag Eine Überraschung kommt. Keine Sorge, es wird alles gut.

Dienstag Vorsicht in Geschäftsverhandlungen; jemand will Ihre Ideen.

Mittwoch Veränderung in Ihren Geschäften oder denen der Teilhaber. Auf neue Umstände einstellen.

Donnerstag Meinungsänderung bringt Vorteile.

Freitag Schnelle Lösung für persönliche Probleme durch vertrauten Freund.

Samstag Vernachlässigtem Vorsatz jetzt nachgehen. Gutes Ergebnis durch besonderen Aufwand.

Tageszahl 6

Sonntag Geistige Anstrengungen praktisch anwenden. Wissen in Geld verwandeln.

Montag Familienleben beachten – gute Ergebnisse.

Dienstag Probleme bauschen sich im Geist auf. Bis auf eines eliminieren und darauf konzentrieren.

Mittwoch Je größer die Idee, desto größer der Erfolg. An anderen testen, Reaktionen beobachten.

Donnerstag Der Zeit weit voraus, auf andere warten. Bei dem bleiben, was Sie tun.

Freitag In allem direkt sein. Um Gefallen bitten. Nach etwas Größerem oder Besserem umschauen.

Samstag Die Leute um das bitten lassen, was sie wollen. Sie werden sich revanchieren.

Tageszahl 7

Sonntag Ruhe und Harmonie nötig für Fortschritt. Allein arbeiten und vor Beendigung niemandem etwas sagen.

Montag Möglicherweise planen Sie zu weit vor oder zu großzügig. Sponsor oder Partner suchen.

Dienstag Nicht um Sorgen oder Hindernisse kümmern, Sie stehen dicht vor dem Erfolg.

Mittwoch Zeit nehmen für intellektuelle Betätigung. Bücher lesen oder Vorlesungen besuchen.

Donnerstag Wissen über ein Thema vor Projektbeginn überprüfen. Muss vielleicht auf neuesten Stand gebracht werden.

Freitag Freunde, die Rat suchen, könnten durch Ihr vorschnelles Urteil Ihnen später die Schuld zuschieben, falls etwas misslingt.

Samstag Neuer Problemansatz verbessert Position. Falls ein Weg misslingt, nächsten ausprobieren.

Tageszahl 8

Sonntag Sich selbst vergessen, den Partner mit Zuneigung überschütten.

Montag Impulsivität und Temperament zügeln. Auf Geschäftsinteressen und Ehrgeiz konzentrieren.

Dienstag Verständnis nötig. Baldiger Wechsel verlangt Entscheidung.

Mittwoch Keine Zeit für Emotionen in Bezug auf Zuhause. Mit Verstand herangehen, Eigentum schützen.

Donnerstag Energie bewahren für Probleme. Vermögen nicht festlegen und Geheimnisse für sich behalten.

Freitag Nicht durch Missverständisse verwirren lassen. Wichtige Entscheidungen verlangen Ruhe und gutes Urteil

Samstag Unter sympathische Leute mischen, neue Ideen ausarbeiten, Urlaub planen.

Tageszahl 9

Sonntag Zeit ist entscheidend. Geselligkeit und Beruf miteinander verbinden. Versuchen, das Einkommen zu verbessern.

Montag Für nächste Zeit mit Kollegen gut auskommen. Finanzen brauchen Kräftigung, ehrgeizige Pläne kontrollieren.

Dienstag Fälligkeiten einkassieren. Gastfreundschaft von Schuldnern oder Gegnern akzeptieren.

Mittwoch Schwierige Zeit, ruhig bleiben. Andere nicht wissen lassen, dass Sie besorgt sind.

Donnerstag Verantwortung wiegt schwer, muss aber erfüllt werden. Belohnung später.

Freitag Trotz Minderwertigkeitsgefühl Dienst erweisen, Sie werden gewinnen.

Samstag Intuition oder Ereignis bringt geistige Umstellung. Wenn nötig neu planen.

Geburtszahl 8

Tageszahl 1

Sonntag Sie können anderen helfen, nicht von Depression anstecken lassen. Spaß haben.

Montag Großzügigkeit nicht übertreiben. Lästigen Ärger zu Hause nicht Problemen hinzufügen.

Dienstag Ehrlichkeit des Verkäufers vor Investition überprüfen. Nahe der Heimat bleiben.

Mittwoch Arbeitsmethode beschleunigen. Buchhaltung überprüfen. Gespräche mit anderen verbessern Ihren Gewinn.

Donnerstag In guter Gesellschaft entspannen und genießen. Probleme werden sich lösen.

Freitag Noch diesen Morgen Probleme lösen und Rechnung begleichen. Den restlichen Tag mit netten Freunden verbringen.

Samstag Einsamkeit bringt gute Ergebnisse. Studieren und wichtige Dokumente durchgehen.

Tageszahl 2

Sonntag Wenn Freunde Sie ärgern, darüber hinweggehen. Initiative und Fähigkeit zeigen.

Montag Langeweile zu Hause vermeiden. Ruhe und Geduld bewahren. Auf Karriere oder persönliche Interessen achten.

Dienstag Die Grundsicherheit nicht gefährden. Bedürftigen helfen; auf Gesundheit achten.

Mittwoch Geliebte/r könnte finanzielle Abmachung nicht verstehen; mit guter Verwaltung fortfahren.

Donnerstag Aufwühlende Zeit wegen Geschwätz und Reibung, nicht von Arbeit abhalten lassen.

Freitag Nicht auf Glauben an Arbeit oder Entscheidung im Job oder in persönlichen Angelegenheiten verzichten, Wechsel akzeptieren.

Samstag Persönliche, soziale oder geschäftliche Errungenschaften. Nörgler meiden.

Tageszahl 3

Sonntag Einem Unbekannten helfen. Ruhe und Studium.

Montag Eigentum überprüfen. Taktvoll und sparsam sein.

Dienstag Auf Freunde oder Kollegen hören. Nicht vom Ziel abschweifen.

Mittwoch Eventuell günstige Nachrichten. Pläne einhalten.

Donnerstag Gereiztheit macht alles schlimmer. Menschen und Streitereien vermeiden.

Freitag Vermögen überprüfen. Kraftprobe nicht erzwingen.

Samstag Neuer Trend beeinflusst Arbeitsstelle. Anderen helfen, ihr Los zu verbessern.

Tageszahl 4

Sonntag In Krisen cool und ruhig bleiben. Alles sorgfältig prüfen.

Montag Emotionale Reaktionen im Freundes- und Familienkreis vermeiden. Trotz Komplikationen bei Überzeugung bleiben.

Dienstag Neue Gelegenheiten. Alles, was Sie unternehmen, ist richtig für Sie.

Mittwoch Heiter sein. Weniger ausgeben, mehr sparen. Überraschung schon bald.

Donnerstag Fortschritt im Geschäft. Zeit für Wechsel.

Freitag Sorgen wegen vergangener Komplikationen. Vertrauensvoll sein und Probleme ständig lösen.

Samstag Änderung des Plans wegen der Leute um Sie herum. Durch Optimismus erreichen Sie, was Sie am meisten brauchen.

Tageszahl 5

Sonntag Neue Arbeit oder Ideen planen. Mehr Zusammenarbeit mit Freunden.

Montag Keine Hilfe suchen. Auf unmittelbare Verantwortung konzentrieren.

Dienstag Aus Fähigkeiten Geld machen, das Glück steht Ihnen bei. Niemand verletzen.

Mittwoch Kapital für Sie selbst oder Ihre Organisation beschaffen. Vermögen prüfen bei Eigenfinanzierung. Genau sein!

Donnerstag Früh beginnen, um viel zu erreichen. Takt und Diplomatie helfen. Nur sichere Geschäfte eingehen.

Freitag Spaß haben, etwas Neues ausprobieren. Verreisen. Wichtig: die Liebe.

Samstag Tag für Liebe und Vergnügen.

Tageszahl 6

Sonntag Entspannen, meditieren. Verwandte tragen zur Freude bei.

Montag Neue Bekanntschaften machen. Geselliger werden.

Dienstag Alles tun, um Prestige zu erhöhen. Würdevoll sein. Witzigkeit für den Abend aufheben.

Mittwoch Neuer Schwung am Nachmittag. Geld sparen, andere zahlen lassen. Gut für Sport und Unterhaltung.

Donnerstag Auf Gesundheit achten, nicht überarbeiten. Diskussionen über persönliche Probleme vermeiden.

Freitag Rat bei Freunden suchen, aber selbst urteilen. Reisen und Investitionen erwägen.

Samstag Einsamkeit tut gut; Zeit für richtige Gelegenheiten nehmen. Familienstreit vermeiden.

Tageszahl 7

Sonntag Den Kostenaufwand beachten, Haushaltung ist wichtig. Einfluss des Mondes verspricht Wechsel zum Guten.

Montag Bei vertrauenswürdigen Teilhabern, Bankern, Anwälten und Interessenten bleiben. Überempfindliche Kollegen vermeiden.

Dienstag Eventuell Ärger durch Angehörige, Geduld wird belohnt. Günstiger Zeitraum.

Mittwoch Den Wünschen am Morgen folgen. Restlicher Tag verläuft trotz Hindernisse glücklich.

Donnerstag Verpflichtungen müssen trotz hochfliegender Gedanken erfüllt werden.

Freitag Früh planen, großer Erfolg, vor allem wenn Freund involviert.

Samstag Viele Überraschungen, meistens gute. Unüblichen Ausflug planen.

Tageszahl 8

Sonntag Bei bevorstehenden Projekten bleiben. Nichts liegen lassen. Schulden prompt bezahlen.

Montag Bei vertrauenswürdigen Freunden bleiben, die sensiblen nicht verärgern. Vorsicht mit Idealen.

Dienstag Mit Geduld und analytischen Fähigkeiten Komplikationen in Familie oder mit Teilhabern vermeiden. Neue Ereignisse bringen Glück.

Mittwoch Den Morgen bestens nutzen. Entspannung wichtig.

Donnerstag Mit starkem Willen zum Erfolg hinarbeiten. Nicht anecken, um Gegner zu besiegen.

Freitag Pläne verwirklichen. Durch Verständnis Loyalität gewinnen.

Samstag Rüde Gewalt vermeiden. Menschen und Probleme studieren. Unentschiedenheit vergeht. Zusammenarbeit hilfreich.

Tageszahl 9

Sonntag Energien nicht verschwenden. Antrieb für Fortschritt im Geschäft oder privat einsetzen. Über kleinlicher Eifersucht stehen.

Montag Sorgfältig planen. Fähigkeit weitet sich aus zum größten Erfolg.

Dienstag Aggressiv sein, dem Trend folgen und ohne Zögern vorwärts schreiten.

Mittwoch Intuition folgen, aber mit Rückhalt von Familie oder Freunden. Vor neuen Unternehmungen gut planen.

Donnerstag Großzügiges Denken hilft, wenn es um Geld geht. Keine Energie mit Kleinigkeiten verschwenden. Entspannen.

Freitag Zuverlässigkeit vorherrschend, aber keine Zusammenarbeit mit anderen erwarten. Gute Ergebnisse häufen sich.

Samstag Wechsel bringt unterschiedliche Meinungen. Urlaub entspannt.

Geburtszahl 9

Tageszahl 1

Sonntag Dem Beruf volle Aufmerksamkeit widmen.

Extravaganz vermeiden. Beim Spekulieren nichts riskieren.

Montag Jetzt handeln und mehr verlangen für Arbeit, aber nicht übertreiben. Andere bieten das Gleiche.

Dienstag Sie werden die Situation meistern. Verwirklichung der Wünsche in einem Tag, Woche oder Monat.

Mittwoch Wechseln, wenn es nötig ist, aber Gleichgewicht beibehalten.

Donnerstag Wenn Sie kurz vor finanzieller Entscheidung stehen, warten, bis Sie mehr Einfluss haben. Unabhängig handeln.

Freitag Fantasie in Ideen umsetzen, Intuition folgen, später Urlaub nehmen.

Samstag Intellekt kreativ nutzen, Ziel innerhalb der Fähigkeiten setzen. Ehrgeiz folgen, aber anpassen.

Tageszahl 2

Sonntag Neue Freundschaften pflegen. Bald gute Nachrichten; entspannen.

Montag Talent ist groß, aber nicht über Leistungsfähigkeit hinausgehen.

Dienstag Lohnende Veränderung. Nicht den leichtesten Weg nehmen, vernünftige Lösung suchen.

Mittwoch Verpflichtungen erfüllen, Belohnung folgt.

Donnerstag Spekulieren, wechseln, den Idealen folgen. Die Plackerei anderen überlassen.

Freitag Dem Geschäft und Familienleben Zeit widmen. Wenn es nicht so läuft, wie Sie wollen, weiter versuchen.

Samstag Einfluss nutzen für Menschen in Not. Das Beste machen aus der Gelegenheit.

Tageszahl 3

Sonntag Momentane Routine beibehalten. Wechsel bringt Enttäuschung.

Montag Momentane und zukünftige Sicherheit berücksichtigen. Glamour im Urlaub ausleben.

Dienstag Mit Vielseitigkeit zum Ende kommen.

Mittwoch Neue Ideen gut überlegen. Nur weitermachen, wenn alles richtig ist.

Donnerstag Initiative ist richtig, aber mit anderen kooperieren, auch wenn es Ihnen nicht gefällt.

Freitag Mit eigener Kraft Umstände verändern. Guten Willen und Respekt zeigen.

Samstag Wochenende interessant gestalten. Wissen vertiefen.

Tageszahl 4

Sonntag Mit Freunden Spaß haben. Interessenkonflikte mit anderen vermeiden.

Montag Dinge einfach nehmen, mehr erreichen. Diejenigen loben, die helfen. Ehrlichkeit und Verlässlichkeit sind große Vorzüge.

Dienstag Fernere Zukunft planen. Rat annehmen, um Erfolg auf höchster Ebene zu haben. Nicht um Widersacher sorgen.

Mittwoch Stetig arbeiten. Probleme mit Geduld behandeln. Stabilität ist ein Erfolgsgeheimnis.

Donnerstag Abenteuerliche Zeit, aber Extraausgaben zum Angeben vermeiden. Feiern, dass Sie den richtigen Platz in der Welt gefunden haben.

Freitag Nettigkeit trotz Aggressionen hilft, Ziele zu erreichen. Nicht stören lassen. Neue Perspektiven sind gut.

Samstag Kunst oder Handwerk studieren. Schritttempo wechseln.

Tageszahl 5

Sonntag Nicht auf Geschwätz hören. Dran bleiben, Ziel nicht aufgeben.

Montag Grenzen der eigenen Fähigkeiten akzeptieren. Vernünftige Investments eingehen.

Dienstag Vielseitigkeit und Intuition helfen beim Planen. Weitermachen.

Mittwoch Auf eigenes Geschäft konzentrieren. Bedürfnisse des Personals erfüllen.

Donnerstag Ideen für Zuhause oder Büro umsetzen. Zögerlichkeit vermeiden. Reisen wenn nötig, aber Abenteuer dort, wo Sie jetzt sind.

Freitag Etwas Lohnenswertes vollbringen. Vertrauen schaffen, unverzichtbar machen.

Samstag Nicht mehr kaufen als Sie brauchen, auch

bei Lebensmitteln. Luxusdinge müssen warten. Einsamkeit inspiriert.

Tageszahl 6

Sonntag Mit jungen Leuten zusammen sein. Probleme scharfsinnig analysieren. Nicht alles glauben, was Sie hören.

Montag Komplikationen erfordern Besprechungen. Jedes Argument stichhaltig untermauern. Widersprüche anderen überlassen.

Dienstag Mit Originalität die Umgebung gestalten. Von nichts abhalten lassen.

Mittwoch Wenn Sie einen finanziellen Vertrag abschließen, wird die Beziehung zu Teilhabern oder Kollegen angespannt. Das kostet treue und liebe Freunde.

Donnerstag Bei Vertrauen in das Vorhaben – weitermachen. Wenn nicht, warten. Falls ein Aspekt fremd ist, lange prüfen.

Freitag Darauf achten, dass Eigentum sicher und geschützt ist. Pläne nicht ausplaudern. Den Mut nicht verlieren.

Samstag Mystische Kräfte arbeiten für Sie. Gesellschaftliche Aktivitäten reduzieren.

Tageszahl 7

Sonntag Themen konfrontieren; mit ehrlichem Ansatz lösen. Zeitplan aufstellen, den Sie einhalten können. Zusammenarbeit mit anderen akzeptieren.

Montag Trost finden in der eigenen Beschäftigung.

Dienstag Ausweichen ist keine Lösung für Schwierigkeiten. Wenn Sie nicht weiterwissen, von Kollegen helfen lassen. Blockade durch Rivalen. Auflösen.

Mittwoch Sie bekommen Verantwortung übertragen wegen kreativer Fähigkeiten. Delegieren. Zeit nehmen für Zuhause und Geselligkeit.

Donnerstag Vor Investitionen jemanden um Rat bitten, der sich auskennt. Über zukünftige Schritte nachdenken.

Freitag Kleinere Störungen sind lästig, trotzdem Aufgabe vollenden. Diskret vorgehen.

Samstag Bei Arbeit oder Entspannung – Sie haben den Schlüssel in der Hand und können neue Unternehmungen planen.

Tageszahl 8

Sonntag Persönliche Ziele verfolgen, aber Meinungen vermeiden, die den Fortschritt aufhalten könnten.

Montag Neue Kontakte sind wertvoll. Nicht entmutigen lassen.

Dienstag Materieller Erfolg und Geschäft wichtig.

Mittwoch Etwas Neues ausprobieren, aber keine Veränderung eingehen. Routine vergessen, Überraschung willkommen heißen.

Donnerstag Neue Freundschaften nutzen, um Ideale zu verfolgen.

Freitag Familie glücklich machen, dann Arbeitsinteressen steigern und bekannt machen.

Samstag Ihren Zielen Zeit widmen. Zeit ist wichtig. Freunde, die nicht helfen, gehen lassen.

Tageszahl 9

Sonntag Das Zuhause schützen, Geschäftssituation analysieren. Haus und Finanzen in Ordnung bringen.

Montag Günstige Zeit für neue Unternehmungen. Geselligkeit zu Hause ausleben.

Dienstag Die Leute und die Presse wissen lassen, was Sie tun. Ehre und Rang erlangen. Geld folgt.

Mittwoch Eventuell Schwierigkeiten, aber Einfluss gut. Nicht sorglos oder verschwenderisch sein.

Donnerstag Geschäftsaussichten gut. Teure Investitionen vermeiden. Künstlerische Fähigkeiten überprüfen.

Freitag Geselliges Zusammentreffen planen. Nicht mehr ausgeben, als Sie können.

Samstag Zeit für Spaß, Entspannung und Romantik. Durchs Zuhören lernen.

Wo soll ich Urlaub machen?

Welche Art von Urlaub ist am besten für mich?

Das Neun-Sterne-Ki zeigt Ihnen die Richtung, die für Sie am günstigsten ist, das Pendeln führt Sie dagegen in ein spezielles Land oder Gebiet, und Ihr Sternzeichen hilft Ihnen, die Aktivitäten und Orte zu finden, die Ihnen gefallen. Wenn Sie durch Ihr Sternzeichen den richtigen Ort finden, kann nichts schief gehen.

Pendeln

Wenn Sie Ihr Pendel auf „Ja“ oder „Nein“ programmiert haben (S. 137), können Sie damit leicht den richtigen Urlaubsort finden.
Beginnen Sie mit einer kleinen Weltkarte. Fragen Sie zuerst nach dem eigenen Land. Ist die Antwort „Ja“, nehmen Sie eine genauere Karte und suchen das richtige Gebiet. Ist die Antwort „Nein“, legen Sie Ihren Finger auf ein anderes Land, bis Sie das richtige gefunden haben. Dann präzisieren Sie den Ort mit einer genaueren Karte. Sie können mit dem Pendel selbst das Hotel aus einem Reiseführer heraussuchen.

Neun-Sterne-Ki

Dieses System basiert auf einem Neunjahreszyklus, in dem, abhängig von Ihrer Neun-Sterne-Ki-Zahl, in jedem Jahr eine andere Richtung günstig ist. Ihre Zahl erfahren Sie auf der Tabelle Seite 183. Wenn Sie 1974 am oder nach dem 4. Februar geboren sind, ist Ihre Zahl 8. Sind Sie im gleichen Jahr aber früher geboren, so ist die Zahl 9. Auf der Tabelle 184 sehen Sie, welche Richtung für Sie am günstigsten ist. Wenn Sie beispielsweise die Zahl 8 haben, so sollten Sie im Jahr 2003 nach Nord oder Ost-Nordost reisen.

Sternzeichen

Jedes Sternzeichen bevorzugt bestimmte Urlaubsmöglichkeiten. Einige lieben das Reisen – vor allem die Feuer- und Wasserzeichen – andere bevorzugen das Vertraute – besonders die Erdzeichen, obwohl man einen Steinbock immer mit den Bergen locken kann. Die Wasserzeichen zieht es ans Wasser und zum Wassersport hin; meist mögen Sie keine Flugzeuge und bevorzugen Fähren. Die Feuerzeichen fliegen in die Sonne, zu Sex und Sand oder erleben Abenteuer mit dem Auto. Wenn Sie nicht wissen, wohin, hilft Ihnen die Astrologie.

Widder

Wilde Aktivitäten an einem heißen Ort passen am besten zum Widder. Sie liegen nicht gerne am Strand, sondern sind immer unterwegs auf der Suche nach Abenteuer. Vor allem gefährliche Sportarten und alles andere, was risikoreich ist, zieht Sie an.

Orte Urlaubclubs mit Sportmöglichkeiten, England; Deutschland; Israel; Burgund, Frankreich; Florenz, Neapel und Padua, Italien; Krakow, Polen; Las Vegas und Brunswick, USA.

Stier

Sie mögen es warm, bequem, luxuriös und mit ausgezeichnetem Essen, und Sie zögern auch nicht, dafür extra zu bezahlen. Sie sind ein entspanntes Zeichen und nehmen die Dinge leicht, am liebsten in einer leicht hügeligen Landschaft.

Orte Luxushotels. Zypern; Iran; griechische Inseln; Türkei; Irland, vor allem Dublin; Leipzig, Deutschland; Mantua, Parma und Palermo, Italien; St. Louis, USA.

Zwilling

Die Urlaubsplanung macht Ihnen genauso viel Spaß wie der Urlaub selbst. Städte, Abwechslung, Menschen und Märkte ziehen Sie an. Alles, wo Sie sich unterhalten können.

Orte Stadtzentren. Armenien; Sardinien; Belgien; USA, vor allem New York und San Francisco; London, England; Lombardei, Italien; Cordoba, Spanien; Nürnberg, Deutschland.

Krebs

Sie suchen ein ruhiges zweites Zuhause. Lieber Selbstversorgung als ein großes Hotel, ein Wohnmobil direkt am See ist ideal.

Orte Kleines Kreuzfahrtschiff. Kanada; Schottland; Mauritius; Holland, vor allem Amsterdam; Venedig, Italien; Istanbul, Türkei; New York City.

Löwe

Sie lieben es, den ganzen Tag in der Sonne zu liegen und am Abend unterhalten zu werden, Bräune zu zeigen und gut zu essen. Sie werden gerne pausenlos bedient und bezahlen dafür.

Orte Luxusclubs. Italien; Frankreich, vor allem die Riviera; Prag, Tschechien; Bombay, Indien; Chicago oder Philadelphia, USA.

Jungfrau

Sie lieben das gesunde Leben, deshalb bevorzugen Sie Radtouren oder organisierte Aktivitäten in sauberer Landluft mit gutem, biologischen Essen, perfekt zubereitet. In der Stadt machen Sie Sightseeing und bilden sich fort.

Orte Gesundheitsfarm. Schweiz; der östliche Mittelmeerraum; Paris und Lyon, Frankreich; Heidelberg, Deutschland; Boston, USA.

Waage

Sie sind gesellig und romantisch und lieben Gruppenreisen und Orte, an denen Sie Leute treffen können – Hauptsache es ist nicht zu organisiert. Sie lieben das Faulenzen. Das Einzige, was Sie nicht mögen, ist allein zu sein.
Orte Große Kreuzfahrtschiffe. Österreich; alpine Regionen; China; Lissabon, Portugal; Wien, Österreich; Arles, Frankreich.

Skorpion

Hitze und Leidenschaft mit einem Hauch Gefahr reizen den Skorpion. Unterwassersport gefällt. Der geheimnisvolle Skorpion zieht es vor, allein zu sein. Mörderwochenenden wecken den Detektiv – oder das Opfer in Ihnen.
Orte Verlassene Inseln. Tibet; Norwegen; Nordafrika, vor allem Fez, Marokko; Cincinnati und Washington D.C., USA.

Schütze

Sie sind ein geborener Reisender und genießen schon das Warten am Flughafen oder am Bahnhof, mit einem Ticket rund um die Welt in der Hand. Das Ziel ist nicht so wichtig wie das Reisen; Sie machen Sightseeing auf dem Weg.
Orte Alles und überall. China; Indien; Spanien; Arabien; Madagaskar; Australien, vor allem Sydney; Stuttgart, Deutschland; Toskana, Italien; Toronto, Kanada.

Steinbock

Ein schwer arbeitendes Zeichen. Sie entspannen sich nicht so leicht. Bergsteigen lockt, Wandern befriedigt. Hohe Berge und ihre Anforderungen gefallen Ihnen. Sie sind eng mit der Vergangenheit verbunden und werden deshalb auf dem Weg Geschichte entdecken.
Orte Berge. Indien; Afghanistan; Griechenland; ehemaliges Jugoslawien; Brüssel, Belgien; Oxford, England.

Wassermann

Sie lieben Orte, die anders sind, ausgefallen, verrückt. Sie werden der erste Zivilist im All sein. Sie lieben fremde Städte, interessieren sich für Menschen und kommen auch in der Menge gut allein zurecht.
Orte Hippie-Pfade. Polen; Kroatien; Skandinavien; Russland, vor allem Sibirien; Los Angeles, USA.

Fische

Sie folgen dem Bedürfnis, allem zu entfliehen und gehen Richtung Wasser. Dort sehen Sie sich nach etwas Romantik um. Wie wäre es mit dem neuesten Trend: eine Insel mitten im Ozean?
Orte Weltmeere. Portugal; die Sahara; Normandie, Frankreich; Sevilla, Spanien; Vermont, USA.

Welches Hobby passt zu mir?

Soll ich einen Abendkurs besuchen?

Wie soll ich meine Freizeit verbringen?

Viele Hobbys und Freizeitaktivitäten stammen aus der Kindheit, aber irgendwann kommt die Zeit, sich etwas anderes zu wünschen, vielleicht etwas Abenteuerlicheres oder eher etwas für Erwachsene. Eine schnelle Entscheidung finden Sie, wenn Sie eine Liste mit den möglichen Angeboten auspendeln oder auswürfeln. Wenn Sie gar keine Idee haben, hilft Ihnen die Astrologie weiter. Ihr Sternzeichen zeigt Ihnen passende Hobbys, und wer weiß, vielleicht entwickelt sich daraus eines Tages auch eine berufliche Karriere.

Pendeln

Wenn Sie Ihr Pendel darauf programmiert haben, „Ja" und „Nein" anzuzeigen (s. Seite 137), dann können Sie damit einen Kurs oder ein Hobby aussuchen. Wenn Sie nicht wissen, welchen Kurs Sie besuchen sollen, halten Sie einfach Ihr Pendel zwischen Daumen und Zeigefinger, es sollte etwa 15cm nach unten hängen. Der andere Zeigefinger zeigt in Ihrer Broschüre auf die verschiedenen Angebote und fragt: „Ist das richtig für mich?". Wenn das Pendel „Ja" schwingt, haben Sie es gefunden.

Würfel-Orakel

Wenn Sie nur Ja- der Nein-Fragen haben – ob Sie diesen Kurs oder einen anderen besuchen sollen, ist es besser, zu würfeln. Schreiben Sie die Fragen auf ein Stück Papier, und dann werfen Sie zwei Würfel.

Doppelsechs
Zweifellos.

Sechs-Fünf
Vielleicht.

Sechs-Vier
Ja.

Sechs-Drei
Unwahrscheinlich.

Sechs-Zwei
Nein.

Sechs-Eins
Sicher.

Doppelfünf
Absolut.

Fünf-Vier
Unmöglich.

Fünf-Drei
Winzige Chance.

Fünf-Zwei
Eventuell.

Fünf-Eins
Fünfzig-fünfzig.

Doppelvier
Vielleicht ja, vielleicht nein.

Vier-Drei
Ja.

Vier-Zwei
Unwahrscheinlich.

Vier-Eins
Könnte sein.

Doppeldrei
Ja – wenn Sie vernünftig sind.

Drei-zwei
Ziemlich sicher.

Drei-Eins
Ziemlich sicher nein.

Doppelzwei
Absolut nein.

Zwei-Eins
Ja.

Doppeleins
Weiß nicht.

Sternzeichen

Jedes Zeichen hat bestimmte emotionale Veranlagungen, Qualitäten und Bedürfnisse. Es wundert daher nicht, dass Sternzeichen die Wahl der Freizeitbeschäftigung beeinflussen.

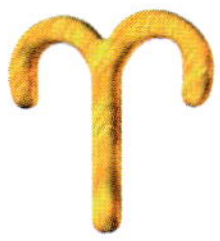

Widder *Sportlich und konkurrierend*
Leichtathletik, Fechten, Boxen, Basketball, Rad fahren, Squash, Autorennen, Felsenklettern, Kampfsport, Metallarbeiten, Elektronik, Auto- und Hausinstandhaltung, Blasmusik, Theaterspiel.

Stier *Praktisch und künstlerisch*
Yoga, Tanz, Ringen, Judo, Fußball, Gehen, Gärtnerei, Singen, Skulpturen, Kochen, Essengehen, Kunst oder Antiquitäten sammeln, Schmuck machen, Zimmerhandwerk und Hausrenovierung, Innenausstattung, Malen, Schneidern, Polstern.

Zwilling *Gesellig und geistig stimuliert*
Tai Chi, Yoga, Tennis, Fitness, Keyboard oder Holzblasinstrumente, Wortspiele und Puzzles, Schreiben, Sprachen, Spielen, Shopping, Uhrenreparatur, Computer – vor allem Internet, neueste Spielereien, Investieren, Kino.

Krebs *Nahe zu Hause oder am Wasser*
Segeln, Angeln, Schwimmen, Ringen, Nadelarbeiten, Stricken, Kochen, Haus verschönern oder ausbauen, Flohmärkte, Silberschmiede, Fotografie, Antiquitäten vor allem aus Silber, Gemeindeangelegenheiten.

Löwe *Dramatisch und kreativ*
Aerobic, Tanz, Mannschaftsführer in leichten Sportarten, Golf, Laientheater, Theater, Oper, Debatten, Malen, Schmuck herstellen, Essengehen, für eine gute Sache einsetzen, Brettspiele.

Jungfrau *Praktisch und geschickt*
Mannschaftssportarten, Spaziergänge, Rad fahren, Fitness, Yoga, Handwerk, Zimmerhandwerk, Schnitzen, Sticken, Reparatur von Elektrogeräten und Uhren, Modellarbeiten, Studium, karitative Arbeit, Computer, Schach.

Waage *Ästhetisch und künstlerisch*
Paarorientierter Sport wie Tennis; Golf, Schwimmen, Tai Chi, Tanzen, Fitness, Yoga, Innendekoration, Schneidern und Entwerfen, Gartenplanung, Lesen, Musikhören, Malen, Kunstausstellungen, Shopping, Kino, Konzerte, Nachtclubs, Fotografie.

Skorpion *Intensiv und umwandelnd*
Kampfsport, Aufgaben lösen, Joggen, Tauchen, Höhlen erforschen, Autorennen, Thriller lesen, Mystik und Magie, Metaphysik und Okkultes, Selbstverbesserung, Bars und Nachtclubs, Computer, Studium.

Schütze *Aktiv und entdeckerisch*
Wandern, Camping, Snowboard, Surfen, Bogenschießen, Mannschaftsportarten, Volleyball, Basketball, Mountainbike, Reiten, Sprachstudium, Religion, Philosophie, Soziologie, Anthropologie, Lesen, Schreiben, Partys, Reisen, Tiere.

Steinbock *Ernst und sachlich*
Bergwandern, Felsenklettern, Yoga, Marathon, Standardtanz, Golf, Ahnenforschung und Geschichte, Gärtnern, Hausverbesserungen, Geschichte und Biographien lesen, Gemeindearbeit, Museumsbesuch, Essen gehen, Wein, Töpfern, Kunst, Skulpturen.

Wassermann *Eklektisch und verrückt*
Tennis, Skifahren, Tanzen, Geselligkeit, Computer, UFOs und Astronomie, politisches oder karitatives Engagement, Protestieren, Restauration von alten Autos oder Motorrädern, Science Fiction und Comics, Kerzen ziehen, Schmuck anderer Kulturen, ganzheitliche Studien, Alternativmedizin.

Fische *Künstlerisch und fantasieorientiert*
Angeln, Schwimmen, Segeln, Tanzen, einsame Spaziergänge, Yoga, Ballet, Schauspielerei, Filme, Theater, Fotografie, Aquarell, Metaphysik, Lesen, Schreiben, Dichtung, romantische Essen, Magie.

Westliche Astrologie

Sie können die geeignete Beschäftigung auch in Ihrem Fünften Haus nachschauen. Wenn Sie Ihr Geburtshoroskop nicht kennen, zählen Sie fünf Zeichen zurück (s. Horoskop auf Seite 163). Wenn Sie zum Beispiel Schütze sind, ist Ihr Fünftes Haus Widder, wenn Sie Krebs sind, ist es Skorpion. Dann schauen Sie die Informationen unter diesem Zeichen nach.

Bleibe ich gesund?

Stimmt irgendetwas nicht mit mir?

Die meisten Menschen sind besorgt um ihre Gesundheit und wollen wissen, ob es Probleme geben könnte. Einige Orakel halten sich in diesem Punkt sehr bedeckt, aber die Runen, die Astrologie, das Handlesen und das Pendeln können darüber Auskunft geben.

Runen

Wenn Sie eine einzelne Rune aus Ihrem Runenbeutel ziehen (S. 166), erfahren Sie mögliche gesundheitliche Probleme und können sich untersuchen lassen.

Laguz (Umgekehrt) Menstruationsprobleme, Fehlgeburt möglich. Zunehmen.

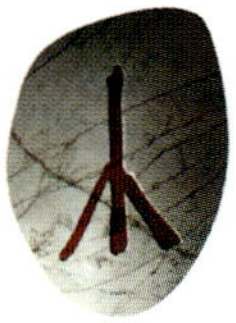

Algiz (Umgekehrt) Auf die Gesundheit achten.

Kano Herzprobleme.

Wunjo Ungleichgewicht mit Flüssigkeiten, Verdauungs- und Menstruationsprobleme.

Febu Gynäkologische Probleme.

Westliche Astrologie

Das Sechste Haus ist das Haus der Gesundheit. Sie können mögliche Krankheitsherde durch die Planeten in diesem Haus leicht identifizieren. Saturn weist auf chronische Probleme oder Schwierigkeiten mit dem Bewegungsapparat hin; Neptun ist der Planet der Süchte und Allergien. Vielleicht haben Sie vor Jahren eine harmlose Substanz zu sich genommen und daraus hat sich eine versteckte Allergie gebildet, die sich erst Jahre später zeigt. Die Pluto-Probleme liegen sehr tief und die Ursachen sind schwer zu finden, hier kann ein medizinischer Astrologe helfen.

Häuser

Zählen Sie Ihr Sternzeichen als Nummer 1

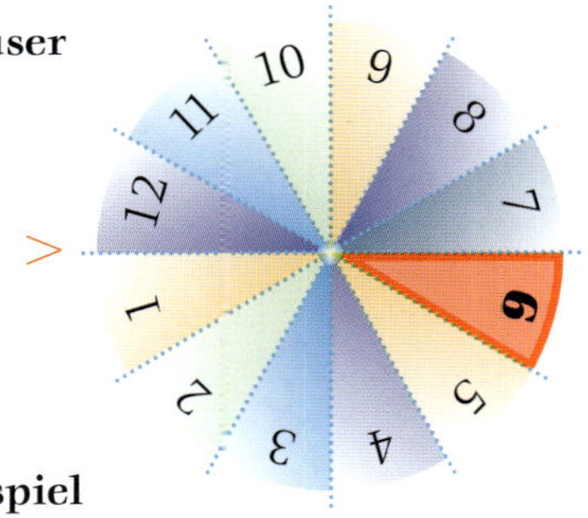

Sternzeichen

♈ ***Widder***
♉ ***Stier***
♊ ***Zwilling***
♋ ***Krebs***
♌ ***Löwe***
♍ ***Jungfrau***
♎ ***Waage***
♏ ***Skorpion***
♐ ***Schütze***
♑ ***Steinbock***
♒ ***Wassermann***
♓ ***Fische***

Beispiel

Das Sechste Haus von Widder ist Jungfrau

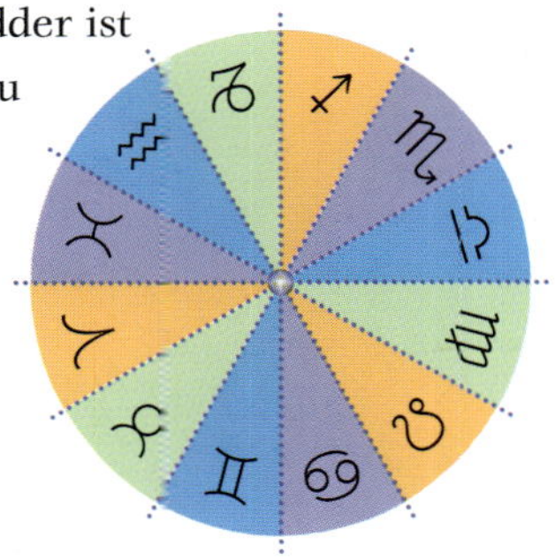

Wenn Sie Ihr Geburtshoroskop nicht kennen, können Sie Ihr Sternzeichen als Erstes Haus einsetzen und dann gegen den Uhrzeigersinn fünf Zeichen zurückzählen, um das Sechste Haus zu finden. In den Tabellen auf S. 185–188 steht, wann die Planeten durch dieses Haus wandern.

Sternzeichen

Jedes Zeichen „regiert" bestimmte Körperteile (s. S. 172). Widder steht mit dem Kopf in Verbindung, Krebs mit Magen, Brust und weiblichem Fortpflanzungssystem und Fische mit den Füßen. Menschen mit der Sonne im Widder tendieren zu Kopfschmerzen; mit der Sonne im Krebs zu Magenschmerzen. Es gibt aber auch andere Möglichkeiten, im Horoskop festzustellen, welche Körperteile Probleme verursachen könnten. Legen Sie ein Lineal im Diagramm unten so auf Ihren Geburtstag (dazu gehört auch der Pfeilkopf), dass es durch das Zentrum und das gegenüberliegende Zeichen läuft. Es zeigt also auf Ihr Sternzeichen und den Körperteil, den es regiert, und das andere Ende zeigt den „Schattenteil" Ihres Körpers. Im Fall von Stier ist das der Skorpion und die Organe der Fortpflanzung und der Ausscheidung. Was hinuntergeschluckt wird, hat auch einen Einfluss auf die Därme, Stier ist also auch in diesem Gebiet betroffen. Viele Stiere lieben das Essen und tendieren zum Übertreiben, was zu Unwohlsein führen kann.

Handlesen

Beim Handlesen erfahren Sie viel über Ihren allgemeinen Gesundheitszustand. Aber nicht nur die Handflächen geben Auskunft – Schwitzen zeigt eine anfällige Schilddrüse, Trockenheit Probleme mit dem Blutdruck – sondern auch Finger und Nägel. Die folgenden Zeichen sollten Sie bewegen, rechtzeitig zu einem Arzt zu gehen.

Die Handlinien

Eine starke Lebenslinie zeigt eine Konstitution, die alle Krankheiten leicht abblockt. Eine schwache Lebenslinie, die verkettet und unterbrochen ist, ist anfälliger für Krankheiten. Hier sollte das Immunsystem aufgebaut und gestärkt werden.

Da die Linien sich ständig verändern, können Sie sowohl auf kurzfristige Störungen wie auch auf langfristige Probleme hinweisen. Menschen, die unter Migräne leiden, haben oft eine kettenartige Borte unter der Kopflinie; Diabetiker zeigen viele kleine senkrechte Linien entlang der Basis der Lebenslinie. Die Linien können auch eine Neigung zu Süchten offenbaren. Ein Alkoholiker hat oft eine charakteristische dicke Linie, die die Lebenslinie unter dem Daumen kreuzt, während jemand mit Drogenproblemen eine schwache Linie hat, die von vielen kleinen Linien gekreuzt wird. Aber selbst wenn diese Zeichen existieren, muss die Sucht sich nicht manifestieren. Es könnte einfach eine Warnung für die Zukunft sein.

Finger

Viele kleine senkrechte Linien auf den Fingerspitzen zeigen Erschöpfung. Ruhe und Erholung sind wichtig. Wenn Sie tiefe, waagerechte Linien auf den Fingerspitzen haben, könnten Sie unter Stress leiden. Wenn diese Linien kurz und unterbrochen sind (oft bei Frauen in den Wechseljahren), könnte das auf ein hormonelles Ungleichgewicht hinweisen.

Fingernägel

Bläulich-weiße Nägel zeigen Anämie und Kreislaufprobleme, gelbliche Leberprobleme. Eine Entgiftung wäre hilfreich. Konkave Nägel zeigen ein Ernährungsungleichgewicht oder Drüsenprobleme, und weiße Punkte weisen auf Magnesium-, Kalzium oder Vitamin-C-Mangel hin. Senkrechte Erhöhungen auf dem Nagel zeigen Probleme im Bewegungsapparat, waagerechte Erhöhungen einen schweren Schock. Da die Nägel ungefähr sieben Monate brauchen für das komplette Wachstum, können Sie gut nachrechnen, wann der Schock aufgetreten ist.

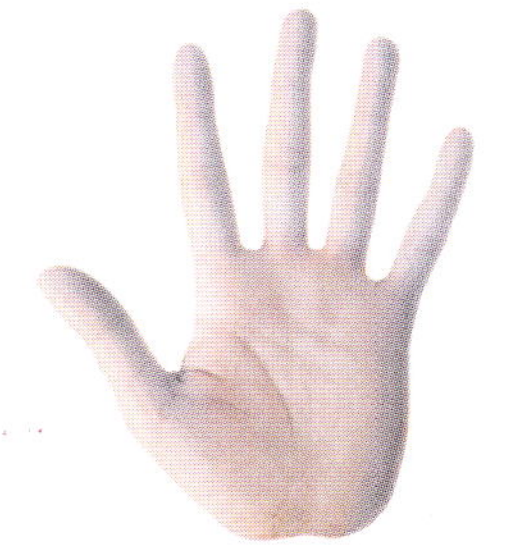

Bläulich-malvenfarbige Hände zeigen Kreislauf- und Herzbeschwerden.

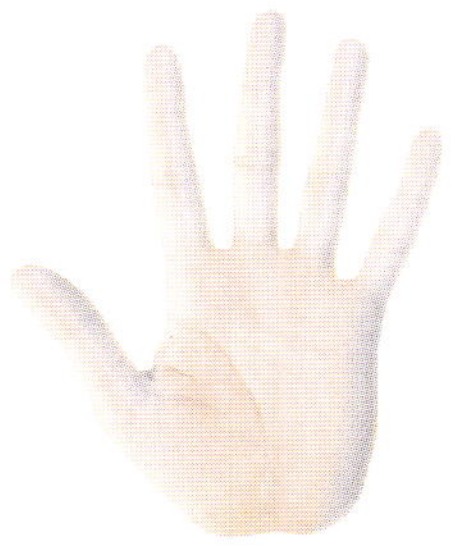

Weiße Hände können Anämie oder einen schwachen Kreislauf offenbaren.

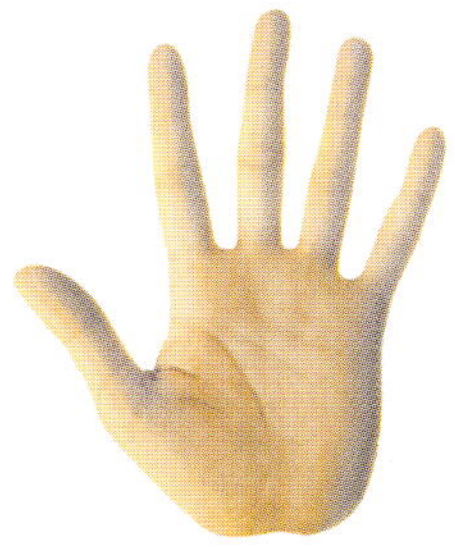

Gelblich gefärbte Hände zeigen eine Tendenz zu Leberproblemen.

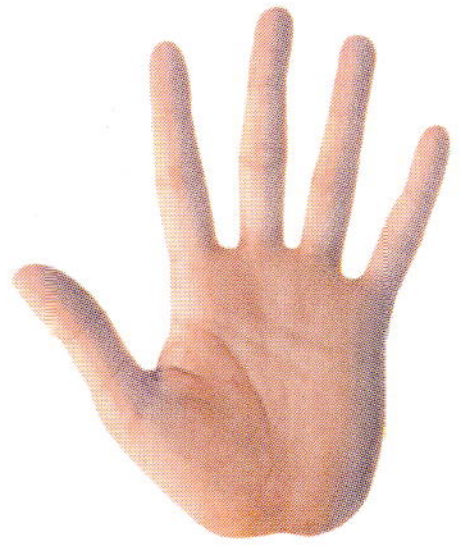

Rote Hände zeigen eine Schilddrüsenstörung oder einen zu hohen Blutdruck.

Runen

Man sagt, der germanische Gott Odin habe die Vision der Runen gehabt, als er mit dem Kopf nach unten im Weltbaum hing. Die Runen werden traditionell aus Holz angefertigt, man kann sie aber auch ganz einfach selbst herstellen und auf Steine oder Tontafeln malen. Meist werden sie dann in einem Stoff- oder Lederbeutel aufbewahrt.

Herstellen und Aufbewahren der Runen

Es gibt fertige Runen-Sets im Handel, sie können aber auch einfach selbst hergestellt werden. Traditionell werden sie in Holzstückchen geschnitzt; man kann sie auch in kleine Tontafeln pressen und in Sonne oder im Ofen trocknen lassen. Oder man malt sie mit einem Stift auf glatte runde Kieselsteine oder flache Kristalle.
Die Runen werden in einem Schnürsäckchen, dem Runenbeutel aufbewahrt. Kaufen Sie einen schön bestickten Beutel oder machen Sie einen aus Samt oder Seide.

Umgekehrte Runen

Einige Runen können richtig oder umgekehrt gezogen werden, andere sehen oben und unten gleich aus.

Runen legen

Beim Ziehen einer Rune sollten Sie die betreffende Frage immer ganz klar im Kopf haben. Für einen schnellen Rat, ziehen Sie eine Rune aus dem Beutel. Ein besseres Verständnis erhalten Sie, indem Sie dreimal eine Rune ziehen. Die erste ist die Vergangenheit, die Situation oder die Ursachen dafür; die zweite ist die Gegenwart, die Handlung oder das was Sie erleben; und die dritte weist auf die Zukunft hin.

Mannaz ***Das Selbst***
Beziehung zum lebendigen Selbst korrigieren. Veränderungsbereit sein. Zeit des inneren Wachstums. Sich selbst kennen lernen. Entscheidungen hinausschieben. Rat suchen bei Profis.
Umgekehrt Nach innen schauen und Blockaden lösen. Probleme mit Autorität.

Gebo ***Partnerschaft***
Zeit der Partnerschaft oder Einheit. Getrennt und doch zusammen sein. Dazu gehört Geben und Nehmen. Steht für Geschenk, Vertrag oder Gelegenheit. Bereit sein, für das zu zahlen, was Sie erhalten. (Keine Umkehrung)

Ansuz ***Botenrune***
Betonung auf Selbstveränderung und spirituellem Fortschritt. Die Tiefen erforschen und göttliche Liebe erhalten. Empfänglich sein – zeitliche Warnungen beachten. Heiliges Wissen. Neue Verbindungen oder Wege.
Umgekehrt Kommunikationsfehler. Machtmissbrauch, Probleme mit Autorität.

Othila ***Trennung***
Radikaler Abbruch. Wege trennen sich, die alte Beziehung ist zu Ende. Gehen lassen, was sich erschöpft hat. Erbe oder Gewinn.
Umgekehrt Nicht durch alte Bedingungen einschränken lassen. Mit dem Fluss gehen. Probleme mit Haus oder Gütern. Möglicherweise Diebe.

Uruz ***Stärke***
Ende und Neubeginn. Anpassungsfähig sein. Neugeburt erfordert Transit durch Dunkelheit, nicht verzweifeln. Verlust könnte eine Möglichkeit überdecken. Finanzielle Verbesserung.
Umgekehrt Verpasste Gelegenheit. Schwäche, unangebrachte Macht oder unkontrollierte Kraft.

Perth ***Einweihung***
Das Unbekannte. Tiefe, geheimnisvolle, verändernde Kraft. Erweiterte Sicht. Etwas Verstecktes. Unerwarteter Gewinn. Metaphysische Verbindungen.
Umgekehrt Enttäuschung. Nicht zu viel erwarten. Bedürfnis nach Wachstum beachten, in der Gegenwart bleiben, kein Ergebnis erwarten. Ängste.

Nauthiz ***Nötigung***
Schwere Nötigung. Selbstschutz. Mit Schatten identifizieren und daran arbeiten. Einschränkungen. Schulden zurückzahlen. Wieder gutmachen. Pläne berücksichtigen.
Umgekehrt Was verleugnet wird, kann Unheil bringen. Spannungen. Dunkler Übergang. Unfähigkeit loszulassen.

Inguz ***Fruchtbarkeit***
Neuer Weg. Intuition. Vollendung wichtig – Vorrang geben. Teilen. Kraft für Lösung oder Klärung. Zentriert bleiben. Auftauchen des Neuen. Freiheit von altem Trott oder altem Muster. (Keine Umkehrung.)

Eithwaz ***Verteidigung*** Wartezeit. Geduld haben, Blockaden können gut sein und Wachstum stärken. Klar entscheiden, aber nicht kämpfen. An die Situation anpassen, falls nötig einen Schritt zurück oder zur Seite gehen. Problem umgehen. (Keine Umkehrung.)

Algiz ***Schutz*** Richtiges Handeln und Verhalten wichtig. Emotionen kontrollieren. Schmerz nicht vermeiden, sondern mitgehen. Gelegenheiten warten auf Sie. Kreativ sein.
Umgekehrt Auf Gesundheit achten. Vorsicht vor Leuten, die Sie benutzen oder illegal handeln. Verantwortung übernehmen.

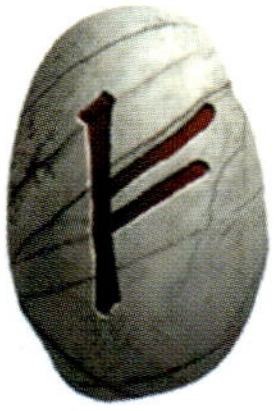

Febu ***Eigentum*** Versprechen von Nahrung und Erfüllung. Verhalten zu Reichtum und Besitz neu einschätzen, ist es gut für Ihr Wachstum? Bewahren, was Sie haben. Glück teilen.
Umgekehrt Frustration und Verluste. Zweifelhafte Situationen. Erkennen, was die wahre Nahrung ist.

Wunjo ***Freude*** Ende des Kampfes. Sie haben sich selbst gefunden. Neue Klarheit, Freude und Glück. Emotionales Gleichgewicht. Spirituelles und künstlerisches Erwachen.
Umgekehrt Entscheidungen vermeiden, Urteil schwierig. Weibliche Gesundheitsprobleme.

Jera ***Ernte*** Ende des Zyklus. Jahreszeitenwechsel. Veränderung. Neustart oder Umzug. Gutes Ergebnis kann ein Jahr dauern. Geduldig ernten, was gesät wurde. Keine Gelegenheiten versäumen. Nicht auf Wechsel bestehen. (Keine Umkehrung.)

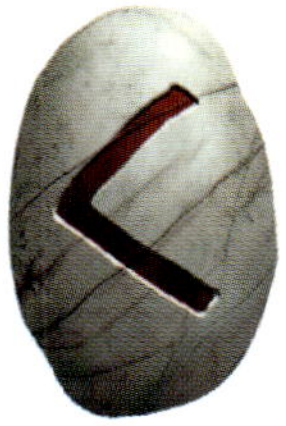

Kano ***Öffnung*** Erleuchtung, geistige Klarheit. Kreativität. Beginn von Arbeit oder Beziehung. Feier. Gesundheit und Heilung.
Umgekehrt Dunkelheit sinkt nieder. Ende, Verluste. Glücklich aufgeben und auf Wiedererleuchtung warten. Mögliche Herzprobleme, schwaches Immunsystem.

Teiwaz ***Krieger*** Mut, Leidenschaft, Aggression. Packende neue Beziehung: Begierde, Zorn, Angst. Fähigkeit, das abzutrennen, was abgenutzt ist. In eigene Tiefen vorwagen.
Umgekehrt Zerbrochene Liebesaffäre, sexuelle Frustration oder Besessenheit. Unfälle. Energieverlust. Beherrschen Sie jemand?

Berkana ***Wachstum*** Fruchtbarkeit, Neubeginn. Erwachen der Lebenskraft. Hochzeiten und Geburten. Widerstände auflösen. Neue Entwicklungen, Freude in der Familie.
Umgekehrt Pläne gehen nicht in Erfüllung. Leben tritt auf der Stelle, Identitätsblockierungen. Gewissenhaft sein. Energiemangel.

Ehwaz ***Bewegung*** Zeit der Umwandlung. Etwas Neues. Reisen, Bewegung, Transport. Stetiger Fortschritt und Umwandlung – in Geschäft oder Beziehung. Mit Zuversicht in die Zukunft schauen.
Umgekehrt Unbeweglichkeit. Bewegung blockiert. Probleme mit dem Transport. Können Sie die Zeit einhalten mit dem, was Sie tun?

Laguz ***Fließen***

Fließen, Empfänglichkeit, Geburt. Intuitives Wissen. Schutz und Sicherheit. Zeit, mit dem Fluss zu gehen. Gefühle und Behaglichkeit müssen befriedigt werden. Reinigung und Neubewertung wichtig. Kirchliche Hochzeit.
Umgekehrt Übernehmen Sie sich nicht. Nicht auf Intuition hören. Weiblich: Gesundheitsprobleme. Sucht.

Hagalaz ***Elementare Kraft***

Plötzlicher Wechsel, Chaos, Freiheit. „Blitz aus heiterem Himmel". Naturkatastrophe, Familienprobleme. Einschränkungen durchbrechen. Ereignisse außer Kontrolle. Je schwerer die Störung, desto bedeutsamer das Ergebnis. (Keine Umkehrung.)

Raido ***Kommunikation***

Kommunikation auf allen Ebenen. Bewegung. Wechsel im Geschäft. Die Seelenreise. Selbstheilung. Union mit dem Göttlichen. Illusionen aufgeben.
Umgekehrt Brüche in persönlichen Beziehungen. Schwierigkeiten beim Reisen. Mangel an Fantasie. Gelegenheiten überdenken.

Thurisaz ***Zugang***

Innerliche und äußerliche Arbeit. Nicht handeln. Den Dingen ihren Lauf lassen. Das Göttliche kontaktieren durch Prüfung und Betrachtung. Vergangenheit loslassen. Schutz.
Umgekehrt Hastige Entscheidungen vermeiden. Neues Wachstum integrieren. Unangebrachte Macht, Überempfindlichkeit.

Dagaz ***Durchbruch***

Umwandlung, Schub oder Durchbruch. Umgewandelte Einstellung. Klarheit und Erkenntnis. Erfolg in Untersuchungen. Vertrauen haben: Ergebnis ist sicher, aber unvorhersehbar. Könnte Zeit des Wohlstands oder Errungenschaften bedeuten (abhängig von anderen Runen). (Keine Umkehrung.)

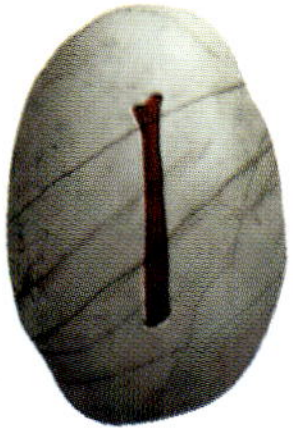

Isa ***Stillstand***

Schwierige Zeit. Hemmung, Hindernisse, Kraftlosigkeit. Gefühle und Pläne eingefroren. Opfern von Wünschen. Alte Gewohnheiten aufgeben, Vergangenheit loslassen. Ego opfern. Isolieren, nicht auf die Unterstützung anderer verlassen. Fortschritt vertrauen. Geduld, Tauwetter kommt. (Keine Umkehrung.)

Sowelu ***Ganzheit***

Selbstverwirklichung. Das Wesen kreativ ausdrücken. Die Talente ans Licht bringen. Mit Energie haushalten: Zeit für Auftanken, Erneuerung und Erholung. Urlaub nehmen. Licht in den Schatten fließen lassen. Handeln im Nichthandeln. (Keine Umkehrung.)

Die leere Rune ***Das Unbekannte***

Alles ist möglich. Kontrolle loslassen. Willig sein, nicht versuchen, etwas zu erzwingen, was noch nicht soweit ist. Kontakt mit dem Schicksal. Karmische Abrechnung und Lösung. Tiefste Ängste kommen hoch – loslassen. Symbolischer Tod des Alten. Das Neue entfaltet sich. (Keine Umkehrung.)

Welches Heilmittel soll ich nehmen?

Werde ich bald gesund?
Ist jetzt der richtige Zeitpunkt für eine Diät?

Es gibt einige Orakel, die helfen können, ein Heilmittel herauszusuchen oder die Dauer der Krankheit anzuzeigen. Das Pendeln und die Körperbefragung können eine schnelle Ja- oder Nein-Antwort auf viele verschiedene Fragen geben und helfen, ein wirksames Heilmittel herauszusuchen. Auch der Blick auf das Horoskop gibt Hinweise auf die Gesundheit, vor allem, ob eine Diät angebracht ist oder nicht. Die Geomantie sagt, ob die Heilung bald eintritt und zeigt versteckte Ursachen auf.

Körperbefragung

Überlegen Sie sich eine Frage wie „Ist diese Massage gut für mich?" Dann bilden Sie zuerst mit Daumen und Zeigefinger einer Hand einen Kreis und greifen dann mit dem anderen Daumen und Zeigefinger hinein. Zuhalten und ziehen. Wenn Daumen und Zeigefinger zusammenbleiben, dann ist die Antwort „Ja", gehen sie auf, dann ist die Antwort „Nein". Mit dieser Methode können Sie alle Ja- und Nein-Fragen beantworten, aber sie eignet sich besonders für Fragen zur richtigen Ernährung (wird es „Ja" sagen zu diesem Schokoladenkuchen?) und zu entsprechenden Therapien.

Pendeln

Da das Pendeln mit dem Körperbewusstsein zusammenhängt, können Sie damit auch physische oder psychische Heilmittel und Therapien auswählen, indem sie einfache Ja- und Nein-Fragen, beantworten. Zuerst müssen Sie dafür jedoch Ihr Pendel programmieren (s. Seite 137).

Wenn Sie sich zu den feinstofflichen, energetisch arbeitenden Bachblüten hingezogen fühlen, können Sie beispielsweise die Liste mit den einzelnen Blüten auf den Tisch legen und dann im Uhrzeigersinn befragen. Halten Sie das Pendel in einer Hand, und legen Sie einen Finger der anderen Hand nacheinander auf die einzelnen Blüten. Fragen Sie: „Ist dies zur Zeit das richtige Heilmittel für mich?". Wenn die Antwort „Nein" ist, gehen Sie weiter zur nächsten. Ist sie „Ja", sollten Sie dennoch weitermachen, denn Sie könnten mehr als eine Bachblüte benötigen.

Geomantie

Auch mit zufällig gesetzten Punkten auf einem Papier kann die Zukunft vorausgesagt werden. Malen Sie vier Linien aus Punkten untereinander (beim Malen nicht zählen). Dann zählen Sie die Punkte jeder Linie und setzen an das Ende jeder ungeraden Linie einen dicken Punkt, an das Ende jeder geraden Linie zwei Punkte. Wenn Ihre Figur aussieht wie unten, ist die Botschaft klar.

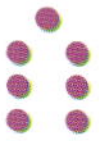

Laetitia Gesundheit und Erholung von einer Krankheit.

Fortuna major Nach innen schauen und die Antwort finden.

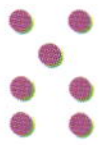

Rubeus Starke Gefühle verursachen Probleme.

Wenn Ihre Figur oben nicht aufgeführt ist, können Sie die Bedeutung auf Seite 81 nachlesen. Sie können auch ein geomantisches Horoskop erstellen und fragen, wann es Ihnen wieder besser gehen wird. Das Horoskop zeigt Ihnen Faktoren, die die Genesung verhindern könnten. Im Sechsten Haus des Horoskops finden Sie die Krankheiten, das Erste Haus steht für die Lebenskraft.

Ist die Zeit günstig für eine Diät?

Man sagt, die Sternzeichen regieren verschiedene Körperteile, und auch die Planeten haben ihre körperlichen Entsprechungen. Aber nur die Bewegung der Planeten am Himmel kann Ihnen Fragen beantworten wie oben. Jupiter, einer der größten Planeten, ist der Planet der Ausweitung. Wenn Jupiter sich in Ihrem Horoskop der Sonne nähert, können Sie gar nicht vermeiden, etwas zuzunehmen! Wenn Sie also um Ihren Geburtstag herum eine Diät beginnen, werden Sie keine großen Erfolgschancen haben. Sie müssen um einiges früher damit anfangen.

Ihr Aszendent repräsentiert das Gesicht, das Sie der Welt zeigen. Wenn Jupiter über den Aszendenten wandert, tendieren Sie dazu, sich in alle Richtungen auszuweiten, körperlich genauso wie geistig und emotional. Auch zu diesem Zeitpunkt ist eine Diät sehr ungünstig. Aber wenn Jupiter sich gegenüber Ihres Sternzeichens oder gegenüber vom Aszendenten befindet, beginnt das Gewicht zu fallen. Dann wird eine Diät erfolgreich sein.

Da Jupiter ein Jahr braucht, um durch das Horoskop zu wandern, haben Sie zweimal im Jahr die Gelegenheit, abzunehmen. Suchen Sie in den Astrologischen Tabellen auf Seite 185–188 diesen günstigen Moment, wenn Jupiter in Ihrem Sechsten Haus steht. Wenn Sie Ihr Geburtshoroskop nicht kennen, nehmen Sie Ihr Sternzeichen als Erstes Haus. Dann zählen Sie fünf Zeichen zurück, um Ihr Sechstes Haus zu finden (s. Diagramm S. 163).

Wie soll ich mit Stress umgehen?

Viele Krankheiten sind im Grunde genommen ein Un-Wohlsein des Körpers. Schuld ist meist Stress oder ein gestörtes Gleichgewicht des Körpers. Die einzelnen Sternzeichen reagieren auf Stress ganz unterschiedlich – einige blühen richtig auf, andere können das überhaupt nicht tolerieren. Gewebesalze sind sehr sanfte Heilmittel, die Ihnen helfen, mit Stress und einem gestörten Gleichgewicht im Körper umzugehen. Für jedes Sternzeichen ist ein anderes Gewebesalz richtig. Die Salze erhalten Sie im Reformhaus.

Sternzeichen und Körperteile

Jedes Zeichen „regiert" einen bestimmten Körperteil:

Widder *Kopf*
Stier *Hals und Nacken*
Zwilling *Nervensystem, Hände, Arme, Lungen und Atemsystem*
Krebs *Magen, Brust, weibliche Fortpflanzungsorgane*
Löwe *Herz und unterer Rücken (Lendenwirbel)*
Jungfrau *Nervensystem, Gedärme*
Waage *Nieren und Gesäß*
Skorpion *Fortpflanzungs- und Ausscheidungsorgane*
Schütze *Hüften, Schenkel und Leber*
Steinbock *Bewegungsapparat, Knie, Haut und Zähne*
Wassermann *Waden und Knöchel*
Fische *Füße*

Widder

Blüht meist auf im Stress, aber zuviel Anspannung führt zu Kopfschmerzen. Starke Konstitution. Anfällig für Fieber, Verdauungsbeschwerden, Migräne.

Gute Gesundheit durch Regelmäßiges Essen, ausgewogene Mahlzeiten, Ruhen und Sport.

Gewebesalz *Kali. Phos. (Kaliumphosphat)*

Stier

Abneigung und Unterdrückung von Stress, greift Hals an. Starke Konstitution. Anfällig für Gewichtsprobleme, Stoffwechselstörungen, Halsentzündung und steifer Nacken.

Gute Gesundheit durch Druck vermindern in Form von Sport und Massage; Aufpassen beim Essen.

Gewebesalz *Nat. Sulph. (Natriumsulfat)*

Zwilling

Blüht auf bei Stress. Unverwüstlich. Anfällig für Nervosität, Husten, Verstauchungen und Knochenbrüche.

Gute Gesundheit durch Entspannen und ausreichend Schlaf; regelmäßig Sport; gut essen und Vitamine zuführen.

Gewebesalz *Kali. Mur. (Kaliumchlorid)*

Krebs

Abneigung gegen Stress. Schlägt auf den Magen. Erholt sich schnell, Immunsystem sehr beeinflusst durch Emotionen. Anfällig für Verdauungsbeschwerden.

Gute Gesundheit durch ausgewogenes Gefühlsleben, Sorgen und Groll vergessen, regelmäßig essen.

Gewebesalz *Calc. Fluor. (Kalziumfluorid)*

Löwe
Meist Abneigung gegen Stress, der auf Rücken oder Herz schlägt. Starke Konstitution. Anfällig für Bluthochdruck, Herzkrankheiten, Schmerzen im unteren Rücken.
Gute Gesundheit durch regelmäßigen Sport; Schwelgereien, Stress und Zorn vermeiden.
Gewebesalz *Mag. Phos. (Magnesiumphosphat)*

Jungfrau
Angeregt durch nervöse Energie, aber Stress fordert Tribut von den Därmen. Etwas delikate Konstitution. Anfällig für psychosomatische Krankheiten, Hypochondrie, Reizkolon, Ekzeme.
Gute Gesundheit durch Entspannen, Sorgen vergessen; nicht so selbstkritisch sein.
Gewebesalz *Kali. sulph. (Kaliumsulfat)*

Waage
Entspannt, empfindliche Konstitution. Bei Stress verursachen Gifte Kopfschmerzen, chronische Müdigkeit, trägen Stoffwechsel.
Gute Gesundheit durch Vermeidung von langen Nächten und zu fetten Speisen; regelmäßig entgiften, sich selbst verwöhnen.
Gewebesalz *Nat. Phos. (Natriumphosphat)*

Skorpion
Benutzt den Stress, aber zuviel kann sich auf die Libido auswirken. Unverwüstliche Konstitution. Anfällig für Verspannungen in Schultern und Nacken. Könnte toxisch werden.
Gute Gesundheit durch Loslassen, nicht mehr selbst antreiben, über Dinge reden, entgiften.
Gewebesalz *Calc. Sulph. (Kalziumsulfat)*

Schütze
Geht auf Hochtouren, bricht dann zusammen. Der Stress befällt meist die Zwillings-Organe wie die Lungen. Erholt sich schnell. Anfällig für Leberbeschwerden, Arthritis, Rheuma in den Hüften.
Gute Gesundheit durch Training von Körper und Geist; Schwelgereien vermeiden.
Gewebesalz *Silica (Siliziumdioxid)*

Steinbock
Blüht auf bei Druck, weiß aber nicht, wann aufhören und schwächt so das Immunsystem. Haut oder Bewegungsapparat reagieren, aber der Stress kann auch den Magen treffen. Anfällig für Gelenkbeschwerden, Zahnausfall, Depression, Müdigkeit.
Gute Gesundheit durch Aufhören; Spaziergänge, Entspannung, Zahnkontrolle.
Gewebesalz *Calc. Phos. (Kalziumphosphat)*

Wassermann
Blüht oft richtig auf bei Stress, bis der totale Zusammenbruch kommt. Stress wirkt meist auf Löwe-Organe, wie Herz oder Rücken. Anfällig für Kreislaufprobleme, verstauchte Knöchel, plötzliche Krankheiten, die schnell wieder verschwinden.
Gute Gesundheit durch niedriges Tempo, Sport, Spiel, Rückenmassage, Alternativmedizin.
Gewebesalz *Nat. mur. (Natriumchlorid)*

Fische
Passt sich dem Stress an, bricht aber schließlich zusammen. Empfindliche Konstitution, verschlimmert durch Emotionen. Suchtanfällig, psychosomatische Krankheiten, entzündete Fußballen.
Gute Gesundheit durch Rücksicht auf Emotionen. Entspannen, Alkohol und Drogen vermeiden, Reflexologie für die Füße.
Gewebesalz *Ferrum Phos. (Eisenphosphat)*

Wie lange werde ich leben?

Viele Menschen möchten wissen, ob sie lange leben werden. Angesehene Wahrsager und weise Orakel beantworten diese Frage nicht, denn der Tod ist nicht fest umrissen. Das Handlesen gibt zwar einen Hinweis, aber auch dieser bedarf der Erklärung.

Handlesen

Man sagt, dass die Lebenslinie Gesundheit und Lebensdauer anzeigt. Aber wie man unten erkennen kann, können die Linien der rechten und linken Hand sehr unterschiedlich aussehen. Die linke Lebenslinie endet ganz plötzlich im Alter von 25 Jahren. Das würde eigentlich für einen frühen Tod stehen. Die Linie auf der rechten Hand ist viel länger und zeigt ein hohes Alter an. Wie können diese beiden Linien so unterschiedlich sein? Diese Person hatte mit 25 eine todesnahe Erfahrung, die zu einem vollkommen neuen Leben führte – das sie mit 30 begann (der Punkt, an dem die Schicksalslinie endet). Es ist, als wäre die Person aus ihrem Schicksal herausgetreten und ein neuer Mensch geworden. Diese Person scheint noch sehr lange zu leben.

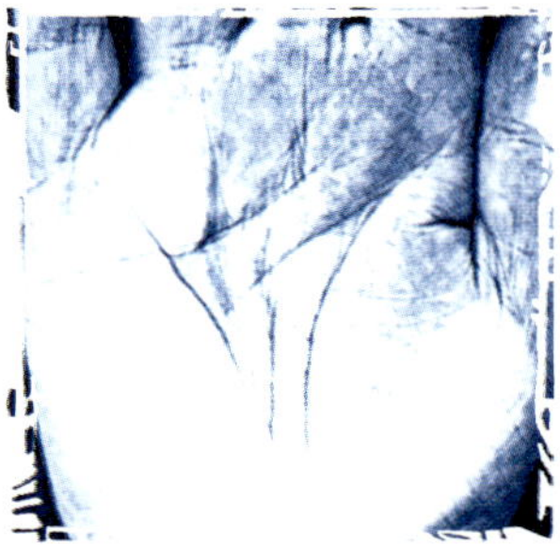

Rechte Handfläche

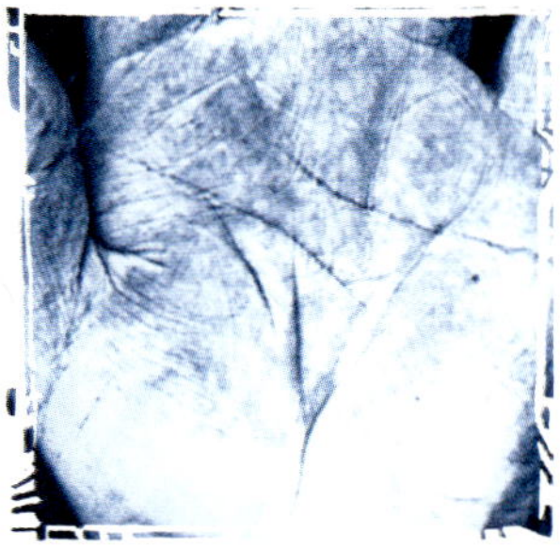

Linke Handfläche

Tod

Ein Orakel könnte zwar den Tod vorhersagen, aber damit wäre nicht unbedingt ein physischer Tod gemeint. Es könnte das Ende eines Zyklus bedeuten oder einen ganz drastischen Wechsel im Leben, der einen „neuen Mensch" erschafft und deshalb mit Wiedergeburt besser ausgedrückt wäre. Es könnte auch bedeuten, dass Sie etwas verlieren, eine Arbeitsstelle, einen Menschen oder einen Ort. Wenn ein Orakel zu eng interpretiert wird, kommt es dazu, dass man unter Ängsten den eigenen Tod oder den eines Angehörigen erwartet, nur um festzustellen, dass etwas anderes gemeint war. Es könnte aber natürlich auch den körperlichen Tod bedeuten, aber nur wenige Menschen wären in der Lage, damit umzugehen, letzte Dinge zu regeln und sich zu verabschieden. Andere würden von dieser Prophezeiung erdrückt werden und könnten ihre letzten Tage nicht mehr genießen, es wäre deshalb sehr heikel, so etwas zu verkünden. Wird der Tod überhaupt erwähnt, dann nur als eine Möglichkeit, die noch nicht geschehen ist und auch in naher Zukunft nicht unbedingt geschehen muss. Dadurch können Vorbereitungen getroffen werden, ohne dass die Zukunft gelähmt wird.

Lebenszyklen
und
Tabellen

Lebenszyklus

Sorgfältige Beobachtung führte schon in der Antike zur Entdeckung verschiedener Zyklen, die sich während eines menschlichen Lebens entfalten. Einige sind „Große Zeitalter" der Astrologie, die sich über Ewigkeiten erstrecken, andere sind kürzere Perioden, die den Umlauf einiger Planeten umfassen. Andere Zyklen sind persönlicher und richten sich nach dem jeweiligen Geburtsdatum, wie in der Numerologie, im Neun-Sterne-Ki und im Kosmischen Rhythmus.

Das Wissen über diese Zyklen wurde als okkulte Weisheit über Jahrtausende weitergegeben. Einer dieser Zyklen ist eine siebenjährige Entfaltung, die sich von der Geburt bis zum Tod hin erstreckt. Auf der Basis dieses Zyklus entwickelte Shakespeare, dessen Arbeit viel esoterisches Wissen enthält, seine Sieben Alter des Menschen. Seine Beschreibung bezieht sich zwar auf sieben verschiedene Altersstufen, aber da die Lebenserwartung zu seiner Zeit kürzer war, entspricht sieben mal sieben Jahre dem durchschnittlichen Todesalter der Elisabethanischen Epoche. Die Sieben Alter beschreiben die wichtigsten physischen und emotionalen Entwicklungen. Sie beziehen sich auch auf die Herrschaft der sieben Planeten, die zu seiner Zeit bekannt waren. Planeten, die verschiedene Eigenschaften verleihen, wie Umsorgen und Gefühle (Mond), Geist und Kommunikation (Merkur), Liebe und Werte (Venus), Wille und Aggression (Mars) und der religiöse Impuls und Ethik (Jupiter) in der Entwicklung des Selbst (Sonne). Die Sieben Alter von Shakespeare beschreiben aber nicht nur die Erfahrung eines Menschen der Elisabethanischen Zeit, sondern gelten auch für die Entwicklung eines Menschen in der Gegenwart.

Midlife Crisis
Die Krise in der Lebensmitte setzt ein, wenn Uranus sich gegenüber seines Platzes in Ihrem Geburtshoroskop befindet. Da Uranus ein unvorhersehbarer Planet ist, kann das zwischen 39 und 44 Jahren geschehen, aber meist zwischen 42 und 44. Das ist eine Zeit des Umbruchs, in der das nicht gelebte Leben Aufmerksamkeit verlangt, und Sie den Lebenssinn und die Richtung hinterfragen. Diese Zeit deckt sich oft mit gesundheitlichen Problemen, die zu einer neuen Perspektive zwingen. Obwohl die Zeit oft wie ein Desaster erscheint, gibt sie Ihnen doch die Möglichkeit, andere Teile von sich selbst in den Vordergrund zu bringen. Ein Berufswechsel ist ein häufiges Merkmal der Midlife Crisis.

Kosmischer Rhythmus

Der Kosmische Rhythmus ist besser bekannt als Biorhythmus und zeigt die persönlichen Rhythmen, die sich vom Moment der Geburt an entfalten. Wenn Sie diesen Rhythmus verstehen, können Sie Ihre Aktivitäten – Kreativität und Ruhe und Erholung – darauf einstellen und sich eine bessere Zukunft gestalten.

Persönlicher Lebenszyklus

Dieser Zyklus basiert auf siebenjährigen Perioden, die sich im Laufe des Lebens entfalten. Jede einzelne Periode konzentriert sich auf bestimmte Bereiche, die erfolgreich entwickelt werden müssen. Die Entwicklung geht von der Entdeckung des Individuums auf physischer, emotionaler und geistiger Ebene bis hin zur Erkenntnis des spirituellen Bewusstseins und der Einheit mit dem Ganzen.

0 bis 7 ***Erste Siebenjährige Periode***
Selbstentdeckung. Kontrolle des Körpers, Kommunikation und Beziehung zur Umgebung. Kulturelle Identität.
7 bis 14 ***Zweite Siebenjährige Periode***
Persönliche Identität und Geschlechtsidentität. Reifung körperlicher Eigenschaften, Entfaltung geistiger Fähigkeiten.
14 bis 21 ***Dritte Siebenjährige Periode***
Körper und Persönlichkeit reifen. Sinn für Verantwortung entwickelt sich, Fähigkeiten werden offensichtlich.
21 bis 28 ***Vierte Siebenjährige Periode***
Emotionale Entwicklung. Entfaltung von Intuition und Kunstinteresse.
28 bis 35 ***Fünfte Siebenjährige Periode***
Kreative und geistige Entwicklung. Karriere. Einstimmen auf kosmisches Bewusstsein beginnt.
35 bis 42 ***Sechste Siebenjährige Periode***
Über persönliche Erfolge hinausschauen. Entwicklung humanitärer Ziele. Reichtümer mit anderen teilen.
42 bis 49 ***Siebte Siebenjährige Periode***
Geburt eines neuen Menschen mit neuen Zielen und Idealen. Gedanken wenden sich Spiritualität zu, Arbeit für die Gemeinschaft.
49 bis 56 ***Achte Siebenjährige Periode***
Noch weiter weg von persönlichen Zielen hin zu einem spirituellen Wesen. Körperliche Lebenskraft schwindet, aber geistiges und körperliches Können steigert sich und wirkt ausgleichend.
56 bis 63 ***Neunte Siebenjährige Periode***
Geistiges und körperliches Vermögen verringert sich, während das spirituelle immer stärker wird.
Die restlichen Siebenjährigen Perioden
Immer stärkeres Erkennen, dass Sie ein spirituelles Wesen sind.

Der Individuelle Jahreszyklus

Dieser Zyklus bezieht sich auf etwa 52 Tage und erstreckt sich über ein Jahr, allerdings nicht über ein Kalenderjahr, sondern von einem Geburtstag zum anderen. Dadurch entsteht ein ganz individueller Zyklus, der vom Geburtstag an gezählt wird. Er zeigt, wann Sie etwas Neues beginnen können, wann Sie ruhen und sich vergnügen sollen, welches die günstigste Zeit für Reisen oder für Spekulationen sein kann. Auch der Gesundheitszyklus folgt diesem 52-tägigen Zyklus.

Methode
Schreiben Sie Ihren Geburtstag auf ein Stück Papier. Mit Hilfe des Ewigen Kalenders (nächste Seite) zählen Sie dann 52 Tage vorwärts und schreiben Tag und Monat auf, dieser Zeitraum ist die erste Periode. Dann zählen Sie immer 52 Tage weiter und schreiben Anfang und Ende der Perioden auf, bis Sie die sieben Perioden haben. Wenn das Ende der letzten Periode nicht mit Ihrem Geburtstag übereinstimmt, schreiben Sie einfach den Tag vor Ihrem Geburtstag als letzten Tag auf. (Um einen schnellen Blick auf den Kalender zu werfen, können Sie ihn kopieren und die einzelnen Perioden mit Leuchtstiften markieren.)

Periode 1 ***(die ersten 52 Tage)***
Diese Periode ist günstig für Bewerbungsschreiben, Werbung oder Anerkennung, vor allem für Menschen in führenden Positionen. Die kosmischen Schwingungen fördern das Vorwärtskommen.
Gesundheitszyklus Gute Konstitution, beste Lebenskraft. Sport treiben, bewusst ernähren und erhitzende Lebensmittel vermeiden. Gut für Operationen und Kuren.
Periode 2 ***(die zweiten 52 Tage)***
Günstig für Reisen, vor allem Kurzreisen, Umzüge und Arbeitswechsel. Unterstützt werden kurzfristige und plötzliche Veränderungen. Nicht förderlich für Ge-

schäftspläne, Investitionen oder neue Berufslaufbahnen. Sie sollten keine langfristigen Verträge unterzeichnen, spekulieren oder sich Geld leihen. Wenn Sie in diesem Zeitraum ein Haus kaufen, werden Sie nicht lange darin wohnen.

Gesundheitszyklus Kurzfristige physische und emotionale Störungen. Rasch darauf reagieren und nicht darüber grübeln.

Periode 3 *(die dritten 52 Tage)*

Der Handlungsimpuls ist stark und die Lebenskraft hoch. Richtig eingesetzt, kann dieser Drang bei der Arbeit oder in Tätigkeiten, die hohen körperlichen Einsatz verlangen, viel bringen. Sie können Rivalen und Hindernisse überwinden, sollten aber keine Verträge oder Vereinbarungen unterschreiben. Die Periode ist gut für Verkäufer oder Lehrer, die feurige Reden halten, um zu überzeugen. Verlangt wird Durchhaltevermögen und harte Arbeit. Bei Sorglosigkeit besteht die Gefahr des falschen Urteils. Diese Periode ist vor allem für Frauen günstig, die die Hilfe von Männern suchen, es könnte in dieser Zeit aber auch Streit geben.

Gesundheitszyklus Anfälliger für Unfälle, Verletzungen oder Operationen. Warmhalten, Tendenz zu Kälte. Zu viel Arbeit und zu viel Essen vermeiden. Blutdruck beobachten und Blut reinigen.

Periode 4 *(die vierten 52 Tage)*

In dieser optimistischen Periode werden geistige und intuitive Prozesse gefördert. Kreativität und Selbstausdruck werden gestärkt. Ausgezeichnet fürs Studium. Die Gedanken sind schnell und gezielt. Neue Ideen häufen sich. Schnell handeln, das Beste daraus machen und die Ideen verwirklichen. Sie könnten aber auch getäuscht werden, also die Quellen überprüfen und einen Betrug vermeiden. Der Zeitraum ist nicht günstig für Hochzeit, Häuserkauf oder Geschäftsabschlüsse.

Gesundheitszyklus Tendenz zu Nervosität. Nicht zu viel studieren. Schlafen und ausruhen wann immer möglich.

Periode 5 *(die fünften 52 Tage)*

Die Erfolgsperiode für persönliche Angelegenheiten. Sie wachsen und tragen Früchte. Reichtum vergrößert sich.

Ewiger Kalender

Jan	1	2	3	4	5	6	7	8	9	10	11	12	13	14	15	16	17	18	19	20	21	22	23	24	25	26	27	28	29	30	31
Feb	1	2	3	4	5	6	7	8	9	10	11	12	13	14	15	16	17	18	19	20	21	22	23	24	25	26	27	28	[29]		
Mär	1	2	3	4	5	6	7	8	9	10	11	12	13	14	15	16	17	18	19	20	21	22	23	24	25	26	27	28	29	30	31
Apr	1	2	3	4	5	6	7	8	9	10	11	12	13	14	15	16	17	18	19	20	21	22	23	24	25	26	27	28	29	30	
Mai	1	2	3	4	5	6	7	8	9	10	11	12	13	14	15	16	17	18	19	20	21	22	23	24	25	26	27	28	29	30	31
Jun	1	2	3	4	5	6	7	8	9	10	11	12	13	14	15	16	17	18	19	20	21	22	23	24	25	26	27	28	29	30	
Jul	1	2	3	4	5	6	7	8	9	10	11	12	13	14	15	16	17	18	19	20	21	22	23	24	25	26	27	28	29	30	31
Aug	1	2	3	4	5	6	7	8	9	10	11	12	13	14	15	16	17	18	19	20	21	22	23	24	25	26	27	28	29	30	31
Sep	1	2	3	4	5	6	7	8	9	10	11	12	13	14	15	16	17	18	19	20	21	22	23	24	25	26	27	28	29	30	
Okt	1	2	3	4	5	6	7	8	9	10	11	12	13	14	15	16	17	18	19	20	21	22	23	24	25	26	27	28	29	30	31
Nov	1	2	3	4	5	6	7	8	9	10	11	12	13	14	15	16	17	18	19	20	21	22	23	24	25	26	27	28	29	30	
Dez	1	2	3	4	5	6	7	8	9	10	11	12	13	14	15	16	17	18	19	20	21	22	23	24	25	26	27	28	29	30	31

Sie fühlen sich gesellig, wohltätig und zu höheren Idealen hingezogen. Philosophie oder Metaphysik ziehen Sie an. Ausgezeichnet für lange Reisen oder Unternehmungen, die nur unter günstigen Umständen gelingen. Sie können Geld einfordern, das Ihnen gehört, damit spekulieren oder ausleihen – solange alles legal ist.
Gesundheitszyklus Gute Gesundheit mit Sport und frischer Luft. Ausgezeichnet für Erholung von Fieber oder chronischen Krankheiten. Positives Denken praktizieren. Schwelgereien vermeiden.

Periode 6 *(die sechsten 52 Tage)*
Das ist die Zeit der Vergnügungen, der Kultur und der Entspannung. Günstig für kurze Vergnügungsreisen, aber vermeiden Sie lange Reisen oder Reisen auf dem Wasser. Ausgezeichnet für Geschäfte, vor allem in Bezug auf Kunst. Spekulation, Freundschaft und die gewöhnlichen Dinge des Lebens stehen im Vordergrund.
Gesundheitszyklus Schwelgereien oder geistige Anspannung beeinflussen Haut, Rachen und Nieren. Viel Wasser trinken, Sport an frischer Luft.

Periode 7 *(die siebten 52 Tage)*
Eine kritische und zerreißende Periode. Depression und Verzagtheit. Dinge zerbrechen, damit sich etwas Neues bilden kann. Anderes lässt auf sich warten oder endet abrupt. Ein Geschäft, das schlecht lief, könnte in dieser Periode Bankrott machen, wenn man nicht aufpasst. Impulsives Verhalten könnte Unglück hervorrufen. Unentschiedene Dinge bis nach dem Geburtstag verschieben (erste und zweite Periode sind Erfolgsperioden). Gute Zeit für Umgang mit Älteren oder mit Grundbesitz. Ungünstig für ein neues Geschäft oder für Reisen.
Gesundheitszyklus Chronische Beschwerden können sich manifestieren. Öffentliche Orte meiden, denn das Immunsystem ist geschwächt. Tendenz zu Depression und Mutlosigkeit. Operationen und Kuren jetzt vermeiden.

Der Geschäftszyklus

Der gleiche Zyklus, der sich im Laufe eines Jahres beim Menschen entfaltet, besteht auch für Geschäfte, Pläne oder Vereine. Wenn man sich auf diese Zyklen einstellt, fällt es leichter, den richtigen Zeitpunkt zu finden, das Geschäft zu expandieren, abzubauen oder sogar zu schließen. Der Geschäftszyklus kann auf ein bestehendes Geschäft, einen Beruf oder eine karitative Organisation angewendet werden. Er kann auch nützlich sein für andere Pläne oder Projekte, die Sie entwickeln.
Als Geburtstag des Geschäftes nimmt man meist den Eröffnungstag oder der Beginn des steuerlichen Jahres. Sie können aber auch den Tag nehmen, an dem Sie zum ersten Mal die Idee hatten.

Methode
Wenn Sie den Geburtstag des Geschäftes bestimmt haben – der Tag der ersten Idee, die Eröffnung, die Kontoeröffnung, die Anmietung der Geschäftsräume etc. – nehmen Sie den Ewigen Kalender (S. 178) und zählen die 52-tägigen Perioden durch.

Geschäftsperiode Eins
Das ist die Zeit, um das Geschäft und Ihre Idee bekannt zu machen. Noch nicht so günstig für Verkäufe. Sie legen den Grundstock und werden bald Ergebnisse sehen. Planen Sie eine Werbekampagne, gehen Sie zu Konferenzen oder geben Sie Interviews. Wenn Sie Unterstützung brauchen für Ihre Produkte oder Dienstleistungen, kümmern Sie sich jetzt darum. Ausgezeichnet für Amtsgänge jeglicher Art.

Geschäftsperiode Zwei
Kurzfristige Pläne ausprobieren und wichtige, vielleicht auch zeitlich begrenzte, Personalwechsel in Schlüsselpositionen durchführen. Ungünstig für neue Verträge, es sei denn, sie sind rechtlich wasserdicht. Mündliche Vereinbarungen könnten fehlschlagen. Kunden kontak-

tieren, Geschäftsbeziehungen ausbauen und maximieren.

Geschäftsperiode Drei

Energiereiche Periode, sehr geschäftsfördernd. Konstruieren, expandieren, Produktion und Verkauf ankurbeln, aber Vorsicht vor Saboteuren, Unfällen und Explosionen. Möglicherweise Rivalität. Buchhaltungssysteme aufstellen, außenstehende Beträge einfordern, schriftlich, aber nicht vor Gericht. Günstig für andere gerichtliche Angelegenheiten, können mit Elan verfolgt werden.

Geschäftsperiode Vier

Weitere exzellente Periode für Selbstdarstellung und Werbung, vor allem per Post. Günstig für neue Verträge, vorausgesetzt, Sie schützen sich vor Betrug.

Geschäftsperiode Fünf

Finanzielle Wachstumsperiode. Beste Periode für Verkauf und Vertrieb. Schneller Zahlungseingang. Ideal für Investition, Ausdehnung und Kreditanfragen. Gut für Schuldeneintreibung, auch vor Gericht. Ideal, für das Geschäft und im Ausland zu werben.

Geschäftsperiode Sechs

Zeit für Ruhe und Entspannung, wo immer möglich. Wichtige Mitarbeiter in Urlaub schicken. Gute Zeit für alles, was mit Kunst, Luxus und Kultur zusammenhängt. Ausgezeichnet für Kundentreffen, an die Öffentlichkeit gehen und für das Einrichten von Partnerschaften oder Tochtergesellschaften. Aktien und Anteile jetzt kaufen.

Geschäftsperiode Sieben

Erhaltende Periode für Festigung und Planung von Neustrukturierung. Keine neuen Pläne realisieren, bevor diese Periode endet. Radikale Wechsel vermeiden, aber notwendige Veränderungen vornehmen, falls es darum geht, etwas aus der Vergangenheit loszulassen, damit der Wiederaufbau beginnen kann, sobald der Zyklus vorüber ist. Ruheständler konsultieren, falls Rat nötig.

Die Tabellen

Auf den folgenden Seiten finden Sie verschiedene Tabellen, die Sie manchmal konsultieren müssen, um herauszufinden, was das Orakel sagt.

Chinesische Tierzeichen

Der chinesische Kalender richtet sich nach dem Mondzyklus, sein Beginn ändert sich also von Jahr zu Jahr. Jedes Jahr wird nach einem der zwölf Tiere benannt. Wenn Sie nicht genau wissen, zu welchem Tier Sie gehören, suchen Sie unter den Tieren die Zeitspanne, in der Sie geboren sind. Wenn Sie 1974 geboren sind, sind Sie ein Tiger. Achten Sie darauf, ob Ihre Geburtsdaten auch wirklich zu diesem Tier passen,. Wenn Sie früher im Jahr geboren sind, (zum Beispiel am 18. Januar), gehören Sie zum Tier davor, zum Büffel.

Neun-Sterne-Ki-Zahlen

Im westlichen Kalender beginnt das Jahr immer am 1. Januar, aber im Neun-Sterne-Ki fängt das Jahr am 3., 4. oder 5. Februar an. Die Tabelle auf Seite 183 zeigt Ihnen den Beginn der Jahre von 1910 bis 2017, einschließlich des exakten Datums und der Zeit (Greenwich-Zeit oder GMT). Hier können Sie Ihre Neun-Sterne-Ki-Zahl nachschauen.

Suchen Sie zuerst Ihr Geburtsjahr in den einzelnen Kästchen. Wenn Sie 1965 nach dem 4. Februar nach 7.57 Uhr (GMT) geboren sind, gehören Sie zur Zahl 8. Wenn Sie davor geboren sind, also zwischen 1. Januar und vor dem 4. Februar, 7.57 Uhr, dann haben Sie die Zahl 9 – die Zahl von 1964.

Wenn Sie um den 3., 4. oder 5. Februar herum geboren sind, müssen Sie den Zeitunterschied zwischen der

Greenwichzeit und Ihrer Ortszeit berechnen. New York ist zum Beispiel der Greenwichzeit fünf Stunden hinterher. Weil die Sonne von Ost nach West wandert, geht sie in New York fünf Stunden später auf als in Greenwich, es ist also fünf Stunden früher am Tag. Das Neun-Sterne-Ki-Jahr wechselt in New York also fünf Stunden früher als GMT – die Zeit auf der Tabelle. 1979 begann das Jahr am 4. Februar, 17.21 Uhr, in New York hätte es also um 12.21 Uhr begonnen.

Das Gleiche gilt, wenn man Zeiten kalkuliert für Umzüge oder für günstige Richtungen auf der Tabelle Seite 184. Wenn Sie zum Beispiel am 4. Februar 2002 vor 13.08 Uhr umziehen möchten, müssen Sie auf der Tabelle unter 2003 nachschauen. In New York würde das 8.08 Uhr entsprechen. Wenn Sie eine günstige Richtung für Ihren Umzug suchen, wären also die Richtungen für 2002 am besten.

Für Mitteleuropa müssen Sie zur Greenwich-Zeit eine Stunde zuzählen, da die aus dem Osten kommende Sonne schon eine Stunde früher über MItteleuropa gewandert ist.

Günstige Richtungen

Im Neun-Sterne-Ki hat jede Richtung eine entsprechende Ki-Energie, und das hat einen negativen oder positiven Einfluss auf Ihre persönliche Ki-Energie. Eine günstige Richtung kann deshalb helfen, bestimmte Ziele zu erreichen. Es ist wichtig, die Richtung gut auszusuchen, falls Sie umziehen wollen, eine neue Arbeitsstelle suchen oder verreisen wollen. Die Richtung können Sie mit der Tabelle auf Seite 184 bestimmen. Suchen Sie das Kästchen auf der rechten Seite der Tabelle, das Ihrer Zahl (s. o.) entspricht. Ihre Zahl hat eine bestimmte Farbe. Die günstigsten Richtungen eines Jahres für Sie liegen dort, wo Sie Ihre Zahlenfarbe sehen. Wenn Sie zum Beispiel die Zahl 2 haben, sind die günstigsten Richtungen für Sie im Jahr 2003 Ost-Nordost, im Jahr 2004 hingegen Süd, West und Nordwest.

Astrologische Tabellen

Die exakt aufgezeichneten Bewegungen der Planeten am Himmel zeigen ein regelmäßiges Muster. Einmal im Jahr umläuft die Erde die Sonne und die Sonne soll jedes Sternzeichen zu einer bestimmten Zeit betreten und verlassen. Dadurch entstand diese Art von Horoskop, das zwar einfach zu verstehen, aber nicht ganz exakt ist, weil der Eintritt der Sonne in die Zeichen von Jahr zu Jahr etwas variiert.

Es ist jedoch genau nachweisbar, wann die Sonne und auch die Planeten exakt die einzelnen Zeichen betreten. Das geschieht mit Hilfe der Ephemeriden, das sind Tafeln mit den Stellungen der einzelnen Planeten. Auf den Seiten 185–188 finden Sie die abgekürzte Version dieser Planetenbewegungen, die die ungefähren Stellungen von Jupiter, Merkur, Venus, Mars und Saturn in der Zeit von 2000 bis 2012 zeigen. Für eine noch exaktere Berechnung müssen Sie einen Astrologen befragen.

Oben auf der Seite sind die einzelnen Planeten angegeben. Die Zeichen stehen in der linken Spalte und gleich daneben die Daten: Tag, Monat, Jahr, an dem die Planeten das Zeichen betreten. Wenn Sie zum Beispiel Liebe und Romantik in Ihr Leben bringen wollen, müssen Sie wissen, wann Venus Ihr Fünftes Haus (Liebesdinge) betritt. Wenn Sie Stier sind, ist Ihr Fünftes Haus Jungfrau. Suchen Sie auf der Tabelle S. 187 das Zeichen Jungfrau in der linken Spalte. Rechts davon steht das Datum, wann Venus in Jungfrau ist, nämlich vom 6. August bis 30. August 2000; vom 20. September bis 15. Oktober 2001, vom 10. Juli bis 7. August 2002, vom 22. August bis 15. September usw.

Chinesische Tierzeichen

Jahr des Pferdes

1930 Jan 30 – Feb 16 1931
1942 Feb 15 – Feb 4 1943
1954 Feb 3 – Jan 23 1955
1966 Jan 21 – Feb 8 1967
1978 Feb 7 – Jan 27 1979
1990 Jan 27 – Feb 14 1991
2002 Feb 12 – Jan 31 2003

Jahr des Hahns

1933 Jan 26 – Feb 13 1934
1945 Feb 13 – Feb 1 1946
1957 Jan 31 – Feb 17 1958
1969 Feb 17 – Feb 5 1970
1981 Feb 5 – Jan 24 1982
1993 Jan 23 – Feb 9 1994
2005 Feb 9 – Jan 28 2006

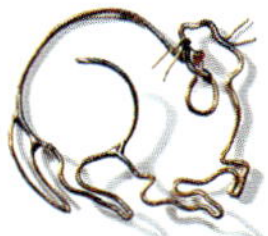

Jahr der Ratte

1936 Jan 24 – Feb 10 1937
1948 Feb 10 – Jan 28 1949
1960 Jan 28 – Feb 14 1961
1972 Feb 15 – Feb 2 1973
1984 Feb 2 – Feb 19 1985
1996 Feb 19 – Feb 6 1997
2008 Feb 7 – Jan 25 2009

Jahr des Hasen

1939 Feb 19 – Feb 7 1940
1951 Feb 6 – Jan 26 1952
1963 Jan 25 – Feb 12 1964
1975 Feb 11 – Jan 30 1976
1987 Jan 29 – Feb 16 1988
1999 Feb 16 – Feb 4 2000
2011 Feb 3 – Jan 22 2012

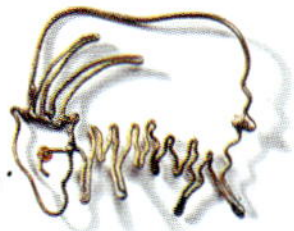

Jahr der Ziege

1931 Feb 17 – Feb 5 1932
1943 Feb 5 – Jan 24 1944
1955 Jan 24 – Feb 11 1956
1967 Feb 9 – Jan 29 1968
1979 Jan 28 – Feb 15 1980
1991 Feb 15 – Feb 3 1992
2003 Feb 1 – Jan 21 2004

Jahr des Hundes

1934 Feb 14 – Feb 3 1935
1946 Feb 2 – Jan 21 1947
1958 Feb 18 – Feb 7 1959
1970 Feb 6 – Jan 26 1971
1982 Jan 25 – Feb 12 1983
1994 Feb 10 – Jan 30 1995
2006 Jan 29 – Feb 27 2007

Jahr des Büffels

1937 Feb 11 – Jan 30 1938
1949 Jan 29 – Feb 16 1950
1961 Feb 15 – Feb 4 1962
1973 Feb 3 – Jan 22 1974
1985 Feb 20 – Feb 8 1986
1997 Feb 7 – Jan 27 1998
2009 Jan 26 – Feb 13 2010

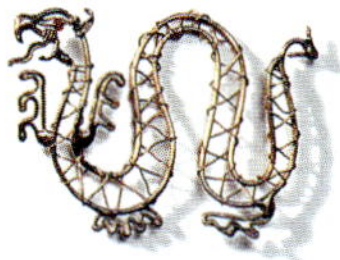

Jahr des Drachen

1940 Feb 8 – Jan 26 1941
1952 Jan 27 – Feb 13 1953
1964 Feb 13 – Feb 1 1965
1976 Jan 31 – Feb 17 1977
1988 Feb 17 – Feb 5 1989
2000 Feb 5 – Jan 23 2001
2012 Jan 23 – Feb 9 2013

Jahr des Affen

1932 Feb 6 – Jan 25 1933
1944 Jan 25 – Feb 12 1945
1956 Feb 12 – Jan 30 1957
1968 Jan 30 – Feb 16 1969
1980 Feb 16 – Feb 4 1981
1992 Feb 4 – Jan 22 1993
2004 Jan 22 – Feb 8 2005

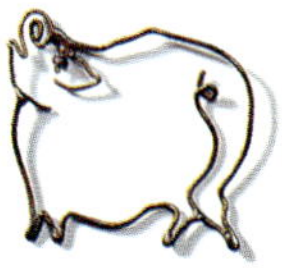

Jahr des Schweins

1935 Feb 4 – Jan 23 1936
1947 Jan 22 – Feb 9 1948
1959 Feb 8 – Jan 27 1960
1971 Jan 27 – Feb 14 1972
1983 Feb 13 – Feb 1 1984
1995 Jan 31 – Feb 18 1996
2007 Feb 18 – Feb 6 2008

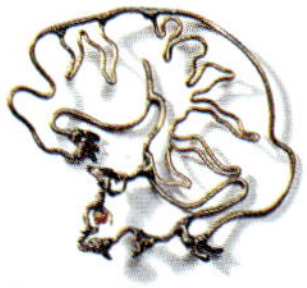

Jahr des Tigers

1938 Jan 31 – Feb 18 1939
1950 Feb 17 – Feb 5 1951
1962 Feb 5 – Jan 24 1963
1974 Jan 23 – Feb 10 1975
1986 Feb 9 – Jan 28 1987
1998 Jan 28 – Feb 15 1999
2010 Feb 14 – Feb 2 2011

Jahr der Schlange

1941 Jan 27 – Feb 14 1942
1953 Feb 14 – Feb 2 1954
1965 Feb 2 – Jan 20 1966
1977 Feb 18 – Feb 6 1978
1989 Feb 6 – Jan 25 1990
2001 Jan 24 – Feb 11 2002
2013 Feb 10 – Jan 30 2014

Neun-Sterne-Ki-Zahlen

Ihre Zahl und Farbe	**9**	**8**	**7**	**6**	**5**	**4**	**3**	**2**	**1**
Jahresanfang in Greenwich-Zeit	***1910*** 4. Feb 23:41	***1911*** 5. Feb 05:33	***1912*** 5. Feb 11:11	***1913*** 4. Feb 17:01	***1914*** 4. Feb 22:53	***1915*** 5. Feb 04:34	***1916*** 5. Feb 10:31	***1917*** 4. Feb 16:18	***1918*** 4. Feb 22:06
	1919 5. Feb 04:00	***1920*** 5. Feb 09:43	***1921*** 5. Feb 15:34	***1922*** 4. Feb 21:28	***1923*** 5. Feb 03:13	***1924*** 5. Feb 09:06	***1925*** 4. Feb 14:58	***1926*** 4. Feb 20:49	***1927*** 5. Feb 02:46
	1928 5. Feb 08:31	***1929*** 4. Feb 14:19	***1930*** 4. Feb 20:11	***1931*** 5. Feb 01:53	***1932*** 5. Feb 07:42	***1933*** 4. Feb 13:28	***1934*** 4. Feb 19:13	***1935*** 5. Feb 01:03	***1936*** 5. Feb 06:47
	1937 4. Feb 12:36	***1938*** 4. Feb 18:32	***1939*** 5. Feb 00:20	***1940*** 5. Feb 06:15	***1941*** 4. Feb 12:07	***1942*** 4. Feb 17:57	***1943*** 4. Feb 23:51	***1944*** 5. Feb 05:39	***1945*** 5. Feb 11:26
	1946 4. Feb 17:18	***1947*** 4. Feb 23:03	***1948*** 5. Feb 04:50	***1949*** 4. Feb 10:40	***1950*** 4. Feb 16:29	***1951*** 4. Feb 22:29	***1952*** 5. Feb 04:07	***1953*** 4. Feb 09:52	***1954*** 4. Feb 15:42
	1955 4. Feb 21:29	***1956*** 5. Feb 03:15	***1957*** 4. Feb 09:07	***1958*** 4. Feb 14:57	***1959*** 4. Feb 20:47	***1960*** 5. Feb 02:38	***1961*** 4. Feb 08:29	***1962*** 4. Feb 14:24	***1963*** 4. Feb 20:17
	1964 5. Feb 02:08	***1965*** 4. Feb 07:57	***1966*** 4. Feb 13:46	***1967*** 4. Feb 19:32	***1968*** 5. Feb 01:19	***1969*** 4. Feb 07:04	***1970*** 4. Feb 12:50	***1971*** 4. Feb 18:37	***1972*** 5. Feb 00:23
	1973 4. Feb 06:13	***1974*** 4. Feb 12:08	***1975*** 4. Feb 17:56	***1976*** 4. Feb 23:48	***1977*** 4. Feb 05:38	***1978*** 4. Feb 11:28	***1979*** 4. Feb 17:21	***1980*** 4. Feb 23:10	***1981*** 4. Feb 04:59
	1982 4. Feb 10:53	***1983*** 4. Feb 16:38	***1984*** 4. Feb 22:27	***1985*** 4. Feb 04:18	***1986*** 4. Feb 10:05	***1987*** 4. Feb 15:57	***1988*** 4. Feb 21:42	***1989*** 4. Feb 05:28	***1990*** 4. Feb 09:20
	1991 4. Feb 15:04	***1992*** 4. Feb 20:51	***1993*** 4. Feb 02:42	***1994*** 4. Feb 08:27	***1995*** 4. Feb 14:18	***1996*** 4. Feb 20:10	***1997*** 4. Feb 02:00	***1998*** 4. Feb 08:01	***1999*** 4. Feb 13:51
	2000 4. Feb 19:39	***2001*** 4. Feb 01:35	***2002*** 4. Feb 07:20	***2003*** 4. Feb 13:08	***2004*** 4. Feb 18:57	***2005*** 4. Feb 00:38	***2006*** 4. Feb 06:31	***2007*** 4. Feb 12:16	***2008*** 4. Feb 17:59
	2009 3. Feb 23:55	***2010*** 4. Feb 05:40	***2011*** 4. Feb 11:31	***2012*** 4. Feb 17:28	***2013*** 3. Feb 23:05	***2014*** 4. Feb 05:05	***2015*** 4. Feb 10:55	***2016*** 4. Feb 16:40	***2017*** 3. Feb 22:37

Günstige Richtungen

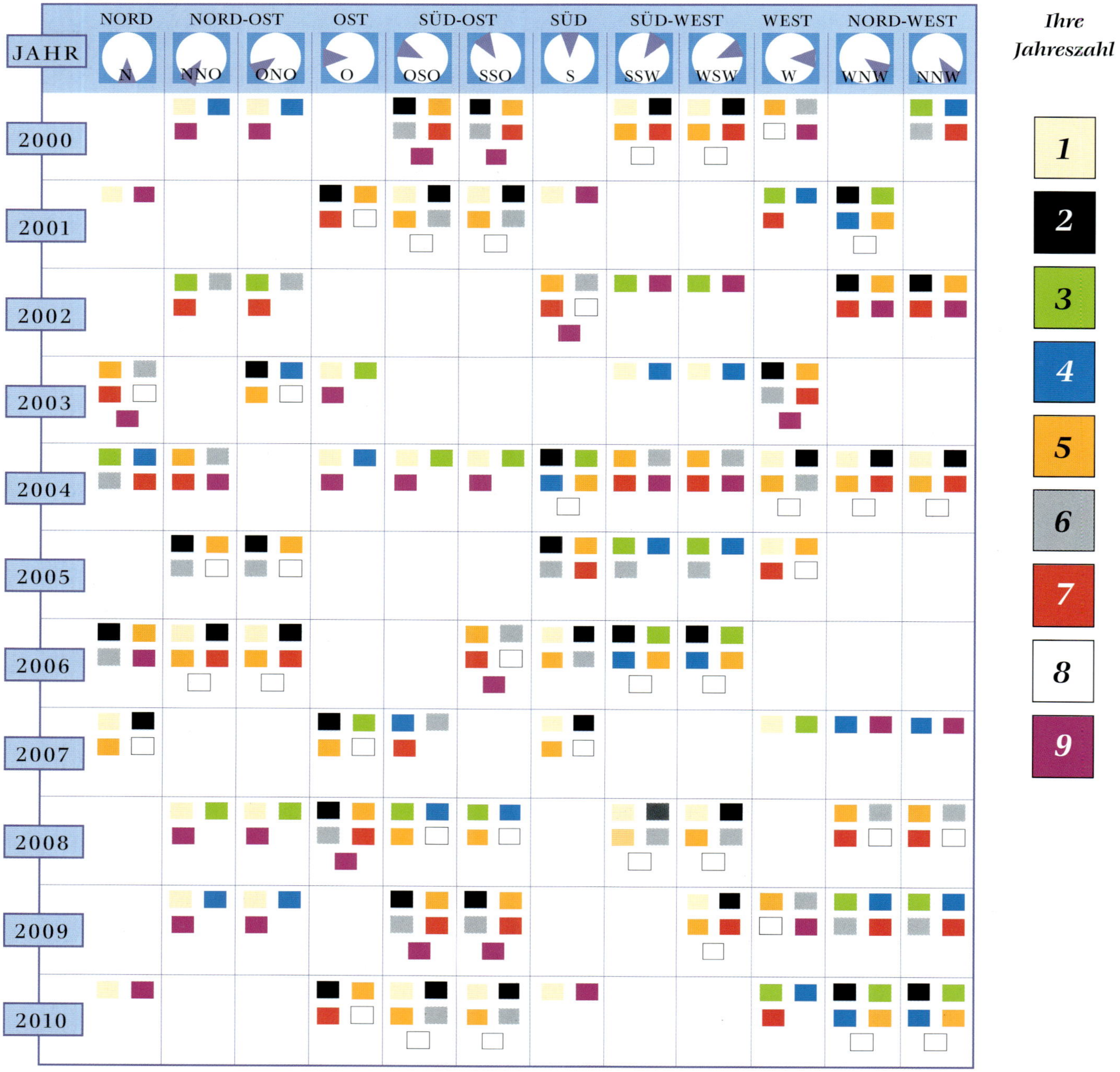

Merkur ☿

♈	*Widder*	♋	*Krebs*	♎	*Waage*	♑	*Steinbock*
♉	*Stier*	♌	*Löwe*	♏	*Skorpion*	♒	*Wassermann*
♊	*Zwilling*	♍	*Jungfrau*	♐	*Schütze*	♓	*Fische*

♒	18	1	2000	♎	31	8	2001	♊	12	6	2003	♐	4	11	2004
♓	5	2	2000	♏	7	11	2001	♋	29	6	2003	♑	9	1	2005
♈	12	4	2000	♐	26	11	2001	♌	13	7	2003	♒	29	1	2005
♉	29	4	2000	♑	15	12	2001	♍	30	7	2003	♓	16	2	2005
♊	14	5	2000	♒	3	1	2002	♌	6	10	2003	♈	5	3	2005
♋	30	5	2000	♑	4	2	2002	♏	24	10	2003	♉	12	5	2005
♌	6	8	2000	♒	13	2	2002	♐	12	11	2003	♊	28	5	2005
♍	22	8	2000	♓	11	3	2002	♑	2	12	2003	♋	11	6	2005
♎	7	9	2000	♈	29	3	2002	♐	30	12	2003	♌	28	6	2005
♏	28	9	2000	♉	13	4	2002	♑	14	1	2004	♍	4	9	2005
♎	7	11	2000	♊	30	4	2002	♒	6	2	2004	♎	20	9	2005
♏	7	11	2000	♋	7	7	2002	♓	25	2	2004	♏	8	10	2005
♐	3	12	2000	♌	21	7	2002	♈	12	3	2004	♐	30	10	2005
♑	22	12	2000	♍	6	8	2002	♉	1	4	2004	♏	26	11	2005
♒	10	1	2001	♎	26	8	2002	♈	12	4	2004	♐	12	12	2005
♓	6	2	2001	♍	3	10	2002	♉	15	5	2004	♑	3	1	2006
♒	6	2	2001	♎	10	10	2002	♊	5	6	2004	♒	22	1	2006
♓	16	3	2001	♏	31	10	2002	♋	19	6	2004	♓	8	2	2006
♈	6	4	2001	♐	19	11	2002	♌	4	7	2004	♈	16	4	2006
♉	21	4	2001	♑	8	12	2002	♍	25	7	2004	♉	5	5	2006
♊	6	5	2001	♒	12	2	2003	♌	24	8	2004	♊	19	5	2006
♋	12	7	2001	♓	4	3	2003	♍	9	9	2004	♋	3	6	2006
♌	30	7	2001	♈	21	3	2003	♎	28	9	2004	♌	29	6	2006
♍	14	8	2001	♉	5	4	2003	♏	15	10	2004	♋	9	7	2006

NB Daten in Tag, Monat und Jahr

Merkur ☿ (Fortsetzung)

♈	*Widder*	♋	*Krebs*	♎	*Waage*	♑	*Steinbock*
♉	*Stier*	♌	*Löwe*	♏	*Skorpion*	♒	*Wassermann*
♊	*Zwilling*	♍	*Jungfrau*	♐	*Schütze*	♓	*Fische*

♋	9	7	2006	♓	14	3	2008	♍	17	9	2009	♋	16	6	2011
♌	10	8	2006	♈	2	4	2008	♎	9	10	2009	♌	2	7	2011
♍	27	8	2006	♉	17	4	2008	♏	28	10	2009	♍	29	7	2011
♎	12	9	2006	♊	2	5	2008	♐	15	11	2009	♌	7	8	2011
♏	2	10	2006	♋	10	7	2008	♑	5	12	2009	♍	8	9	2011
♐	7	12	2006	♌	26	7	2008	♒	10	2	2010	♎	25	9	2011
♑	27	12	2006	♍	10	8	2008	♓	1	3	2010	♏	13	10	2011
♒	15	1	2007	♎	29	8	2008	♈	17	3	2010	♐	2	11	2011
♓	2	2	2007	♏	4	11	2008	♉	2	4	2010	♑	8	1	2012
♒	26	2	2007	♐	23	11	2008	♊	9	6	2010	♒	27	1	2012
♓	17	3	2007	♑	12	12	2008	♋	25	6	2010	♓	13	2	2012
♈	10	4	2007	♒	1	1	2009	♌	9	7	2010	♈	2	3	2012
♉	27	4	2007	♑	21	1	2009	♍	27	7	2010	♓	23	3	2012
♊	11	5	2007	♒	14	2	2009	♎	3	10	2010	♈	16	4	2012
♋	28	5	2007	♓	8	3	2009	♏	20	10	2010	♉	8	5	2012
♌	4	8	2007	♈	25	3	2009	♐	8	11	2010	♊	24	5	2012
♍	19	8	2007	♉	9	4	2009	♑	30	11	2010	♋	7	6	2012
♎	5	9	2007	♊	1	5	2009	♐	18	12	2010	♌	25	6	2012
♏	27	9	2007	♉	13	5	2009	♑	13	1	2011	♍	31	8	2012
♎	24	10	2007	♊	13	6	2009	♒	3	2	2011	♎	16	9	2012
♏	10	11	2007	♋	3	7	2009	♓	21	2	2011	♏	5	10	2012
♐	1	12	2007	♌	17	7	2009	♈	9	3	2011	♐	29	10	2012
♑	20	12	2007	♍	2	8	2009	♉	15	5	2011	♏	14	11	2012
♒	7	1	2008	♎	25	8	2009	♊	2	6	2011	♐	10	12	2012
												♑	31	12	2012

NB Daten in Tag, Monat und Jahr

Venus ♀

♈	*Widder*	♋	*Krebs*	♎	*Waage*	♑	*Steinbock*
♉	*Stier*	♌	*Löwe*	♏	*Skorpion*	♒	*Wassermann*
♊	*Zwilling*	♍	*Jungfrau*	♐	*Schütze*	♓	*Fische*

♑	24 1 2000	♑	26 12 2001	♑	26 11 2003	♑	5 11 2005
♒	17 2 2000	♒	18 1 2002	♒	21 12 2003	♒	16 12 2005
♓	13 3 2000	♓	11 2 2002	♓	14 1 2004	♑	31 12 2005
♈	6 4 2000	♈	7 3 2002	♈	8 2 2004	♒	5 3 2006
♉	30 4 2000	♉	1 4 2002	♉	5 3 2004	♓	5 4 2006
♊	25 5 2000	♊	25 4 2002	♊	3 4 2004	♈	3 5 2006
♋	18 6 2000	♋	20 5 2002	♋	7 8 2004	♉	29 5 2006
♌	13 7 2000	♌	14 6 2002	♌	6 9 2004	♊	23 6 2006
♍	6 8 2000	♍	10 7 2002	♍	3 10 2004	♋	18 7 2006
♎	30 8 2000	♎	7 8 2002	♎	28 10 2004	♌	12 8 2006
♏	24 9 2000	♏	8 9 2002	♏	22 11 2004	♍	6 9 2006
♐	19 10 2000	♐	7 1 2003	♐	16 12 2004	♎	30 9 2006
♑	12 11 2000	♑	4 2 2003	♑	9 1 2005	♏	24 10 2006
♒	8 12 2000	♒	2 3 2003	♒	2 2 2005	♐	17 11 2006
♓	3 1 2001	♓	27 3 2003	♓	26 2 2005	♑	11 12 2006
♈	2 2 2001	♈	21 4 2003	♈	22 3 2005	♒	3 1 2007
♉	6 6 2001	♉	16 5 2003	♉	15 4 2005	♓	27 1 2007
♊	5 7 2001	♊	9 6 2003	♊	9 5 2005	♈	21 2 2007
♋	1 8 2001	♋	4 7 2003	♋	3 6 2005	♉	17 3 2007
♌	26 8 2001	♌	28 7 2003	♌	28 6 2005	♊	11 4 2007
♍	20 9 2001	♍	22 8 2003	♍	22 7 2005	♋	8 5 2007
♎	15 10 2001	♎	15 9 2003	♎	16 8 2005	♌	5 6 2007
♏	8 11 2001	♏	9 10 2003	♏	11 9 2005	♍	14 7 2007
♐	2 12 2001	♐	2 11 2003	♐	7 10 2005	♌	8 8 2007

NB Daten in Tag, Monat und Jahr

Venus ♀ (Fortsetzung)

♍	7 10 2007	♒	7 12 2008	♉	31 3 2010	♌	28 7 2011
♎	8 11 2007	♓	3 1 2009	♊	25 4 2010	♍	21 8 2011
♏	5 12 2007	♈	2 2 2009	♋	19 5 2010	♎	15 9 2011
♐	30 12 2007	♓	12 4 2009	♌	14 6 2010	♏	9 10 2011
♑	24 1 2008	♈	23 4 2009	♍	10 7 2010	♐	2 11 2011
♒	17 2 2008	♉	6 6 2009	♎	6 8 2010	♑	26 11 2011
♓	12 3 2008	♊	5 7 2009	♏	8 9 2010	♒	20 12 2011
♈	6 4 2008	♋	31 7 2009	♎	8 11 2010	♓	14 1 2012
♉	30 4 2008	♌	26 8 2009	♏	29 11 2010	♈	8 2 2012
♊	24 5 2008	♍	20 9 2009	♐	7 1 2011	♉	5 3 2012
♋	18 6 2008	♎	14 10 2009	♑	4 2 2011	♊	3 4 2012
♌	12 7 2008	♏	7 11 2009	♒	2 3 2011	♋	7 8 2012
♍	5 8 2008	♐	1 12 2009	♓	27 3 2011	♌	6 9 2012
♎	30 8 2008	♑	25 12 2009	♈	21 4 2011	♍	3 10 2012
♏	23 9 2008	♒	18 1 2010	♉	15 5 2011	♎	28 10 2012
♐	18 10 2008	♓	11 2 2010	♊	9 6 2011	♏	22 11 2012
♑	12 11 2008	♈	7 3 2010	♋	4 7 2011	♐	16 12 2012

Jupiter ♃

♈	23 10 1999	♍	27 8 2003	♒	5 1 2009	♉	4 6 2011
♉	14 2 2000	♎	25 9 2004	♓	18 1 2010	♊	11 6 2012
♊	30 6 2000	♏	26 10 2005	♈	6 6 2010		
♋	13 7 2001	♐	24 11 2006	♓	9 9 2010		
♌	1 8 2002	♑	18 12 2007	♈	22 1 2011		

Saturn Venus ♄

♉	1 3 1999	♊	20 4 2001	♍	2 9 2007	♎	21 7 2010
♊	10 8 2000	♋	4 6 2003	♎	29 10 2009	♏	5 10 2012
♉	15 10 2000	♌	16 7 2005	♍	7 4 2010		

Stichwortverzeichnis

Danksagungen

***Der Verlag Carroll & Brown bedankt sich bei*:**
Dawn Henderson für die redaktionelle Unterstützung;
Karol Davies & Paul Stradling für die Produktion;
Rowena Feeny für die dtp-Hilfe;
Eric Biss für die Ephemeriden;
Hilary Bird für das Register.

Illustrationen
Mark Preston: Seiten 16, 29, 43, 46–53, 70–71, 78–79, 84–85, 86, 91, 93, 97, 99, 105, 108–9, 136, 155, 158–9, 164, 170, 172–3. markp@mailbox.co.uk
Paul Canny: Seiten 18–21, 22–25, 66–69, 73–75, 80–82, 100–1, 118–22, 137, 139–56, 166–9. canny@talk21.com
Jules Selmes: Seiten 39, 55, 62, 83, 114, 127, 160.
Russ Widstrand: Seiten 31, 59, 133. www.widstrand.com
Nanette Hoogslag: Seite 131.